CB134703

Comunidade Educacional das Trevas

Um alerta para pais, professores e alunos

Comunidade Educacional das Trevas

Um alerta para pais, professores e alunos

Psicografado por

Eliane Macarini

pelo espírito

Vinícius (Pedro de Camargo)

LÚMEN
EDITORIAL

Comunidade Educacional das Trevas
pelo espírito Vinícius (Pedro de Camargo)
psicografia de Eliane Macarini

2ª edição – novembro de 2013

Direção editorial: *Celso Maiellari*
Direção comercial: *Ricardo Carrijo*
Coordenação editorial: *Fernanda Rizzo Sanchez*
Preparação de originais: *Fábio Maximiliano*
Revisão: *Mary Ferrarini*
Diagramação: *Francisco Martins / Casa de Ideias*
Arte da capa: Daniel Rampazzo / *Casa de Ideias*
Impressão e acabamento: *Orgrafic Gráfica*

Dados Internacionais de Catalogação na Publicação (CIP)
(Câmara Brasileira do Livro, SP, Brasil)

Camargo, Pedro de (Espírito).
Comunidade Educacional das Trevas: um alerta para professores, pais e alunos / pelo espírito Vinícius (Pedro de Camargo ; psicografia de Eliane Macarini. – São Paulo : Lúmen Editorial, 2010.

ISBN 978-85-7813-025-1
1. Espiritismo 2. Educação de crianças 3. Psicografia I. Macarini, Eliane. II. Título.

10-00361 CDD-133.9083

Índice para catálogo sistemático:
1. Romances espíritas : Espiritismo 133.9083

LÚMEN EDITORIAL

Rua Javari, 668
São Paulo – SP
CEP 03112-100
Tel./Fax (0xx11) 3207-1353

visite nosso site: www.lumeneditorial.com.br
fale com a Lúmen: atendimento@lumeneditorial.com.br
departamento de vendas: comercial@lumeneditorial.com.br
contato editorial: editorial@lumeneditorial.com.br
siga-nos nas redes sociais:
twitter: @lumeneditorial
facebook.com/lumen.editorial1

2013

Impresso no Brasil – *Printed in Brazil*

Para Ana Cecília e Gabriel,
presentes de Deus.

À querida Violette Amary, uma amiga,
uma mestra, um presente de
Deus para minha vida.

Agradeço à amiga Nilva Mariani por ter-me ajudado na correção deste livro e pelas palavras de incentivo e esperança como educadora.

Sumário

Nota do autor espiritual

Trabalhemos juntos, e unamos nossos esforços,
a fim de que o Senhor, na sua vinda, encontre a obra acabada.

(Espírito da Verdade em *O Evangelho Segundo o Espiritismo* – Capítulo XX – Trabalhadores da última hora)

Nada mais justo do que citar, logo de início, o nome de admirável espírito, a quem muito tenho a agradecer em minha educação, *miss* Martha H. Watts, missionária do bem sentir e do bem-querer.

Após a minha chegada ao mundo dos espíritos, tive o privilégio de sua visita, e, nessa época, já se delineava em minha mente um projeto: relatar experiências que vivenciava por meio de estudos e trabalhos assistenciais, e que tanta admiração causavam a meu espírito ignorante; então a admirável amiga Martha solicitou-me, com a habitual humildade e serena e firme doçura, que considerasse a possibilidade de um trabalho literário que discorresse sobre a educação de todos nós, tanto no plano dos encarnados como no dos desencarnados, enfocando a infância e a juventude, experiência que ela vivenciava havia algum tempo e por meio da qual auxiliou tantos jovens, assim como eu mesmo, mas que principalmente relacionasse a esse processo as inevitáveis consequências, provas da continuidade da vida, a vida eterna.

Martha confidenciou-me sua preocupação com o descaso com que algumas famílias, educadores e autoridades tratam nossos jovens iniciantes em desgastantes jornadas na carne. Então decidimos, juntos, solicitar auxílio a amigos mais bem informados, para que pudéssemos ser aconselhados na melhor maneira de conduzir tal projeto, visto sua importância para orientar nossa sociedade.

Assim foi feito, e aqui estamos a iniciar esta obra de amor e carinho aos pequeninos do Senhor, tendo como objetivo principal alertar sobre a responsabilidade que todos adquirimos ao assumir compromisso em participar da educação de espíritos recém-chegados aos dois planos, para que em futuro próximo possam ter a oportunidade de escolhas conscientes e mais saudáveis, dessa maneira contribuindo para um futuro mundo melhor, ou seja, um planeta de regeneração. Não falaremos sobre técnicas ou metodologias pedagógicas, mas iremos discorrer sobre a fantástica experiência que vivenciamos, acompanhando equipes socorristas em bem-aventurado trabalho de assistência a irmãos necessitados, dessa maneira presenciando admiráveis transformações pessoais que, por consequência direta, acabam por beneficiar a toda a comunidade.

Consideremos a ideia saudável de que, nos primeiros anos de vida, em uma nova encarnação, o espírito está apto a receber orientação moral visando a sua reeducação, ou seja, no período da infância e da juventude; e, quando aportamos no mundo invisível, após momentos experienciados na matéria, também necessitamos de companheiros com maior compreensão da vida para que tenhamos a séria oportunidade de avaliar a jornada recém-terminada.

Quando falamos em educação devemos elevar o conceito, para não apenas nos atermos à visão da aquisição fortuita de conhecimentos, mas nos direcionarmos para mais além: a educação que se reflete na ação efetiva do espírito em direção à boa ética e à boa moral, aspectos que propiciam transformações admiráveis em nosso espírito.

A educação começa no lar, amparada por pais responsáveis e amorosos, que se interessam pelo pensar e pelo sentir de seus pequeninos, tão confiantes que solicitaram abrigo no ventre materno e no apoio de um pai zeloso.

A educação se complementa nas escolas por meio do direcionamento intelectual e pela aquisição de conhecimentos necessários à vida material, informações que possibilitarão ao espírito educando uma vivência mais lúcida, pois toda evolução intelectual abre as portas ao desenvolvimento ético e moral, e um espírito equilibrado colabora com o meio social e espiritual no qual atua.

A educação se estende a uma sociedade atuante, que molda o querer do indivíduo em seus padrões energéticos, que são reflexos de nossas mentes trabalhando para a psicosfera da comunidade que habitamos.

Mestres são direcionadores de energias!

A paciência, a persistência, a humildade, o respeito e o amor fraterno devem ser a diretiva de seu comportamento, uma vez que cada um de nós que se propõe a seguir a carreira profissional de educador está se comprometendo perante o Pai Amado a participar da educação de futuros indivíduos, atuantes dentro de sua comunidade energética. Sabemos que a vida na matéria necessita da matéria, daí a necessidade do trabalho como incentivo ao desenvolvimento do intelecto e também como meio de suprir as necessidades da sobrevivência básica.

O mestre, o professor, é aquele que, por intermédio de sua formação acadêmica, se propõe a transmitir conhecimentos intelectuais, que deverão sempre ser complementados com ética e moral, responsabilidade essa que deverá ser prestada ao Pai como uma das mais importantes funções sobre o planeta.

Ai daquele que, por preguiça, por revolta, ou mesmo por vícios, relegar a responsabilidade moral que assumiu na educação de tantos espíritos agasalhados em corpos infantis ao acaso ou mesmo ao descaso, tratando-os com indiferença ou preconceito, ou até mesmo abuso.

O educador deve ser o amigo de confiança, a quem poderemos abrir o coração e tocar a fronte com reverência, pois ali está o exemplo fiel de quem gostaríamos de nos tornar, o missionário do amor incondicional e do perdão que nos direciona ao equilíbrio da própria vida.

A civilização humana é reflexo constante de sua vivência e de suas ambições; o planeta enfrenta momentos dolorosos de reajuste diante da omissão e da inércia de séculos e séculos de passividade e descaso perante o espírito imortal.

Novos e tão antigos conceitos morais deverão ser resgatados a duras penas. Aquilo que foi esquecido deverá sobreviver a momentos de amnésia moral, e o retorno à vida é sempre doloroso para que não esqueçamos, no futuro, a dor vivenciada em busca da redenção.

O presente trabalho retratará experiências vividas por irmãos em busca de conforto espiritual através das existências dolorosas nos resgates intermitentes entre o bem e o mal, que ainda persistem em habitar nossas mentes em estreitas formas dualísticas. Falaremos sobre a infância, abençoado período em que podemos assimilar novas maneiras para despertar virtudes ou sermos arremessados no lodo das viciações; falaremos da juventude, admirável período no qual estamos em busca de nosso "eu", que tanto será radioso ou tanto poderá nos atirar às trevas da ignorância moral.

A educação sempre foi vista por mim como a base da revolução social, emocional e moral. Sejamos responsáveis diante de tão admirável tarefa.

Deus nos abençoe.

Vinícius (Pedro de Camargo)
Ribeirão Preto, 18 de dezembro de 2007

Nota da médium

Em verdade, a criança é o futuro. Mas ninguém colherá futuro melhor sem os frutos da educação.

Emmanuel

A humanidade atravessa abençoado período de transição entre as escolhas probatórias e expiatórias e uma nova realidade, em que o espírito, experimentado em diversas oportunidades vivenciadas entre os dois mundos, estará em busca de regeneração por meio do trabalho árduo da reeducação moral.

No entanto, nenhuma educação moral será consistente sem bases firmes, e somente a aquisição de conhecimentos intelectuais poderá fazer com que desenvolvamos nossa inteligência, no exercício de entender a própria vida e, assim, conseguirmos direcionar essa inteligência intelectualizada para a aplicação efetiva e moralizadora em nossas escolhas, culminando com o processo ético da educação integral; daí o cuidado dos espíritos em nos ensinar através de uma doutrina de tríplice aspecto: o religioso, o filosófico e o científico.

Quando falamos em religiosidade, não nos atemos apenas ao significado da palavra; para entender esse conceito dentro da filosofia espiritista, devemos compreender o ato de ligar-se a Deus pelo pensamento como a procura pelo despertar consciencial, em busca do entendimento das leis divinas, que devem nutrir nossa conduta por meio de escolhas cada vez mais lúcidas, bondosas e sem entraves dogmáticos ou preestabelecidos, e sempre pautadas na livre escolha, por meio do exercício constante e consciente da responsabilidade pela nossa libertação moral.

A Doutrina dos Espíritos nos faz responsáveis diante do conhecimento da lei de ação e reação, descortinando a todos um mundo de liberdade e felicidade, e não mais de punição e culpa, onde ora desempenhamos o papel de vítima, ora de algoz.

No aspecto filosófico, permite-nos a reflexão das diversas formas que poderão nos servir de diretriz a vivenciar o Evangelho de Jesus. O ato intelectual de filosofar nos prepara para questionamentos existenciais, sem traumas maiores, uma vez que procura na natureza a explicação sobre os seres, as causas e os valores importantes à manutenção da vida.

O ato de filosofar sobre a dor e a felicidade revela ao homem vulgar um mundo de indagações características da própria evolução; primeiro como matéria, depois como espírito imortal; nesse momento, a Doutrina Espírita vem orientar essas reflexões, respondendo ao homem vulgar que seu lugar-comum é o próprio universo, que se estende ao nível de seu conhecimento.

A ciência responde a questionamentos práticos sobre a matéria visível, do micro ao macrocosmo, propiciando ao homem comum buscar informações que o coloquem no controle do mundo que habita e enxerga. Aos poucos, a ciência encontra à sua frente obstáculos maiores. O microscópio e as potentes lentes de observação planetária não mais satisfazem o olhar inquiridor, o pensamento pungente que busca, além, respostas "impossíveis" – é o homem da ciência encontrando Deus em seu caminho. A mente curiosa muda o rumo das pesquisas e o mundo visível se amplia em direção ao infinito questionável.

A educação primeira dentro dos lares amorosos, que prepara o infante para se lançar às frentes acadêmicas em busca de informação, em conjunto com as necessidades emocionais, que se unem para que se atenda ao constante crescimento do intelecto para atingir o universo da moralidade, originam o importante processo de esclarecimento.

Ao citar Emmanuel, nossa intenção foi alertar a todos os responsáveis pela iniciação das crianças no mundo dos encarnados sobre a necessidade de sermos altamente puros de coração em nossos sentimentos e propósitos, dessa maneira contribuindo para a educação individual que, somada a tantos outros intelectos direcionados a objetivos salutares e fraternos, possa usufruir, como um todo, nesse momento oportuno, de uma nova era, a era da reconquista da liberdade moral, e do merecimento de sermos parte da regeneração planetária.

Deus nos abençoe. Que este trabalho, cuja execução é um ato de amor, possa trazer doces frutos para todos nós, envolvidos no bendito processo regenerativo.

Eliane Macarini

Ribeirão Preto, 1º de agosto de 2007

Capítulo 1

Uma missão de educação

776. O estado e a lei natural são a mesma coisa?

– Não. O estado natural é o estado primitivo. A civilização é incompatível com o estado natural, enquanto a lei natural contribui para o progresso da humanidade.

O estado natural é a infância da humanidade e o ponto de partida de seu desenvolvimento intelectual e moral. O homem, sendo perfectível e trazendo em si o germe de seu melhoramento, não foi destinado a viver perpetuamente no estado natural, como não foi destinado a viver perpetuamente na infância. O estado natural é transitório e o homem o deixa pelo progresso e a civilização. A lei natural, pelo contrário, rege toda a condição humana, e o homem se melhora na medida em que melhor compreenda e melhor pratique essa lei. (*O Livro dos Espíritos* – Livro III – Capítulo VIII – Lei do progresso – item I – Estado natural)

Alberto veio nos visitar na casa espírita Caminheiros de Jesus. Estava muito feliz, pois retornava às atividades de educador no Lar Escola Maria de Nazaré.

– Bom dia, meus amigos! Tive um dia de folga de meus afazeres e logo me decidi por matar as saudades de vocês.

– Ficamos muito felizes pela lembrança, e confesso já estar sentindo falta de nossas conversas – respondeu Ineque.

– Tenho um convite a lhes fazer: visitar nosso Lar Escola. Recebemos alguns pequenos amigos que têm muito a nos oferecer sobre aprendizado moral, obtido por meio de experiências vivenciadas nas últimas encarnações. Acredito ser de valia para o trabalho que realizam, principalmente nesse projeto que iniciam. Além do mais, um desses jovens é antigo conhecido dos amigos. Seu nome é Rafael[1], e está ansioso por reencontrá-los – anunciou Alberto.

– Rafael? Então nosso pequeno amigo já se prepara para o trabalho? Que felicidade em saber do fato! Terei o maior prazer em comparecer a esse compromisso. Mas, então, o amigo Alberto já está a par de nossos estudos sobre a educação? – perguntei eu.

– Martha está trabalhando conosco há algum tempo, e outro dia encontrei-a em nossa biblioteca, animada em busca de informações sobre o passado de nossa educação terrena. Ela, então, me colocou a par desse maravilhoso trabalho, e eu, como educador desde a última encarnação, com certeza interessei-me pelo assunto. Foi quando me lembrei desse encontro que deverá acontecer durante o período da tarde,

---

[1] Rafael é personagem do livro *Obsessão e Perdão*, dos mesmos autores, também editado pela Lúmen Editorial. *Nota da médium.*

hoje, no centro de lazer do Lar Escola. Acredito que o encontro nos beneficiará – tornou Alberto fazendo pequena pausa. – Ah!, quero solicitar aos amigos que me incluam no grupo novamente, isso se for possível. E como burocrata de novo...

– Será sempre bem-vindo entre nós – Ineque respondeu com um sorriso.

Após a visita de nosso caro amigo, e de termos aceitado o amável convite, reunimo-nos para traçar prioridades em nosso novo projeto.

– Visitaremos algumas escolas na crosta. Martha nos sugeriu que observássemos escolas públicas e particulares, e aproveitaremos para auxiliar um professor de nome Silas. Ele passa por conflitos familiares e emocionais graves, que estão interferindo em seu magnânimo trabalho. Após esse período de preparação, nos familiarizando com a área da educação, deveremos acompanhar alguns irmãos que se veem atropelados por problemas variados, também relacionados à educação dos sentimentos – esclareceu Ineque.

– Recebi as seguintes informações sobre Silas: é um professor dedicado aos alunos e à causa da prevenção às drogas nas escolas. Nos últimos meses, descobriu que seu filho Paulo tornou-se usuário ativo e também tem se dedicado ao tráfico para financiar o vício; por esse motivo, nosso amigo entrou em grave crise depressiva, originada do sentimento de culpa e incapacidade de auxiliar o próprio filho – expliquei.

– E ele, apesar de tantos conhecimentos a respeito do assunto, não percebeu o que acontecia ao filho? – perguntou Maurício, demonstrando espanto. – O rapaz não deu sinais de desequilíbrio? Não houve mudanças de comportamento que pudessem alertar o pai sobre a gravidade do que ocorria?

– Silas estava tão envolvido no trabalho e na luta pela erradicação da droga na comunidade escolar, que nunca pensou que, dentro da própria casa, o vício seria acolhido. De fato, acreditava que os filhos estivessem a salvo, pois sempre comentava sobre seu trabalho e esclarecia a todos a periculosidade do envolvimento com as drogas – comentei, procurando elucidar Maurício sobre a situação que Silas vivenciava.

– E a esposa de Silas, como reagiu ao fato? – indagou Maurício.

– Adelaide desencarnou durante o parto de Paulo, e o menino cresceu com sensação de culpa, julgando-se responsável pela partida da mãe, sentimentos que foram alimentados, principalmente, pelos irmãos mais velhos, que, durante as inevitáveis discussões, acusavam-no do desencarne de Adelaide. O socorro que a família receberá será graças à intercessão de Adelaide, espírito de bondade admirável, e também de sua filha, Manuela, formoso espírito encarnado que se tornou o anjo protetor da família. Dessa maneira, foi deliberado o auxílio necessário ao socorro de seus tutelados – informei aos amigos.

– Então, iremos à crosta planetária e visitaremos a casa de Silas e de sua família. Após tomarmos essa providência, observaremos a escola em que nosso assistido trabalha – falou Ineque.

– Pelo que nos informou, a saúde de Silas está abalada; ele está trabalhando ou se encontra em licença de trabalho? – perguntei.

– Silas deverá retornar ao trabalho ainda esta semana, e isso tem lhe provocado fortes sensações de pânico. Deveremos interferir antes que a crise se agrave, tornando-se uma síndrome – sugeriu Ineque.

Maurício propôs:

– Poderemos solicitar a Inácio que inclua Silas no programa de atendimento.

– Bem pensado, meu amigo. Inclusive, Inácio deve se encontrar em nosso posto de atendimento a trabalho; aguardemos que se desocupe e, então, o consultaremos – repliquei animado.

– Enquanto tomam essa providência – continuou Ineque –, vou contatar Alberto. Precisamos de algumas informações sobre os professores da escola pública que iremos visitar. Em seguida, me reunirei a vocês – disse Ineque.

Após nos aconselharmos com Inácio, que aceitou prontamente o novo paciente, o amigo passou a nos esclarecer sobre a síndrome do pânico:

– Essa síndrome, também chamada de transtorno do pânico, é uma enfermidade que apresenta surtos de medo e desespero. O paciente tem a impressão de que morrerá de um ataque cardíaco naquele instante, pois o coração dispara, ele sente falta de ar e apresenta sudorese abundante. O paciente que apresenta a síndrome do pânico sofre durante as crises, e muito mais durante os intervalos entre uma e outra, porque não sabe quando os sintomas vão se manifestar. O intervalo pode ser de horas, dias ou até mesmo meses, o que gera bastante insegurança, ocasionando comprometimento na qualidade de vida do paciente.

O tratamento médico terreno prevê administração de medicamentos, psicoterapias e algumas mudanças de hábitos; no plano espiritual sabemos que a causa de toda disfunção orgânica ou emocional está dentro de nós mesmos, portanto, para curarmos uma doença, seja ela qual for, com o exercício do autoconhecimento, aliado à autorreforma, podemos erradicar o mal que nos consome.

Após esses esclarecimentos iniciais, dirigimo-nos ao planeta, abençoada morada de todos nós, felizes com o novo trabalho que iríamos iniciar.

Introspectivo, passei a rememorar o período infantil vivido em minha última encarnação. Fazia parte de uma família amorosa; os pequenos eram tratados com respeito e muito carinho, e recebiam especial atenção na educação.

Tive o privilégio de estudar no Liceu Piracicabano sob a orientação de *miss* Martha, espírito dedicado a nós, os necessitados de firme e amoroso direcionamento, o que resultou, não só em relação a mim como a outros, em indivíduos conscientes de seu papel dentro da sociedade brasileira.

Lembro-me de minhas peraltices, e percebo que não havia maldade nem malícia nelas; eram apenas estripulias de quem estava descobrindo um mundo de possibilidades. O bom humor rondava nossas atitudes, e, marotos, arquitetávamos nossas artes. Quando descobertos, éramos advertidos com sabedoria, bom senso e respeito, e, principalmente, levados a refletir sobre nossas atitudes e também a viver as consequências decorrentes com tolerância e responsabilidade.

Não havia traumas maiores, mas ensinamentos morais por meio da reflexão de nossos atos, muitas vezes irrefletidos, uma vez que a juventude nos roubava o bom senso e, afoitos, atirávamo-nos às aventuras prazerosas do momento. Porém, descobertos e confrontados, abaixávamos a cabeça com *aparente* humildade, no excelente e necessário exercício da verdadeira humildade, e nossos companheiros adultos nos direcionavam com a ajuda de sábios e, na época, entediantes discursos que nos cobravam comportamento mais sério, algo que, na ocasião, não conseguíamos entender, embora já ensaiássemos certo respeito.

Assim se passou minha juventude, e percebo que nada foi mais útil a esse humilde aprendiz do que os limites impostos pelos adultos de minha época.

Entristeço-me ao ver jovens em tenra idade confrontando com desrespeito e insolência seus pais, mestres e tantos outros irmãos que procuram, de alguma forma, limitar essa arrogância, até natural em nós, estreantes das leis morais.

Percebo que o progresso material, como prioridade máxima da humanidade, acabou por mudar de maneira desequilibrada os objetivos educacionais no planeta; o amor, o respeito e a humildade, ensinados em conjunto com as informações para o intelecto, foram substituídos por compensação pelas facilidades e exageros materiais.

Vejo em diversas ocasiões a compra de atitudes ao se corrigir uma criança – negocia-se o bom comportamento trocando-o por objetos de desejo, que, logo após a posse, são jogados em um canto e relegados ao esquecimento, e uma nova necessidade nasce de imediato.

Atos falhos que antes eram esclarecidos e a respeito dos quais se faziam exigências; compromissos comportamentais novos, que terminavam por modificar atitudes, hoje são vistos como traumáticos ou abusivos, e a troca impensada e injusta, para o educando, camufla as verdadeiras intenções que, se analisadas, refletem a preguiça e a má vontade; e o mais grave, segundo a limitada compreensão desse espírito ainda ignorante, é o desejo disfarçado que anseia por se livrar de responsabilidades.

A educação, assunto tão sério e importante, perdeu a característica de educar um indivíduo para a vida; e viver é, antes de mais nada, respeitar o mundo em que caminhamos.

O descaso e a insatisfação grassam à solta e em desenfreada velocidade.

A sociedade se perde em inúteis discussões sobre maneiras de educar e não consegue entender nem mesmo o processo ético de se educar pelo exemplo. O que vemos são cegos conduzindo cegos, e o processo tedioso do descaso e da dor moral aniquila uma sociedade já adoentada por vícios morais, que projetam graves deformações intelectuais nos indivíduos, algo que vai se refletindo no todo.

O educador perdeu a essência missionária, e o conceito profissional de apenas ser uma maneira de ganhar seu sustento propaga ao redor a frustração, que apenas alimenta a estagnação intelectual e moral; que só serve à permanência de comunidades incapazes de agir e reagir, a fim de modificar a direção da própria vida e, assim, caminhar para a verdadeira evolução.

Sabemos que somente o indivíduo educado terá a verdadeira noção de seus direitos pessoais. Se assim for, teremos uma sociedade consciente de seus direitos ativos, que enfim mudará o direcionamento moral do planeta.

Todas essas considerações feitas, devemos esclarecer que também encontramos irmãos abnegados e com salutares propósitos de transformação, pessoal e social, onde a mente já possui direcionamento ético, no exercício adorável da moralidade. Serão esses missionários do amor, em busca da verdadeira justiça social, que farão parte das égides de espíritos construtores da Nova Era.

Devemos lembrar que os Espíritos Superiores, questionados por Allan Kardec, em *O Livro dos Espíritos*, sobre o exercício missionário, esclarecem que nossas ocupações comuns são pequenas missões que nos servem de base educacional ao espírito; porém, se desempenhadas a contento, com boa vontade e perseverança, poderão se transformar em verdadeiros tesouros sociais. Dessa maneira, atrairemos os espíritos superiores, que buscam instrumentos moralizadores para agir em benefício de todo o planeta.

Nesse momento reflexivo, olhei para meus companheiros de trabalho e percebi que, assim como eu, eles estavam ali, quietos, pensando na importância do trabalho a ser realizado. Então, assumi comigo mesmo o compromisso de fazer o melhor naquele momento abençoado, pois sinto, hoje, que sou mais e mais responsável por tudo que ando vivendo e aprendendo.

Levantei os olhos aos céus e, com a mente voltada ao Criador, convidei todos a uma oração de agradecimento pela oportunidade que tínhamos pela frente:

– Deus, Pai de amor e oportunidades, queremos agradecer o dia de hoje, que se veste de admirável energia de trabalho, descortinando à nossa frente período abençoado de aprendizado cristão. Que possamos ter a clareza de auxiliar sem julgar, pois sabemos que a humildade de reconhecer nossas limitações também se estende ao próximo, muitas vezes em nossa retaguarda. Por isso mesmo é magnífica a responsabilidade de partilhar o pouco que conseguimos entender. Estamos a caminho, meu Pai, e pedimos humildemente a sua bênção.

Capítulo 2

A rotina do Lar Escola Maria de Nazaré

777. No estado natural, tendo menos necessidades, o homem não sofre todas as atribulações que cria para si mesmo num estado mais adiantado. Que pensar da opinião dos que consideram esse estado como o da mais perfeita felicidade terrena?

– Que queres? É a felicidade do bruto. Há pessoas que não compreendem outra. É ser feliz à maneira dos animais. As crianças também são mais felizes que os adultos. (*O Livro dos Espíritos* – Livro III – Capítulo VIII – Lei do progresso – Item I – Estado natural)

Dirigimo-nos ao Lar Escola Maria de Nazaré, que servia de abrigo a tantos espíritos desencarnados na idade infantil ou juvenil, e que, após o devido acolhimento, eram encaminhados a essa abençoada comunidade para necessário aprendizado em benefício de sua evolução moral e intelectual.

Recepcionados pela amiga Martha e pelo amigo Alberto, convidaram-nos a uma rápida excursão pelas dependências do edifício que abriga a escola.

– Aqui é o local onde moram nossos alunos. São dormitórios conjuntos; cada unidade é composta de um quarto que acolhe três estudantes e uma pequena sala comunitária destinada à confraternização e ao estudo. O prédio dos alojamentos comporta duas mil unidades, portanto nossa população estudantil é composta de seis mil alunos – explicou Martha. – À frente, temos os alojamentos separados, para aqueles que ainda estão em fase de familiarização com a nova morada e se encontram em certo desajuste com o novo caminho a seguir. Cada unidade conta com um monitor, que é o responsável pelo bem-estar do novato. Após o período de reajuste, são encaminhados ao alojamento principal.

– Esse monitor ao qual se refere recebe treinamento específico para desempenhar suas funções? – perguntei.

– Como tudo na casa do Pai é determinado conforme as necessidades do filho, temos um treinamento específico para esses monitores, com noções morais elevadas e também treinamento psicológico, e vários são voluntários que acolhem antigos companheiros de jornada, com o propósito de auxiliá-los nesse novo momento a ser vivido – elucidou Alberto.

– Agora – disse Martha – adentraremos as salas de recreação. Nelas se encontram os painéis de projeção, semelhantes aos dos cinemas terrenos. A programação é diária e todos a recebem semanalmente nas caixas de mensagem. Toda a exibição é composta de obras destinadas à educação.

– Caixas de mensagem? – questionei curioso.

– Similares aos computadores terrenos, porém de tamanho diminuto, cada um dos alunos possui o seu – explicou Alberto.

– Seriam filmes a serem exibidos? – perguntou Maurício.

– Sim, em estilo documentário ou romanceado – tornou Martha.

– E essas películas são produzidas aqui mesmo, no plano espiritual? – indaguei.

– Algumas sim; outras são réplicas de belíssimas obras produzidas no plano físico. Hoje mesmo está programada a projeção de filme muito conhecido no planeta, *Amor além da vida*, que retrata com bastante propriedade o valor inestimável do amor, da perseverança e da fé em si mesmo – falou Martha.

– Teríamos tempo de assistir a essa sessão cinematográfica? – sugeri. – No plano dos espíritos ainda não tive a oportunidade de experienciar esse lazer.

– Nossa pequena reunião deverá finalizar perto das dezenove horas, portanto, teremos algum tempo de descanso e, às vinte horas, poderemos ocupar um lugar na assistência – disse-me Martha.

Continuamos nossa excursão pelo Lar Escola Maria de Nazaré e, feliz, percebi o carinho com que tudo era tratado naquela comunidade. Encantei-me com as salas de aulas, projetadas para que todos pudessem aproveitar ao máximo o aprendizado oferecido.

– Cada aluno recebe um computador, pessoal e portátil, que lhe servirá enquanto permanecer na escola, e cada sala de aula possui trinta poltronas equipadas com um teclado acoplado a seus braços, que se liga ao computador da sala de aula. Então, em caso de qualquer dúvida, o estudante poderá registrá-la e, ao final de cada exposição, o professor responderá às perguntas propostas, ocasião em que todos participarão por intermédio de uma saudável discussão – explicou Martha.

E Alberto completou:

– Cada sala é independente da outra, e cada uma destinada a um assunto. O aluno circula entre essas salas obedecendo a uma programação de estudos previamente escolhida por ele e aconselhada por monitores de acordo com as suas necessidades.

– No final de cada semana – esclareceu Martha –, os alunos de cada sala discutem entre si um assunto cujo estudo gostariam de aprofundar ou mesmo uma curiosidade que desejariam ter esclarecida. O professor da sala terá uma semana para pesquisar e preparar o estudo. Os sábados são destinados a esse tema livre.

– O tema livre obedece a uma ordem ou não? – perguntei.

– Ordem nenhuma; caso contrário, o tema não seria livre. Temos observado que a maioria opta por assuntos ligados à vida na matéria. Na semana passada, das trezentas salas de estudo, duzentas e quarenta e três solicitaram esclarecimentos sobre a violência no planeta, sob vários títulos diferentes, mas a essência do assunto era essa. Percebemos certa ansiedade com a constatação de que precisarão voltar em uma nova encarnação – contou Martha.

– É hábito da escola mantê-los a par do que se passa no mundo material? – questionou Maurício.

– Com certeza, eles precisam observar o que não está bem, para poder, através de estudos e grupos que se reúnem para discutir ideias, auxiliar no reequilíbrio social e buscar alternativas que, com certeza, poderão ser usadas em planejamentos encarnatórios. Não devemos esquecer que o espírito bem preparado para vivenciar novas experiências terá maiores oportunidades de vencer suas limitações – respondeu Alberto.

Curioso, Ineque perguntou:

– E como se procede a essa familiarização com os problemas do planeta?

– Temos, aos domingos, uma reunião no auditório maior em formato circular, local onde reunimos todos os alunos e observamos numa tela grande, também em formato circular, fatos ocorridos durante a semana. Projetamos os sucessos e os tristes momentos vivenciados no planeta, e, na semana seguinte, os alunos discutirão os acontecimentos vistos. Para aqueles já preparados, programamos algumas excursões na crosta, sempre orientadas por monitores – esclareceu Martha.

– A educação do espírito pressupõe o conhecimento de todos os fatos vividos pela humanidade, em um saudável encadeamento de experiências, que visem principalmente ao posicionamento consciente e caridoso de cada um. Por meio da crítica saudável, podemos discutir ideias que aclararam nosso entendimento a respeito de nossos próprios atos. E o espírito, que passa a observar e opinar sobre o caminho que a humanidade anda traçando para si mesma, também poderá modificar com firmeza de propósito esse estado caótico que hoje vivemos – opinou Ineque.

– Trata-se do exercício consciente da inteligência – completou Maurício.

– Isso mesmo, Maurício – concordou Ineque. – Assim, o espírito passa a utilizar a inteligência de maneira consciente, agindo com equilíbrio dentro do próprio meio social, dessa maneira contribuindo para a evolução moral da comunidade social. – Fez uma pequena pausa reflexiva e continuou: – Caso contrário, estará estagnado em falsos conceitos de evolução, preso à infância desregrada da própria consciência.

– Como encontramos em *O Livro dos Espíritos*: "é a felicidade dos brutos". O espírito pode ser feliz ainda que ignorante, e não ter a ambição de modificar seu estado natural, insistindo em não avançar no conhecimento intelectual adequado à ética moral – refleti.

– Se assim persiste – esclareceu Martha –, passa a adoecer moralmente, pois a sociedade evolui independentemente daqueles que persistem em permanecer na retaguarda. Chegará o momento em que será "obrigado" a repensar suas atitudes, uma vez que se tornará um estranho entre os outros.

– E a Terra passa por um saudável processo evolutivo – comentei –, quando será cobrada de todos a responsabilidade pelos próprios atos. O espírito, não mais ignorante, não poderá atribuir uma causa externa às próprias dores.

– Eis a função da Doutrina dos Espíritos: auxiliar-nos a entender a necessidade de crescermos moralmente, primeiro obedecendo à ética social, que nos treina para a descoberta da responsabilidade moral por tudo que emanamos, pois nossos pensamentos são a origem de nosso estado natural. A consciência desse fato nos faz sábios na utilização do Bem Maior que nos ofereceu nosso Pai: o princípio inteligente, que nos distingue dos outros animais; o controle sobre nossos instintos primários e, decorrente disso, o livre-arbítrio – falou Maurício.

– O amigo Alberto está muito calado! – comentou Ineque.

– Aprendo a escutar e refletir; me propus a esse exercício excelente e ando descobrindo que de boca fechada consigo escutar melhor – tornou Alberto, de bom humor.

Todos rimos com gosto do comentário sábio de nosso companheiro amoroso. Em seguida, Martha nos convidou a caminhar em direção a nosso compromisso.

Capítulo 3

Uma nova escola

778. O homem pode retrogradar para o estado natural?

– Não; o homem deve progredir sem cessar e não pode voltar ao estado de infância. Se ele progride, é que Deus assim o quer; pensar que ele pode retrogradar para a sua condição primitiva seria negar a lei do progresso. (*O Livro dos Espíritos* – Livro III – Capítulo VIII – Lei do progresso – Item I – Estado natural)

Adentramos uma sala ampla de paredes construídas por substância semelhante ao cristal. No lado externo, exuberantes pomar e jardim, ambos em flores, que exalavam inebriante e suave perfume que encantava nosso olfato. Percebi, entre a extensa vegetação, uma planta de pequeno porte que servia de forro ao chão. Estava repleta de pequenas e multicoloridas flores que encantavam a visão. Borboletas e pássaros de portes diferentes davam o toque final à fantástica paisagem.

Martha aproximou-se de uma parede onde gracioso quadro adornava o ambiente e, com delicadeza, pressionou a pétala de uma bela flor. Imediatamente o ambiente foi envolvido por harmonioso canto de pássaros. Encabulado, encarei-a, e ela, sorrindo, respondeu:

– Ora, meu aluno amado, se na Terra já possuímos algumas facilidades eletrônicas, não se esqueça de que os projetos partem daqui. E o canto é natural; são os pequenos amigos de nosso jardim, que toda tarde nos brindam com esse coro mavioso. Ah, nossos conferencistas acabam de chegar!

Voltei-me para a entrada do pequeno salão e logo avistei Rafael. Com um sorriso me aproximei dele, que, amoroso, recebeu-me com um abraço fraterno, no qual pude identificar gratidão e saudades.

– Vinícius, quanta saudades! Quando a senhora Martha nos disse com quem iríamos contar, senti forte emoção tomar meu coração. Lembrei-me de todo o carinho com que fui tratado por vocês e senti até certa ansiedade por esse momento – confessou com lágrimas nos olhos, logo se voltando para Ineque e Maurício, e também abraçando-os com carinhoso desvelo.

Também estávamos emocionados. Lembrávamos da luta de nosso amigo Rafael para vencer as más inclinações que ainda faziam parte de suas características pessoais. Recordei-me de seus últimos meses entre os encarnados e da persistência em praticar o Evangelho de Jesus, do esforço hercúleo para vencer a depressão e passar momentos dolorosos alimentando esperança e fé. Lembrei-me do exemplo de retidão e coragem que ofertou aos mais próximos, isso depois de haver se perdido no mundo das viciações e ter conseguido vencer a si mesmo.

Olhei-o com admiração e orei ao Pai por permitir que eu, espírito tão ignorante, presenciasse e partilhasse experiências admiráveis com meus irmãos.

Rafael se voltou para mim e observou, ainda com lágrimas nos olhos:

– Agradeço a Deus por tê-los em meu caminho. Nada do que vivo hoje seria realidade sem a intercessão bondosa de vocês, e graças a ela também entendo que sou o maior responsável por isso, porque aceitei o auxílio recebido e reconheci a fragilidade do momento que vivia. Assim, tenho me tornado mais forte e procuro partilhar o pouco que aprendi. Mas vamos nos sentar. Quero que conheçam meus amigos. Estudamos e trabalhamos juntos em um bom projeto.

Sentamo-nos em um semicírculo, interrompido por uma tela, que ficou sob o comando mental de Rafael.

Rafael passou a apresentar os membros do grupo, que era composto, ao todo, de seis jovens aparentando em média dezoito anos. Duas jovens de aspecto suave e olhar doce nos foram apresentadas como irmãs gêmeas da última encarnação: Kelly e Karla, desencarnadas em um acidente automobilístico provocado por um jovem em fuga da polícia, em terrível desequilíbrio devido ao uso de drogas; uma jovem muito sorridente de nome Vera, que soubemos haver desencarnado por um aneurisma; Roberto e Leandro, ambos desencarnados em um evento violento na escola onde estudavam; e nosso amigo Rafael, cuja história contamos no trabalho intitulado *Obsessão e Perdão*.

Ao comando mental de Rafael, a tela à nossa frente passou a exibir imagens do planeta, mostrando um lugar selvagem, *habitat* de grandes predadores. A mata exuberante domina a terra, as águas muito límpidas exibem animais em franca evolução. Ora o espaço é invadido por densas nuvens, que desabam em forma de grandes tempestades, propiciando transformações sutis, ora o céu límpido exibe o astro-rei que aquece também, contribuindo na evolução natural. De repente, um rastro de luz corta o céu e estrondoso impacto transforma o dia em noite, e a vida caminha mais um passo na sua inexorável trilha evolutiva.

Da destruição a natureza tira o alimento e novamente tudo se transforma. A criatura se levanta ainda débil, fragilizada no esforço supremo da sobrevivência, e passa a caminhar à frente. Ergue o corpo e começa a pensar em maneiras diferentes de transformar o ambiente em que vive em busca de conforto.

O céu, encoberto por densas nuvens, traz o medo ao *Homo sapiens*; um raio corta o firmamento e incendeia a floresta sob os olhos inquiridores de criaturas curiosas, que descobrem que podem imitar a natureza.

As criaturas começam a se reunir em grandes bandos. Descobrem que, se quiserem sobreviver, deverão se unir em um propósito único. As comunidades se formam e, para que haja organização social, é necessário também que alguém assuma a liderança; delineia-se, assim, o instante em que espíritos ignorantes da bondade passam a ambicionar o comando do grupo. As lutas sangrentas têm início, e também o princípio inteligente, direcionado de acordo com o que elegemos para nossa psicosfera.

A tela passa a exibir diversos agrupamentos – alguns homogêneos, que se desenvolvem com unicidade de propósitos, sem traumas maiores ou dores sangrentas; outros em lutas acirradas, nas quais impera a incompreensão das responsabilidades morais.

As sociedades evoluem e as guerras proliferam; espíritos maldosos formam grandes falanges; encarnados e desencarnados sobrevivem na Terra de acordo com a lei de ação e reação. Em triste momento de escolhas, iniciam-se as guerras "santas". Emocionados, vemos o madeiro sanguinolento ser levantado em bandeiras cruéis. A dor assola a alma dos homens e alimenta as falanges do mal. Fogueiras são símbolos de justiça, enquanto almas boas e puras são queimadas em equivocados "sacrifícios cristãos".

O progresso material assume proporções assombrosas, e a alma impura rasteja no lodo fétido da ignorância.

Oh, humanidade, acorde para a Nova Era! É chegada a hora da redenção. Nossa história moral necessita de novos trabalhadores, aqueles que, empenhados na salvação, olhem para dentro de si mesmos e se levantem em busca da paz.

A grande tela agora nos apresenta a humanidade sedentária deitada ou sentada diante das telas televisivas que divulgam a iniquidade e a dor. Jovens são apresentados seminus para despertar a libido doente. Os valores inversos são alimentados por meio de histórias de conteúdo dúbio, e, quando percebemos, estamos torcendo pelo bandido para que atinja seu intento. Tudo é muito sutil; a maioria não percebe que está sendo arrastada para um mar de contravenções, que já critica e não mais aceita como certo.

A falta de respeito se vê a cada passo – homens que sonham com traições, mulheres que não medem esforços para conseguir realizar seus desejos, jovens perdidos dos bons valores e a desgraça abraçando as mentes, produzindo energias tóxicas que envolvem os menos avisados.

O foco vai se afastando e podemos ver a confraternização entre os dois mundos. O planeta visto de longe está envolto em densas nuvens energéticas. Então, a tela se apaga e, quando volta, tudo se transformou. Vemos o futuro radioso de todos aqueles que, firmes em seus propósitos, não cederam à tentação do imediatismo. Há paz e união entre os espíritos, encarnados e desencarnados.

Aliviados, respiramos fundo, e grossas lágrimas rolam por meu rosto. A tela se apaga e luzes suaves nos iluminam.

Olhamos uns para os outros e, emocionados, permitimos o choro sentido, sem vergonha, pois é a manifestação ainda física de nossos bons sentimentos.

– Decidimos começar essa nossa conversa apresentando um resumo rápido do que consideramos pertinente ao que iremos expor. O objetivo da reunião é apresentar um projeto reencarnacionista de nosso grupo. Dessa maneira, se os senhores estiverem de acordo com a proposta, solicitaremos auxílio de espíritos mais esclarecidos para que possam nos auxiliar na execução desse plano – explicou Rafael, dirigindo-se a um grupo de mestres presentes, convidados pelo grupo de estudantes a fim de avaliar o projeto que haviam desenvolvido.

Nesse instante, Rafael volta à poltrona, e Kelly se levanta, tomando o lugar de expositora. Agora a tela sob o comando mental da menina passa a mostrar acidentes naturais decorrentes do uso irresponsável dos recursos do planeta. Vulcões em erupção, deslizamento de placas tectônicas que provocam terremotos e maremotos, chuvas ácidas, enchentes avassaladoras e outros desastres vão passando pela tela, enquanto Kelly procede às explicações.

– Após muitas pesquisas e estudos direcionados a preservação do planeta, concluímos que o maior perigo, aquele que resultará na extinção do ser inteligente sobre o orbe, é a ignorância das leis naturais que regem a vida sobre a Terra. A educação global que desperta as consciências civil, pessoal e comunitária está soterrada sob as necessidades do sucesso material. Nossa proposta é construir uma escola renovada, que terá como objetivo e direcionamento principal o despertar de consciências. Vamos trabalhar e aplicar ética e moral a todos os conhecimentos transmitidos; discorreremos sob a consciente aplicação do intelecto; sob as leis universais da harmonia e do respeito. Cada assunto abordado deverá ser direcionado à aplicação prática, e não apenas ministrado como matéria necessária à aquisição de notas para se atingir o necessário e finalizar o ano letivo com sucesso. Os assuntos serão direcionados à aplicação ética como um todo.

A tela passa a exibir exemplos práticos do discurso teórico: salas de aulas semelhantes às que vimos durante o dia, mestres ativos e conscientes direcionando a exposição das matérias necessárias ao direcionamento profissional escolhido.

Ao final da apresentação, todos os integrantes do grupo haviam contribuído.

Por fim, Martha levantou-se de sua poltrona e ocupou o lugar de expositora.

– Agradeço a boa vontade dos senhores – falou dirigindo-se ao grupo de mestres, e continuou: – Agradeço a presença dos amigos e esperamos ter contribuído de alguma maneira para sua próxima missão. Coloco-me à disposição desses jovens maravilhosos e aceito o convite que me fizeram para participar da tarefa – finalizou com emoção na voz suave.

O grupo de jovens a rodeou com algazarra própria da juventude e, alegres, envolveram-na em amoroso abraço de gratidão.

Aproximei-me de Martha e perguntei com certo ressentimento:

– Vai nos abandonar, *miss* Martha?

– Pedro, Pedro, ainda não aprendeu a dividir? – questionou-me ela sorridente, com certeza rememorando caso que teve início em disputa por um brinquedo no momento de recreação no Liceu Piracicabano, a propósito do qual eu insistia em ter direito exclusivo de uso.

– Desculpe! Ainda preciso pensar antes de falar, mas serei sincero. Senti certa nostalgia quando nos disse haver assumido compromisso com o grupo, pois deduzi que irá reencarnar com eles – confessei meio envergonhado.

– Para mim, que iniciei o estudo direcionado, a educação servirá como excelente treino de toda a teoria adquirida. Quem sabe não poderá me auxiliar desse plano? – indagou Martha.

– Ainda não me sinto preparado para trabalho de tal vulto! – tornei eu, cabisbaixo.

– Ora! Deixe de lado o pensamento imediatista. Ainda teremos um bom tempo de preparação. Persevere e se esforce. Para o espírito persistente e de boa vontade, nada é impossível – asseverou Martha.

– Será que conseguirei? – perguntei, já mais animado.

– Pedro, você já está no bom caminho. Agora é só continuar com afinco. Não se esqueça de que o espírito não retrograda – disse-me sorrindo.

– Confesso estar animado e quase acreditando nessa possibilidade. Mas... Poderia esclarecer-me uma curiosidade? – falei, dirigindo-me a Martha.

– Fique à vontade. Se for de meu conhecimento, terei prazer em responder – replicou ela com amabilidade.

– Percebi que alguns comandos que encontramos no Lar Escola ainda necessitam da interferência da matéria, como os teclados posicionados nos braços das poltronas, nas salas de aula, e o botão que você pressionou para ligar o som. Mas, quando os jovens utilizaram as telas para demonstração, elas estavam sob o comando mental deles. Minha dúvida é sobre a necessidade desses comandos manuais.

– Você não deve se esquecer de que esses jovens se preparam para futuras incursões no planeta como espíritos encarnados – explicou-me Martha –, e por lá ainda deverão utilizar os métodos manuais, pois a ação direta do pensamento é um tanto utópica, e não seria saudável que perdessem totalmente a familiarização com esses instrumentos.

– Então é devido à necessidade como espíritos encarnados? – inquiri.

– Enquanto a matéria se sobrepuser à ação direta do pensamento, sim; porém, à medida que o espírito evolui e se manifesta de maneira mais sutil, essas necessidades se tornam obsoletas.

Maurício se aproximou de nós e avisou que deveríamos nos dirigir à sala de projeção, pois o horário marcado para o início da exibição da película estava próximo. Para lá nos dirigimos, e confesso ter sido excelente ocasião de recreação. Percebi maravilhado como a visão do desencarnado aprofunda-se com o conhecimento readquirido após a passagem. Tudo era mais intenso e a emoção, mais genuína; percebia entre as imagens que desfilavam frente a meus olhos a grandeza da mensagem passada através da trama idílica. O filme falava desde o primeiro instante no abençoado exercício do reencontro expiatório e probatório, exercício excelente a todos nós no caminho da perfeição. Emocionei-me profundamente com o amor descrito de maneira tão dócil e suave, e, em determinados momentos, detentor de uma força redentora.

Quando a tela se apagou, suspirei encantado e ao mesmo tempo entristecido por ter terminado. Um companheiro da assistência levantou-se da confortável poltrona e disse em voz alta e carregada de emoção:

– Estou com mais vontade de trabalhar, afinal, o amor não é apenas utopia; é maviosa surpresa da fatalidade divina.

Olhou-nos a todos com carinho e afastou-se com reverência e respeito ao momento que todos experimentávamos.

Despedimo-nos e voltamos à casa espírita Caminheiros de Jesus, eu, pessoalmente, introspectivo e avaliando as últimas experiências vividas, além de maravilhado com tantas e tantas surpresas no mundo de Deus.

Capítulo 4

O lar de Silas

779. O homem tira de si mesmo a energia progressiva ou o progresso não é mais do que o resultado de um ensinamento?

– O homem se desenvolve por si mesmo, naturalmente, mas nem todos progridem ao mesmo tempo e da mesma maneira; é então que os mais adiantados ajudam os outros a progredir, pelo contato social. (*O Livro dos Espíritos* – Livro III – Capítulo VIII – Lei do progresso – Item II – Marcha do progresso)

Assim que chegamos à casa espírita Caminheiros de Jesus, reunimo-nos em agradável sala de reunião do prédio espiritual, com a intenção de traçarmos nossos objetivos. Ineque iniciou a reunião contando sobre o que haviam conseguido de informações sobre Silas.

– Eu e Alberto conseguimos informações valiosas para o sucesso de nosso novo trabalho de socorro. Silas, desde a infância, desenvolveu um projeto ligado à educação e principalmente ao esclarecimento ético na conduta profissional. Cercou-se de conhecimento, boa vontade e disposição para enfrentar as dificuldades que porventura surgissem em seu caminho. Falhou ao acreditar que a família estava imune às viciações comportamentais e materiais. Acreditava, sem questionamentos, que os filhos, sempre muito bem informados sobre os malefícios das substâncias químicas, estivessem imunes ao vício, e, ao descobrir que Paulo andava em companhia de indivíduos que faziam uso de drogas, chamou-o para uma conversa franca; nesse dia, Paulo conseguiu convencê-lo de que apenas fazia parte do grupo, que seu objetivo era auxiliar os amigos. De modo bastante cínico, questionou Silas sobre o comportamento que assumiria se descobrisse que amigos queridos da infância andavam se perdendo no caminho da vida.

– Nesse dia – continuou Alberto –, Silas, apesar de não totalmente convencido, sentiu certo orgulho pela postura do filho, e inconscientemente preferiu não levar adiante suas suspeitas. Há aproximadamente seis meses não pôde mais fechar os olhos, visto que o rapaz definhava dia a dia, já apresentando sinais de demência pelo uso excessivo de cocaína e crack. Nesse momento, sensível baixa vibratória o fez presa fácil do submundo espiritual. Antigo obsessor ligado à família conseguiu sintonizar-se em sua psicosfera, propiciando estado mórbido-depressivo, que vem se agravando ao longo dos dias sofridos em tristes panoramas de autopiedade e destruição.

– Silas, ainda vivendo no mundo dos espíritos, nos momentos que antecederam sua reencarnação, solicitou trabalhar ativamente no campo da educação como resgate a antigos débitos, originados na ambição e no doentio aspecto sexual – contou Ineque.

– Enquanto os amigos nos informavam sobre fatos ocorridos com Silas, estava eu aqui reflexionando sobre os momentos que a humanidade vive; desde o primeiro trabalho que realizei com os amigos, a utilização de substâncias tóxicas tem sido uma constante. Percebo uma ânsia muito grave em resolver tormentos por meio da falsa sensação de prazer, por isso temo pelo destino da humanidade se não houver uma conscientização da necessidade de erradicar esse mal social. Assistimos à disseminação do uso de alucinógenos, cada vez mais popularizados – comentei com preocupação a transparecer em meu semblante. – Até há pouco tempo os adultos temiam que os menores se ligassem a esse triste mundo trevoso; hoje percebemos uma aceitação muda e cega, encarada em diversas circunstâncias como algo "normal", apenas uma fase que o jovem vive.

– A humanidade – replicou Ineque –, em seu caminho evolutivo, vivencia momentos de desequilíbrio em busca de respostas para suas dores. Infelizmente ainda somos espíritos ignorantes; precisamos sofrer para descobrir a felicidade. O amigo Vinícius não deve esquecer que nós mesmos ainda evoluímos pela dor, embora estejamos caminhando. Em muitas de nossas lembranças, reconhecemos desequilíbrios graves que nos levaram aos profundos abismos de nossa consciência, e acordar é tão doloroso quanto delinquir. Esse exercício obedecerá à qualidade de nosso entendimento, nem mais, nem menos. Sempre seremos auxiliados a encontrar novas respostas, mas o grau de aproveitamento somente nós decidiremos.

– Entendo o sentimento de Vinícius. Vivenciei há pouco tempo esse conflito, entre aquilo que já sabia em teoria e a prática do conhecimento. Em minha prepotência inicial, considerei-me apto e preparado para vencer a provação, porém, preso ao vaso físico e cercado pelas tentações do mundo, vacilei em minha crença e caí desabaladamente no abismo das viciações, provocando em meu caminho sofrimento e desequilíbrio. E o momento da conscientização, de fato, foi doloroso, mas também pleno de felicidade, pois me vi retornando à casa do Pai. Porém, o rumo que a humanidade traça para si anda me assustando, uma vez que as catástrofes assolam o planeta e percebemos, por meio da observação lógica de todos os fatos, que haverá sofrimentos e destruição. Sei também que nada está errado, que é apenas a lei de ação e reação que rege a vida, mas ainda assim percebo em meus sentimentos medo e insegurança em relação ao futuro – falou Maurício.

– Observo essa juventude que habita o orbe e vejo sua insatisfação com a vida, mas também percebo uma inércia doentia que lhes rouba a esperança e a disposição para mudar. Então pergunto a mim mesmo: o que fazer para auxiliar a modificar esse estado mórbido de ser? – considerou Alberto com expressão reflexiva.

– O mestre leonino, Allan Kardec – disse Ineque –, enfatizou, em maravilhoso trabalho sobre o orbe, que somente a educação modificará esse estado ignorante do planeta. A esperança já existe, através do trabalho de espíritos abnegados que estão reencarnando no planeta, ainda em número reduzido ao necessário, embora possamos identificá-los por lá. São os reconstrutores da nova e velha moral de Deus.

Olhei para Ineque, e este, sorrindo, apenas fez sutil reverência em minha direção. Emocionado, percebi que mais uma vez ele havia me auxiliado quando estive encarnado trabalhando em prol da educação, apesar da minha fé ainda tão reticente naquele momento. Devolvi o sorriso e perguntei animado:

– Vamos ao orbe visitar Silas?

Dirigimo-nos à casa de Silas. Logo na entrada encontramos espíritos bulhões que, escarrapachados em grupos pelos cantos, nem perceberam a nossa presença e continuaram as conversas sarcásticas e de mau gosto.

Adentramos um quarto mobiliado com esmero e bom gosto. A um canto, um bonito vaso de flores do campo enfeitava o ambiente.

– Manuela, a filha mais velha de Silas e Adelaide, tomou para si a tarefa de organizar a casa. É um espírito de bom coração; trata a família com muito respeito e carinho, cuidando de cada detalhe dessa morada. Apesar de já ser casada, passa por aqui no final do dia, quando sai do trabalho. Olha tudo e deixa novas ordens para a senhora que limpa e cozinha para a família. As flores são iniciativa de Manuela e, em cada aposento, ela dá um toque de carinho e atenção. No quarto de Paulo, organizou um painel fotográfico de toda a família. Pressente no irmão grande carência afetiva, e percebe o ressentimento dele em relação aos outros irmãos, que se revoltaram com a partida abrupta de Adelaide – explicou Ineque.

– Pelas informações – Alberto prosseguiu –, Adelaide foi internada em trabalho de parto, com problemas graves de coração, os quais não foram detectados pelo médico. Saiu de casa prometendo aos filhos infantes retornar em breve. Quando perceberam que a mãe não voltaria e Paulo chegou nos braços de Silas, que, desconsolado, chorava copiosamente, os irmãos se ressentiram contra o intruso que os privava da atenção e da convivência com a mãe tão amada.

– São quatro irmãos: Manuela, a mais velha; depois vieram os gêmeos Pedro e Paola, e o caçula, Paulo. Podemos observar nesse pequeno grupo familiar – continuou Ineque em suas reflexões – a diversidade de características de personalidade, exemplo inquestionável de que cada um de nós progride moralmente segundo a própria capacidade de entendimento das leis morais. Precisamos apenas exercitar a caridade e dividir o que já possuímos de melhor. Passemos a observar o nosso campo de trabalho e a exercitar a benevolência em benefício dos mais necessitados.

Silas estava deitado em sua cama, os olhos fechados, e percebemos que lágrimas escorriam por sua face magra e pálida. Aproximamo-nos com suavidade de seu campo vibratório e passamos a auscultar seus pensamentos.

"Ai, meu Deus! Que tristeza eu sinto! Sempre me dediquei a ajudar esses jovens delinquentes e não percebi que tinha um abrigado dentro de minha própria casa. Que injustiça divina é essa? Ao invés de ser premiado pelo meu esforço, fui punido. Não me resta mais nada a fazer nesse mundo."

E continuava a repetir para si próprio palavras de desânimo e descrédito em si mesmo. Percebemos triste figura em doentio estado mental presa ao professor em desequilíbrio; então Ineque nos sugeriu que observássemos a estreita simbiose entre os dois espíritos. Os pensamentos que havíamos auscultado e que pareciam ser originados pela mente de Silas não passavam de simples repetição do teor vibratório do parasita.

Nesse instante, sentimos a aproximação de entidade embrutecida que emitia densa carga energética a sua volta. O espírito adentrou o aposento verbalizando xingamentos e, furioso, atirou-se sobre a triste dupla. Silas pareceu perceber a densa descarga energética da qual fora vítima, e cobriu a cabeça com pesada coberta de lã. Seu corpo estremecia, parecia acometido de alta febre corporal. O suor abundante, a boca seca, os pensamentos em desalinho provocados por pavor intenso arremessaram-no em grave crise de pânico. O verdugo infeliz, satisfeito com o resultado de seu trabalho, aproximou-se mais da dupla apavorada e, com um chicote em riste, passou a açoitá-los. Os corpos se contorciam na mesma sintonia vibratória, como se sentissem a dor de cada chibatada. Por fim, Silas, mostrando intensa exaustão, perdeu a consciência. Seu perispírito desdobrou-se e ele se viu à mercê do carrasco impaciente.

Ineque nos convidou à oração bendita!

O triste irmão, preso a seus torpes sentimentos, deteve a ação torturante e, desconfiado, observou o aposento como à procura da origem de seu mal-estar. Receoso, afastou-se rapidamente da casa, não sem antes dirigir horríveis ameaças a seu escravo mental.

Aproveitamos a oportunidade e conduzimos Silas à casa espírita Caminheiros de Jesus.

Capítulo 5

A Comunidade Educacional das Trevas

780. O progresso moral segue sempre o progresso intelectual?

– É a sua consequência, mas não o segue sempre imediatamente.

780-a. Como o progresso intelectual pode conduzir ao progresso moral?

– Dando a compreensão do bem e do mal, pois então o homem pode escolher. O desenvolvimento do livre-arbítrio segue-se ao desenvolvimento da inteligência e aumenta a responsabilidade do homem pelos seus atos.

780-b. Como se explica, então, que os povos mais esclarecidos sejam frequentemente os mais pervertidos?

– O progresso completo é o alvo a atingir, mas os povos, como os indivíduos, não chegam a ele a não ser passo a passo. Até que tenham desenvolvido o senso moral, podem servir-se da inteligência para fazer o mal. A moral e a inteligência são duas forças que não se equilibram senão com o tempo. (*O Livro dos Espíritos* – Livro III – Capítulo VIII – Lei do progresso – Item II – Marcha do progresso)

Ao chegarmos à casa de socorro, Inácio já se encontrava a nossa espera e nos instruiu sobre novas providências.

– Boa noite, amigos. Peço que acomodem Silas na sala de atendimento, e depois solicito que visitem uma comunidade de espíritos malévolos que abriga um grupo destinado à obsessão de encarnados comprometidos na área da educação. Um de nossos trabalhadores, Daniel, vai acompanhá-los; ele já está familiarizado com essa área de trabalho.

– Você falou sobre um grupo especializado em obsedar espíritos dedicados à educação no planeta? – perguntou Maurício, mostrando certo espanto.

– Exatamente. Esse grupo tem por objetivo dificultar, ou mesmo anular, o trabalho junto às comunidades jovens, dessa maneira facilitando o fracasso de encarnações expiatórias e probatórias, visto que, durante o período infantil e da juventude, o espírito tem mais possibilidades de aprender e modificar suas atitudes, adquirindo fortalecimento moral para vencer viciações – respondeu Inácio.

– E é na juventude – refleti, seguindo a linha de pensamento do amigo – que também começam a aflorar as características mais marcantes de nossa personalidade. Nesse período também afloram sentimentos de insegurança e muitas vezes de revolta pelas dificuldades materiais e emocionais que passamos a identificar, e nem sempre vivenciamos com equilíbrio essas primeiras experiências com a aproximação da maturidade.

– É um período bastante influenciável – concordou Inácio – e, dependendo das fragilidades que o espírito traz consigo, também de fácil manipulação. Os espíritos mais ignorantes aproveitam para intentar contra a liberdade de ação de muitos e passam ao assédio ferrenho em busca de mais um escravo dos sentidos e dos prazeres imediatos.

– Percebemos em vários trabalhos de que participamos que, muitas vezes, obsessores dos familiares, quando rechaçados, buscam influenciar os mais jovens para atingir os que se encontram mais fortalecidos – observou Maurício.

– Devemos nos lembrar que em muitas circunstâncias a família pode abrigar um obsessor que está ligado a todos os membros da família – esclareceu Ineque –, e, pelo pouco que pude observar do caso de Silas, o irmão que o acompanha parece ter como objetivo a destruição de todos os membros desse grupo.

– Você é bastante observador! – constatou Inácio. – E Silas, em sua ansiedade de salvar a comunidade escolar, ofereceu material suficiente para o infeliz que o assedia. Contando com a vaidade de nosso amigo Silas, que considerava estar a salvo de qualquer contrariedade nesse aspecto, acreditando ser merecedor de livrar-se de sofrimentos maiores em benefício de sua causa, o assediador o envolvia em pensamentos que reforçavam esses sentimentos. Observem o quadro luminoso.

Uma pequena tela passou a exibir imagens de Silas e de seu companheiro.

– Estou ficando preocupado com Paulo e com os gêmeos. Eles vivem discutindo, se ofendendo, e o ambiente lá de casa fica bastante tumultuado com essas brigas. Paulo anda arredio, bastante irritado. Será que está com problemas? Cheguei a pensar até em drogas! – considerava Silas.

– Não se preocupe – tornava com mansuetude o algoz da razão –, você educou bem seus filhos. E Deus não vai permitir que nada de ruim aconteça. Você é muito importante para os outros jovens. Deus cuida de seus filhos e você cuida daqueles cujos pais não se importam.

– Não, não pode ser! Deus não permitirá uma farsa dessas em minha vida. Sou importante para a minha causa, e Ele me poupará desses sofrimentos – repetia Silas mentalmente, aceitando as ideias que eram plantadas de modo sutil pelo pretenso adversário.

– Isso mesmo, tire essas ideias da cabeça e volte para as suas pesquisas. Você é um cientista, um homem de Deus na terra. Você é forte em sua luta e a humanidade o honrará por sua determinação – continuava o infeliz.

– Um dia serei reconhecido pelo meu trabalho; não vou mais ser tratado como um chato. Esse povo tem inveja da minha disposição e da minha inteligência. Consigo enxergar além, e eles desconhecem a grandiosidade de meu coração. Sacrifico tudo em prol de uma causa justa.

– É isso mesmo! – o infeliz alimentava a vaidade de Silas. – É inveja o que sentem de você! Você é inteligente, tem uma família perfeita. Eles não precisam de você. Preocupe-se com sua causa.

A pequena tela se apagou e Ineque comentou:

– Infelizmente, a humanidade ainda está muito presa a sentimentos mesquinhos alimentados por orgulho e vaidade. Se soubéssemos como acabamos por alimentar a dor, mudaríamos nossa postura e o teor de nossos sentimentos e pensamentos. A cena que acabamos de observar é a prova incontestável da lei de afinidades morais. O perseguidor somente consegue a atenção do perseguido porque este oferece abrigo em sua mente. Há um texto no livro *Jesus no Lar*, do espírito Neio Lúcio, psicografia de Francisco Cândido Xavier, item trinta e nove, intitulado "O poder das trevas", que exemplifica muito bem o assunto sobre o qual refletimos.

Ante os olhares atentos de todos nós, o amigo passou a citá-lo:

Centralizando-se a palestra no estudo das tentações, Jesus contou, sorridente:

> Um valoroso servidor do Pai movimentava-se, galhardamente, em populosa cidade de pecadores, com tamanho devotamento à fé e à caridade, que os Espíritos do Mal se impacientaram em contemplando tanta abnegação e desprendimento. Depois de lhe armarem os mais perigosos laços, sem resultado, enviaram um representante ao Gênio das Trevas, a fim de ouvi-lo a respeito.
>
> Um companheiro de consciência enegrecida recebeu a incumbência e partiu.
>
> O Grande Adversário escutou o caso, atenciosamente, e recomendou ao Diabo Menor que apresentasse sugestões.
>
> O subordinado falou com ênfase:
>
> – Não poderíamos despojá-lo de todos os bens?
>
> – Isto não – disse o perverso orientador –; para um servo dessa têmpera a perda dos recursos materiais é libertação. Encontraria, assim, mil meios diferentes para aumentar suas contribuições à humanidade.
>
> – Então, castigar-lhe-emos a família, dispersando-a e constrangendo-lhe os filhos a enchê-lo de opróbrio e ingratidão... – aventou o pequeno perturbador, reticencioso.

O perseguidor maior, no entanto, emitiu gargalhada franca e objetou:

– Não vês que, desse modo, se integraria facilmente com a família total, que é a multidão?

O embaixador, desapontado, acentuou:

– Será talvez conveniente lhe flagelemos o corpo; crivá-lo-emos de feridas e aflições.

– Nada disso – acrescentou o gênio satânico –; ele acharia meios de afervorar-se na confiança e aproveitaria o ensejo para provocar a renovação íntima de muita gente, pelo exercício da paciência e da serenidade na dor.

– Movimentaremos a calúnia, a suspeita e o ódio gratuitos dos outros contra ele! – clamou o emissário.

– Para quê? – tornou o Espírito das Sombras. – Transformar-se-ia num mártir, redentor de muitos. Valer-se-ia de toda perseguição para melhor engrandecer-se diante do Céu.

Exasperado, agora, o demônio menor aduziu:

– Será, enfim, mais aconselhável que o assassinemos sem piedade?...

– Que dizes? – redarguiu a Inteligência perversa. – A morte ser-lhe-ia a mais doce bênção por reconduzi-lo às claridades do Paraíso.

E, vendo que o aprendiz vencido se calava, humilde, o Adversário Maior fez expressivo movimento de olhos e aconselhou, loquaz:

– Não sejas tolo. Volta e dize a esse homem que ele é um zero na Criação, que não passa de mesquinho verme desconhecido... Impõe-lhe o conhecimento da própria pequenez, a fim de que jamais se engrandeça, e verás...

O enviado regressou satisfeito e pôs em prática o método recebido.

Rodeou o valente servidor com pensamentos de desvalia acerca de sua pretendida insignificância e desfechou-lhe perguntas mentais como estas: Como te atreves a admitir algum valor em tuas obras destinadas ao pó? Não te sentes simples joguete de paixões inferiores da carne? Não te envergonhas da animalidade que trazes no ser? Que pode um grão de areia perdido no deserto? Não te reconheces na posição de obscuro fragmento de lama?

O valoroso colaborador interrompeu as atividades que lhe diziam respeito e, depois de escutar longamente as perigosas insinuações, olvidou que a oliveira frondosa começa no grelo frágil e deitou-se, desalentado, no leito do desânimo e da humilhação, para despertar somente na hora em que a morte lhe descortinava o infinito da vida.

Silenciou Jesus, contemplando a noite calma...

Simão Pedro pronunciou uma prece sentida, e os apóstolos, em companhia dos demais, se despediram, nessa noite, cismarentos e espantadiços.

– Bem lembrado, meu amigo – refleti com alegria. – Somente a nós mesmos devemos o bem e o mal que nos invade, pois, se tivermos a certeza de quem somos, do que realmente queremos e em que acreditamos, tornaremo-nos responsáveis por nosso passado e presente, e teremos a bênção de um futuro mais feliz como consequência do uso equilibrado do livre-arbítrio.

Nesse momento, Daniel adentrou a pequena sala em que nos encontrávamos.

– Boa noite a todos. Agradeço a oportunidade de trabalhar junto aos amigos. Inácio tem se referido ao trabalho que realizam e fiquei muito animado em poder juntar meus esforços em benefício dos mais necessitados – comentou ele com alegria.

– Estamos todos animados com esse novo trabalho; então nos coloquemos a caminho – comentei, reforçando as palavras de Daniel.

Como em outras oportunidades, nos preparamos para descer às furnas benditas. Para o bom andamento de nosso projeto, resolvemos que nesse primeiro contato nos faríamos anônimos. A intenção seria não interferirmos de maneira alguma; iríamos apenas observar. Nas primeiras excursões das quais participei, confesso ter sentido culpa por ficar ali apenas observando, sem agir em benefício dos sofredores. Por impulso, sairia como um desbravador da consciência alheia e recolheria cada um que passasse sob minhas vistas, independentemente do querer e compreender do pretenso socorrido. Quando me lembro desses sentimentos prepotentes, percebo o quanto já modifiquei meu pensar. Hoje entendo que cada um de nós escolherá seu momento de redenção de acordo com a própria capacidade de escolher e viver consequências; a compaixão habita minha mente, mas o respeito também se faz presente diante da compreensão da bondade do Pai, que não permite que nenhum de seus filhos amados se perca eternamente na própria insensatez.

Ineque nos convidou a uma prece de amor.

– Deus, Pai de amor e bondade, mestre Jesus, agradecemos essa bendita oportunidade de trabalho redentor para nosso espírito incauto, que tantos débitos angariou em terríveis passagens de desatinos. Mais do que auxiliar, sabemos que estaremos sendo auxiliados; que possamos humildemente nos colocar a serviço de Deus, que tanto nos ama e nos perdoa, permitindo-nos a cada dia uma nova e saudável oportunidade de refazimento. Que assim seja feita a vontade do Pai.

Felizes, colocamo-nos a caminho. Nossa pequena caravana, alimentada por sentimentos nobres, vencia os obstáculos do caminho. Quanto mais adentrávamos as furnas de redenção, mais densa se tornava a atmosfera fluídica, e mais nos exigia o equilíbrio necessário. Atravessamos estreitos corredores escavados pela natureza, semelhantes a túneis escuros e pestilentos. A paisagem espiritual nos descortinava a dor do desequilíbrio. Por onde passássemos, escutávamos gemidos lamentosos e gritos originados por dores atrozes.

Descemos extenso e íngreme corredor. Nas paredes, densa energia era moldada como grades de jaulas, que limitam a ação de espíritos em terríveis deformações físicas e triste quadro psíquico, aproximando-os da demência.

Continuamos nossa caminhada e adentramos extenso e amplo corredor que dava acesso a várias salas mobiliadas como um escritório. Pudemos observar que eram muito bem montadas, com equipamentos variados; muitos deles não consegui identificar.

Número considerável de espíritos trabalhava nesses locais, e o movimento era intenso.

Aproximamo-nos de uma abertura no final do mesmo corredor e desembocamos em amplo salão que se abria ao exterior do prédio. Abismados, percebemos diversos instrumentos de tortura dispostos pelo ambiente, no momento vazio, porém senti densa vibração e, concentrando minha mente, notei que estava impregnado de lamentos e choros. Olhei para o amigo Daniel, que nos esclareceu:

– O ambiente pelo qual transitamos é denominado pela Comunidade Educacional das Trevas de administração. O salão pelo qual acabamos de passar é destinado às sessões de punição e serve também como treinamento para os estudantes. Ao sairmos desse lodaçal poderemos ver o prédio escolar.

– Prédio escolar? – inquiriu Maurício, demonstrando incredulidade.

– Exatamente É um prédio construído à semelhança das escolas terrenas. Possui salas de aula e salões destinados a instruções coletivas. A área de lazer é bastante bizarra, pois tem à disposição dos alunos instrumentos bastante sofisticados para o treinamento de obsessores, e os estudantes o utilizam como jogos de lazer, semelhante aos jogos de vídeo do plano material. Aliás, vários dos programas oferecidos aos encarnados foram idealizados por essas comunidades; basta que observemos a violência proposta por esses pretensos e inocentes jogos, que são apresentados aos jovens como brinquedos. Existe uma programação bastante disciplinada e organizada nessas comunidades, e os que não se adaptam às suas leis são escravizados e utilizados no treinamento dos alunos – informou Daniel.

– Fale um pouco mais sobre os jogos virtuais que chegaram ao plano material e foram tão bem recebidos – pediu Ineque.

– Na realidade é uma arma utilizada pelo submundo espiritual – explicou Daniel. – Os jogos são considerados inofensivos pela maioria dos responsáveis pelos jovens. São associados ao lazer e pouco despertam a atenção, pois estão velados sob a falsa aparência de inocência. Porém, a maioria divulga comportamentos agressivos e desrespeitosos. Os heróis, mascarados sob a aparência de defensores da humanidade, agem com extrema violência, facilitando assim o condicionamento das mentes jovens, que passam a considerar como normal esse padrão desequilibrado.]

– Isso está me lembrando o trabalho de um pesquisador do comportamento que usou a técnica do condicionamento para treinar as cobaias. Seu nome é Pavlov – comentei.

– É mais ou menos a mesma técnica – concordou Daniel. – Os jogos são baseados em pontuação, e a pontuação é baseada nos atos de violência. O mocinho faz mais pontos quanto mais adversários extinguir por meio de lutas corporais ou portando armas de extermínio. O infante, sem o acompanhamento de um tutor que o esclareça sobre a responsabilidade de todos nós na preservação da vida como um bem precioso, entenderá que tem direito a agir agressivamente, uma vez que somente será um vencedor e estará em evidência se for o mais forte entre os membros de seu grupo. O perigo está em como essas mentes jovens receberão a influência dessa ferramenta educacional: se apenas como um jogo virtual, que não deve ser imitado, ou se como exemplo de conduta para, na primeira oportunidade de desavença, manifestar-se por meio da violência.

– Ferramenta educacional? – perguntou Maurício, outra vez admirado.

– Exatamente, meu amigo. Há um setor na Comunidade Educacional das Trevas composto de bem montadas salas de informática, que comportam um número considerável de trabalhadores que dedicam seu tempo na criação de novas e mais violentas modalidades de jogos interativos. Seus criadores são treinados na arte da hipnose e, após concluir o trabalho de criação, deslocam-se à crosta terrestre em busca de parceiros encarnados. Ou já trabalham em conjunto com espíritos encarnados com quem tenham afinidade – completou Daniel.

– Os jogos virtuais têm um alcance tão grande assim, que demande um esforço ativo e disciplinado dessa comunidade? – perguntei com certa estupefação. Nunca havia parado para pensar no assunto; não tinha percebido ainda sua importância.

– Infelizmente, sim. Os jogos se tornaram ferramenta de trabalho dos espíritos ignorantes e ainda defensores ferrenhos da maldade sobre o orbe. Eles contam com a imperfeição dos habitantes da Terra, ainda mais nesse período de transição que vivemos, momento em que o mal está tendo os últimos momentos de sobrevida, em que espíritos ainda reticentes renascem sob as bênçãos de oportunidades ímpares, embora ainda à mercê dos vícios e enfraquecidos para conseguir vencer a tentação – disse Daniel. – Porém, enganam-se sobre a real situação do planeta, pois todo dia uma legião de espíritos mais elevados renasce no plano material com saudáveis objetivos de reconstrução. Nada está ao acaso, mas tudo sob o olhar amoroso e complacente do Pai.

– A maioria apresenta aparência jovem. São espíritos desencarnados na juventude? – perguntei.

– Alguns sim; outros assumem o aspecto juvenil para cumprir seus compromissos com a comunidade em troca de outros favores – esclareceu Daniel.

– Crianças não são encontradas aqui, não é mesmo? – indagou Ineque.

– Não, as crianças desencarnadas são imediatamente recolhidas por um plano superior de espíritos. Porém, na juventude já existe a utilização consciente do livre-arbítrio. Os jovens já receberam noções básicas de moral, porém alguns obedecem à própria evolução moral e acabam por fazer escolhas menos felizes. E as consequências virão, no intuito único de despertar consciências – tornou Daniel.

Nesse instante, um grupo de espíritos extremamente agressivos foi conduzido por outro espírito com terríveis deformações perispirituais ao centro de um pátio fétido, instalado sobre um charco malcheiroso.

– Formem um círculo! Andem sem demora! – berrava o mestre ensandecido.

Os jovens, amedrontados e violentos, empurravam-se em direção ao centro do pátio.

– Atenção, já! Lancem as armas!

Então vários instrumentos de luta foram jogados de um estranho veículo que pairava sobre o grotesco círculo de estudantes. Cada um daqueles jovens apoderou-se de uma arma e avançou aleatoriamente sobre outros jovens, enquanto os monitores gritavam loucamente, insuflando a ira e o ódio.

Ao final do espetáculo de violência extrema, jaziam jogados ao chão cinco espíritos que apresentavam ferimentos vários e sentiam-se mortos para a vida, enquanto o vencedor erguia os braços para cima em atitude de vitória e urrava como um animal enfurecido e ferido.

– Recolham os párias perdedores; esses não servirão como trabalhadores, mas podem ser aproveitados em novos treinamentos. Andem, bulhões preguiçosos. E você agora vai lutar com os melhores! – determinou o temido mestre.

Ineque nos instruiu para que nos mantivéssemos em oração e continuássemos nosso caminho. Daniel ia à frente.

Adentramos o prédio destinado à bizarra escola. Estupefatos, descobrimos que todos os alunos eram instruídos nas ciências exatas e filosóficas, e que os estudos eram feitos com extrema responsabilidade. Tudo era muito organizado; os equipamentos utilizados eram semelhantes aos que tínhamos visto no Lar Escola Maria de Nazaré. A diferença consistia no direcionamento dos objetivos em todas as salas de aula em funcionamento naquele momento. As instruções eram repetidas acintosamente, lembrando aos participantes que o sucesso da comunidade dependia de cada um, na firmeza dos propósitos de ódio e vingança.

Adentramos uma sala de aula na ocasião em que um mestre expunha com agressividade os objetivos da aula:

– Fúria! Hoje, estudaremos a fúria, esse sentimento que nasce do orgulho ferido, da vaidade saudável; é ela que nos mantém no controle. Aprenderemos a reconhecer esse valoroso momento para ser utilizado contra nossos perseguidos. Aqueles de mente mais arguta, mais rápidos e espertos nos treinamentos receberão, em futuro próximo, o comando de um grupo; porém, os que se mostrarem fracos serão os párias, os comandados, que apenas obedecerão a ordens. Escolham qual deles vocês querem ser; despertem a força assentada no ódio e no mal. Um dia, não tão distante, dominaremos o planeta.

Então, em um espetáculo de dor, ergueu-se e passou a plasmar para si mesmo aparência aterradora que se avolumava e deformava. Erguendo o braço em sinal de luta, passou a gritar:

– Ódio! Ódio! Ódio!

E todos o acompanhavam, criando densa atmosfera energética. Espíritos adentraram a sala e passaram a recolher e acondicionar os miasmas em cilindros plasmados em energia semelhante.

Continuávamos a excursão pelas acomodações da bizarra escola quando Daniel nos chamou a atenção para um grupo que estudava com afinco. Olhei para o amigo e o interroguei sobre a importância desse estudo. À primeira vista, pareceu-me semelhante aos demais que havíamos observado.

– Prestem atenção nas obras que são objeto do estudo.

Admirado, identifiquei as obras básicas codificadas pelo mestre lionês Allan Kardec. Daniel esclareceu com um sorriso:

– São espíritos que se preparam para atuar entre as comunidades espíritas, passando-se por estudiosos da Doutrina dos Espíritos, tomando o lugar dos mentores das casas e dos trabalhadores, e também dos dirigentes espirituais.

– Seriam os pseudossábios que atuam nos grupos de trabalho espiritual? – indaguei incrédulo.

– Exatamente. São também treinados na arte da hipnose e da psicologia. Acompanham os tarefeiros das casas espíritas identificando eventuais vícios de comportamento e vão se infiltrando em suas mentes, até conseguir guiá-los nos tortuosos caminhos da vaidade e do orgulho, despertando vícios ainda latentes nas mentes incautas – falou Daniel.

– Daí a importância do estudo sério e sistemático dos postulados espíritas – comentei, introspectivo –, do excelente exercício do autoconhecimento associado à renovação íntima, pois aquele que se dedica a melhorar a si eleva a vibração e não fica à mercê dos mais ignorantes.

– Não teríamos mais a fazer para impedir esses propósitos? – quis saber Maurício.

– Lembra-se de passagem que vivenciamos em outro trabalho[1], quando identificamos dentro da casa espírita Caminheiros de Jesus esse mesmo problema? Eram espíritos pseu-

---

[1] O autor desencarnado refere-se ao livro *Obsessão e Perdão*.

dossábios que haviam se juntado a um grupo de psicografia. Qual foi a orientação que Ineque nos deu? – perguntei ao jovem amigo, trocando um olhar rápido com Ineque.

– Que deveríamos orientar os trabalhadores da casa, alertando-os para o problema, mas que também serviria de alerta e aprendizado a todos. Aos encarnados, para que ficassem atentos aos próprios pensamentos, exercitando, assim, o "orai e vigiai"; e os desencarnados se beneficiariam com o estudo doutrinário. Apesar de os propósitos não serem saudáveis, já seria um começo – replicou Maurício.

– Podemos deduzir, então, que nada está relegado ao acaso. Todo acontecimento será aproveitado para nos direcionar ao bem – tornei eu sorrindo.

Daniel nos convidou a continuar a excursão. Adentramos uma sala que se assemelhava a um escritório terreno. Atrás de uma escrivaninha, o mesmo espírito que assombrava Silas agora se dirigia a outros dois irmãos e os instruía:

– Vão à casa de Silas e não permitam que volte a trabalhar. Levem os dois espíritos treinados na hipnose, para provocar pânico no fraco professor. Coloquem os viciados ao lado dele e façam-no acreditar serem seus filhos. Creio que será suficiente para levá-lo ao autocídio. Não fraquejem! Esta é a última oportunidade que receberão. Se fracassarem, eu mesmo os torturarei. Vão, e não me desapontem!

Ineque elevou o pensamento e informou Inácio sobre os planos do vingador. Então, voltamos à crosta e nos dirigimos à casa de Silas.

Capítulo 6

Redenção

781. É permitido ao homem deter a marcha do progresso?

– Não, mas pode entravá-la algumas vezes.

781-a. Que pensar dos homens que tentam deter a marcha do progresso e fazer retrogradar a humanidade?

– Pobres seres que Deus castigará; serão arrastados pela torrente que pretendem deter. (*O Livro dos Espíritos* – Livro III – Capítulo VIII – Lei do progresso – Item II – Marcha do progresso)

Enquanto visitávamos a Comunidade Educacional das Trevas, Silas permanecia em tratamento energético na casa de socorro. Inácio preferiu mantê-lo adormecido nesses primeiros momentos do atendimento. Visto seu adiantado estado de desequilíbrio, procedeu-se, então, a uma "reciclagem energética" visando aliviá-lo da pesada carga que o oprimia. Inácio passou a desligar alguns tênues cordões energéticos que mantinham o atendido preso mentalmente ao pretenso algoz. O sucesso da operação devia-se, principalmente, à boa disposição dos trabalhadores do Senhor, e não à predisposição do doente em modificar o próprio estado de debilidade emocional. Devido a esse estado precário, sabíamos que as providências tomadas seriam paliativas, visando dar algum conforto a Silas, para que retomasse o controle da vida.

Em seguida, reconduzimos Silas ao corpo material, enquanto Daniel e Maurício recepcionavam os trabalhadores do umbral encaminhados para atrapalhar a evolução moral de Silas e de sua família.

– Boa noite! Sejam bem-vindos a essa morada em nome de nosso amigo Silas – cumprimentou Maurício.

– Quem são vocês? Nunca os vi por aqui. Acho bom que saibam que esse é nosso território, e o chefe não gosta de interferência – respondeu um dos irmãos de maneira bastante agressiva.

– Sou Maurício, este é Vinícius e aquele, Daniel. A partir de hoje estaremos sempre por aqui, enquanto formos necessários – replicou Maurício.

– Ah, mas não ficarão aqui mesmo! – vociferou o mesmo irmão, que deduzimos ser o chefe do grupo, já avançando sobre nós com fúria.

– Peço ao irmão que se acalme para que possamos conversar com serenidade – falou Daniel com firmeza, e juntos passamos a emanar salutar energia, que serviu como contenção ao espaço que ocupávamos. Então Daniel prosseguiu: – A nós foi permitido, por Deus, trabalhar junto a essa família com o único e saudável intuito de auxiliá-los a vencer as próprias viciações, e, como nosso Pai é bondoso com todos os filhos, também nos foi permitido estender a assistência a todos os envolvidos nessa história.

– O quê? Você nos afronta com sua fala mansa e ainda crê que aceitaremos viver covardemente? – vociferou de novo o irmão em desequilíbrio.

– O que o irmão chama de covardia entendemos como paz de espírito, o caminho certo à felicidade, estado de alma que eleva e beneficia a todos os que se submetem à vontade do Pai – completou Maurício.

– Submeter-se a um Deus ausente? Poupe-me de seus clichês falsos. Não acredito nesse Deus de Bondade que pregam aos quatro ventos, como se Ele fosse a solução do mundo! Onde Ele estava quando fui traído e amaldiçoado por sua Igreja hipócrita? Onde Ele estava quando fui queimado pelas chamas da Inquisição? Onde Ele estava quando meus filhos e minha esposa foram vilipendiados e violentados pelos soldados de sua fileira evangélica? Vou me vingar Dele, e farei o que puder para desmentir a ideia de salvador do mundo do seu filho sacrificado. Diga-me onde está a bondade desse Pai que sacrifica o próprio filho – concluiu com violenta revolta o infeliz ignorante do amor.

– Está no livre-arbítrio, do qual todos gozamos enquanto espíritos conscientes de nossa evolução moral; está nos momentos de restrição à nossa liberdade; está na lei de ação e reação, ajustada à nossa consciência moral. Ele não nos pune; permite-nos escolhas amorosas através do amor que se manifesta, sobretudo no perdão às ofensas. O amigo fala sobre dor por ter sido traído e maltratado. E agora, o que o faz diferente de seus algozes? Qual o direito que tem de reclamar e se considerar vítima, se procede da mesma maneira, invadindo a liberdade de ação dos que ainda considera inimigos? – perguntei com seriedade.

– Essa fala mansa não me convence. Ainda me lembro do calor das chamas, das dores inenarráveis e, principalmente, do sorriso sarcástico de vitória daquele que mais odeio. Nem me lembro mais de seu nome, mas recordo com nitidez horripilante de sua presença em minha casa; do momento em que fui devorado pelas chamas. Quando descobri que podia me libertar daquele corpo carbonizado, corri feliz para minha casa, com a intenção de proteger minha família, e lá o encontrei, cometendo atos odiosos contra aqueles que mais amei. Vi os olhos de minha pequena filha se fixar em meu rosto pedindo ajuda; naquela hora soube que ela podia me ver, e eu ali sem poder agir contra o carrasco de minha família. Apenas ouvia seu riso demoníaco de prazer pelo mal que cometia. Jurei vingança contra os terríveis algozes e contra esse Deus, do qual tanto fala, e a quem implorei ajuda na ocasião, embora Ele não aparecesse para nos salvar – contou-nos o infeliz irmão com a voz embargada pela emoção.

– A salvação está em nossa compreensão das limitações do próximo, e o irmão demonstra alguns conhecimentos necessários à sobrevivência moral. Pelo que nos contou, já havia aprendido a amar, mas não a estender esse amor ao universo próximo, então não exercitou o perdão às ofensas. Quando passamos a entender a evolução do mundo; a compreender que cada um de nós, espíritos ainda tão imperfeitos e ignorantes, age conforme o que conseguimos ser e o que temos a capacidade de exercitar, não condenamos o próximo; antes, passamos a observar nosso universo pessoal de modo mais crítico, embora também benevolente. Quantas e quantas oportunidades passam por nossa vida apenas com a finalidade de acordar nossa consciência. Peço ao amigo que acalme o coração sofrido e a mente tumultuada e nos permita auxiliá-lo a relembrar passagem pretérita em que conviveu com Silas – pedi, em compaixão por seu sofrimento.

Daniel se posicionou ao lado do atendido e ao mesmo tempo uma equipe se fez presente no ambiente em busca de trabalho cristão. O irmão adoentado fechou os olhos, enquanto doce letargia o acometia. Deixou-se ser acomodado em confortável poltrona, com o auxílio de todos nós. Imagens de um passado distante passavam por sua mente. Enquanto recordava, suas feições se transformavam com as emoções que banhavam aquela alma sofrida. Ora era o agressor impiedoso em busca de vingança, ora a vítima inerte diante das próprias limitações e viciações. Por fim, viu-se cercado por amigos amorosos que o socorriam de sofrimentos atrozes. Vítima da própria ignorância, vagava perdido nos sítios de dores. Dementado, sentiu-se amparado e conduzido à morada de refazimento e, ao entreabrir os olhos em abençoado exercício de lucidez, reconheceu as feições amorosas de Silas. Percebeu, entre lúcido e desarvorado, que não era mais o doente que o havia traído e violentado em seus direitos morais. Emocionado, chorou copiosamente e, abrindo os olhos, nos disse, emocionado:

– Deus há de me perdoar o desvario! Auxiliem-me a encontrar a paz, por favor.

Daniel solicitou à equipe que nos auxiliava para que encaminhassem o feliz irmão a uma nova morada. Nós mesmos, alegres, agradecemos ao Pai o trabalho bendito com a oração que nosso amado mestre Jesus nos ensinou, o pai-nosso.

Voltamos à casa espírita Caminheiros de Jesus e nos dirigimos à sala de atendimento destinada aos tratamentos psicológicos.

– Boa noite. Percebo, pelo comportamento de Silas, que fomos bem-sucedidos no atendimento ao transitório obsessor – comentou Inácio.

– Com o auxílio de Deus, realmente foi um momento de redenção para todos nós. Silas encontra-se mais calmo? – perguntei.

– Por enquanto desfruta de certo alívio. Com o encaminhamento de nosso irmão a plano melhor, poderá acordar com mais serenidade. Porém, quando Ferraz, o mandante dessa contenda, perceber a ausência de mais um trabalhador, vai se enfurecer e agirá com mais violência – constatou Ineque, ausentando-se por minutos.

– Silas ainda se encontra bastante frágil; precisamos agir com rapidez, para que possa manter a sanidade por um bom tempo. Sugiro que acompanhemos seus familiares. Solicitaremos que Manuela fique próxima da família – disse eu.

– Manuela tem formação dentro da Doutrina dos Espíritos? – perguntou Daniel.

– O marido, Alonso, é de família espírita; Manuela, quando o conheceu, ainda na adolescência, percebeu que já tinha afinidade com essa fantástica doutrina, e logo se tornou membro ativo da casa que os familiares frequentam – explicou Inácio.

– São frequentadores da casa espírita Caminheiros de Jesus? – inquiri.

– Não; frequentam outro núcleo, também com orientação bastante séria dentro da Doutrina Espírita, seguindo as instruções recebidas por Allan Kardec. Mas Manuela sentiu intensa afinidade com a equipe de trabalhadores da casa espírita Caminheiros de Jesus, portanto, tem dividido o tempo entre as duas entidades de socorro – esclareceu Inácio.

– Poderemos conversar com o mentor de Manuela e intuí-la a levar Silas para um atendimento fraterno? – indaguei.

– Manuela vem tentando convencer o pai a passar pelo atendimento fraterno, mas Silas é muito resistente a crer no conceito de múltiplas encarnações e na existência dos espíritos – tornou mais uma vez nosso irmão Inácio.

Nesse momento, Ineque retornou à confortável sala e, feliz, nos informou que Adelaide se encontrava na casa e pedia uma entrevista com Silas.

– Peça que entre, por favor. Será de muita valia ao nosso amigo a presença de espírito tão amado por ele – replicou Inácio.

Adelaide adentrou a sala e logo nos beneficiou com sua energia salutar. Sentimo-nos leves, e um imenso prazer em compartilhar sua companhia nos trouxe paz e esperança aos corações.

A iluminada irmã sentou ao lado de Silas e, carinhosa, tomou-lhe as mãos com delicadeza, dizendo, amorosa:

– Silas, meu irmão amado, acorde e me ouça. Peço com amor!

Silas abriu os olhos, demonstrando certa inquietação e surpresa. Adelaide continuou:

– Que alegria em poder conversar com você. As saudades pesam em meu coração e a preocupação com seu futuro tolda a luz no firmamento de minha existência – expressou com amor.

– Não mereço sequer sua presença. Sou um pecador, que não consegue se redimir e vencer seus vícios medonhos. Envergonho-me perante você, tão forte e tão pura – respondeu com a voz embargada pelo pranto.

– Não se envergonhe de suas limitações; isso só atrapalha sua luta pessoal. Reconheça-as com firmeza, mas lute contra a fraqueza da autopiedade e avance rumo ao firmamento de luz – aconselhou Adelaide.

– Oh, Adelaide! Por que partiu tão cedo, deixando-me só? Não sei ao certo o que fazer. Fracassei com nossos filhos. Em nosso lar não há união, só discórdia; e agora o pequeno Paulo encontra-se no caminho das drogas. Apenas eu sou o culpado! – desabafou Silas entre lágrimas.

– Nossos filhos estão vivenciando experiências que têm afinidade com as próprias limitações morais – explicou Adelaide. – Não se sinta culpado por esse estado de desequilíbrio. Você acredita que, se tivessem uma compreensão melhor das consequências de seus atos, agiriam com tamanho descaso por si mesmos? O que os leva a agir dessa maneira é a incapacidade de enxergar além das tentações e viciações. O que podemos fazer por eles é auxiliá-los a enxergar até onde poderão compreender e mantermo-nos lúcidos e serenos, uma vez que também precisamos entender que essa luta é deles, e não nossa. Não devemos pretender ser a solução para os problemas deles, e sim ser humildes o suficiente para aceitar que somos apenas o apoio necessário.

– Adelaide, auxilie-me a encontrar um caminho de luz – pediu Silas.

– Manuela vem convidando você para acompanhá-la à casa espírita que frequenta. Aceite o convite e persevere; vai aprender muitas coisas boas, que o auxiliarão a entender a vida de maneira mais equilibrada. Agora você precisa voltar ao corpo. Acorde com paz no coração e esforce-se por manter a esperança viva em sua mente – aconselhou Adelaide.

Silas voltou a adormecer e, com carinho, o auxiliamos a retornar ao corpo material. Ao abrir os olhos, ainda conseguiu perceber a presença amorosa de Adelaide. Emocionado, estendeu as mãos em sua direção dizendo:

– Não me deixe esquecer desses momentos que acabo de viver com você!

Capítulo 7

Na escola dos encarnados

782. Não há homens que entravam o progresso de boa-fé, acreditando fortalecê-lo, porque o veem segundo seu ponto de vista, e frequentemente onde ele não existe?

– Pequena pedra posta sob a roda de um grande carro sem impedi-lo de avançar. (*O Livro dos Espíritos* – Livro III – Capítulo VIII – Lei do progresso – Item II – Marcha do progresso)

Após agradáveis momentos de descanso, resolvemos visitar a escola pública em que Silas lecionava.

Era o início radioso de um novo dia. O sol esplendia em um colorido fantástico. Sua luz radiosa iluminava a rua pela qual caminhávamos, as árvores orvalhadas emanavam doce perfume, e as flores que enfeitavam residências davam a tudo um aspecto idílico. Observando a grandiosidade da obra divina, refletia sobre o direcionamento pessimista que insistíamos em dar às nossas energias. Lembrei-me de que, enquanto preso à matéria, em muitas ocasiões deixava-me vencer pelo desânimo e não conseguia perceber à minha volta os chamados para a esperança através do renascer da própria natureza.

Concluí, naquele momento de introspecção, o quanto é importante para todos nós relembrarmos sensações e sentimentos nas ocasiões mais dolorosas que vivenciamos. Dessa maneira, podemos entender as reticências e falhas de nossos irmãos e despertamos, em nós mesmos, a consciência para a importância do trabalho socorrista, respeitando e aprendendo a amar os espíritos mais necessitados de esclarecimento moral.

Aproximamo-nos de grande edificação cercada por extenso pátio ajardinado. O portão destinado à entrada dos estudantes foi aberto. A meninada alegre deu vida ao local: risos, correrias e brincadeiras – a alegria contaminou todos nós, e passamos a acompanhar o início das atividades do dia.

Percebi uma menina franzina, com aspecto doentio, que se arrastava pelos corredores da escola. Ineque nos convidou para que a acompanhássemos.

– Bom dia, Carolina! – cumprimentou Alice, professora do quinto ano.

– Bom dia, dona Alice – respondeu Carolina com a voz enfraquecida.

– Fico contente com seu retorno. Você está melhorzinha de saúde, meu bem? – perguntou Alice com carinho.

– Um pouco, mas, enquanto não puder fazer o transplante de medula, será assim – tornou Carolina.

– Venha cá, sente-se ao meu lado! Ainda temos alguns minutos antes do início das aulas – convidou Alice.

Carolina sentou-se ao lado da professora, e esta, com carinho, abraçou-a, dizendo amorosamente:

– Sabe, Carolina, às vezes nos acontecem coisas que consideramos ruins. É porque não temos o conhecimento das causas, pois ficamos muito presos em nossa própria dor. Sei que sofre com essa doença; ela limita sua infância. Mas você tem de avaliar o carinho e o amor com o qual cuidam de você, e, pelo que sabemos, há muitas chances de se curar. Sua mãe está grávida; logo essa criança virá ao mundo, e os médicos já constataram que há compatibilidade entre você e seu irmãozinho. Esse espírito que vem vindo aí está provando, desde já, a amizade que tem por você. Isso é o melhor de tudo que anda vivendo, querida.

– Minha mãe tem ido a um centro espírita desde que a senhora conversou com ela – contou Carolina. – Ela tem me explicado algumas coisas sobre a minha doença. O que aprendi melhor foi que estou curando uma doença maior do que a leucemia. Mamãe me disse que posso conseguir curar uma doença moral, e que tudo vai depender de como eu suportar essa dor.

– Às vezes me esqueço de que tem apenas dez anos – falou Alice, passando as mãos pela cabeça da amável menina.

– Não me sinto uma criança; pareço ter vivido muitos e muitos anos, e não apenas dez. Meu pai disse que a dor faz com que a gente cresça e comece a enxergar a vida de maneira diferente, e que é por isso que me sinto com mais idade. Sabe, dona Alice, não reclamo não, mas tem dia que é mais difícil. Sinto muita fraqueza e muita dor em todo o corpo, aí fico meio desanimada – confessou Carolina.

– Eu sei, meu bem! Mas um dia você vai olhar para trás e perceber que venceu mais uma limitação, então se sentirá mais forte e mais sábia. – Nesse instante, as outras crianças começaram a entrar na sala de aula e, contentes, rodearam Alice e Carolina. – Muito bem, vamos dar as boas-vindas a nossa querida amiga Carolina.

As crianças fizeram um semicírculo em volta da garota e passaram a cantar belíssima canção popular: "Canção da América".

Canção da América

Composição: Fernando Brant e Milton Nascimento

Amigo é coisa para se guardar
debaixo de sete chaves,
dentro do coração,
assim falava a canção que na América ouvi,
mas quem cantava chorou ao ver o seu amigo partir,
mas quem ficou, no pensamento voou,
o seu canto que o outro lembrou
e quem voou, no pensamento ficou
uma lembrança que o outro cantou.
Amigo é coisa para se guardar
no lado esquerdo do peito,
mesmo que o tempo e a distância digam não,
mesmo esquecendo a canção.
O que importa é ouvir a voz que vem do coração.
Seja o que vier,
venha o que vier
qualquer dia, amigo, eu volto pra te encontrar
qualquer dia, amigo, a gente vai se encontrar.

Emocionados, percebemos a concentração energética sublime que envolveu a doce criança. Em seguida, uma equipe médica se fez presente e, durante o tempo em que durou a canção, essa energia foi aplicada aos pontos frágeis do perispírito de Carolina. A menina respirava pausadamente; pareceu-nos que percebia o auxílio que recebia. Com os olhos marejados de lágrimas, observava um a um de seus colegas. Agradecida, fez silenciosa prece de agradecimento:

– Nossa, meu Deus, acredito que não vou ficar mais triste. E, quando isso estiver para acontecer, quero lembrar esse momento, cada um de meus amigos cantando para mim, aí não vou chorar nem ficar deprimida. Isso valeu tudo! Obrigada, meu Deus!

A canção terminou e todos queriam abraçar a amiga que retornava ao convívio do grupo estudantil.

Alice, com a voz trêmula pela emoção, convidou a todos para ocuparem seus lugares.

Voltamos ao pátio e passamos a observar a movimentação característica da escola.

Equipes de trabalhadores do plano espiritual se esforçavam para esclarecer espíritos fanfarrões que insistiam em posturas doentias. Equipes comandadas pelos senhores das trevas iam e vinham trazendo espíritos ignorantes e sofredores com a intenção de atrapalhar o andamento do programa escolar.

Observamos uma equipe de espíritos malévolos reunidos discutindo qual o melhor meio de ação para o dia.

– Temos um trabalho a realizar! Não se esqueçam de que aquele que não fizer o que foi mandado será castigado. Vocês três aí! – chamou, dirigindo-se a três jovens com terríveis deformações perispirituais. – Na hora do recreio, quero aquele grupo já drogado; e você vai dar um jeito de a diretora não aparecer por lá. Vocês cuidam do professor Célio; ele já está dependente das drogas e sem dinheiro; está na hora certa de fazê-lo traficar aqui dentro. O aviso foi dado. Quem não cumprir as tarefas, vai para as masmorras. – E, ao dizê-lo, saiu em direção à porta da escola.

Ineque pediu nossa atenção e passou a nos distribuir tarefas.

– Daniel e Maurício, procurem neutralizar a interferência no grupo de jovens; aqueles que foram encarregados de influenciar a necessidade do vício adictício, pelo que pudemos observar, são escravos das trevas, por isso mesmo executam tarefas por medo, e não por acreditar no que fazem. Vinícius, mantenha-se ao lado do professor Célio. Eu seguirei o infeliz irmão que saiu da escola. Uma equipe se unirá a nós nesse trabalho.

Dirigi-me à sala de aula ocupada pelo professor Célio, que se encontrava sentado atrás de uma mesa, de frente para a classe. Os alunos, distraídos diante de uma folha de papel almaço, respondiam a questões de matemática, tarefa que se destinava à avaliação bimestral do grupo. Célio olhava os alunos um a um, como se avaliasse um possível comprador de substâncias alucinógenas.

A seu lado, o espírito que víramos receber a tarefa de assediá-lo esforçava-se em exercício de hipnose. Manipulava fios energéticos que se originavam em seu córtex cerebral e os ligava ao centro nervoso de Célio. Feita a ligação fluídica, passou a emitir comandos verbais:

– Isso mesmo, você precisa de dinheiro. Olhe quantos possíveis clientes! E você não tem culpa; eles fazem porque querem. Além do mais, droga não é tão ruim assim.

Repetia e repetia sem cessar os comandos mentais. Cada vez mais necessitado dos alucinógenos, Célio levantou-se descontrolado, derrubando a cadeira. O barulho despertou a atenção dos alunos, que o olharam com assombro. Célio, desconcertado, justificou-se com a classe:

– Desculpem, voltem à prova!

Sentou-se de novo, e nos aproximamos.

– Bom dia, amigo – falei.

– Bom dia? O que fazem aqui? Não os tinha visto – respondeu o irmão demonstrando certa surpresa.

– Estamos a trabalho – tornei.

– Estão aqui para atrapalhar, mas não me importo; estou preparado para enfrentá-los – respondeu o outro com agressividade.

– Não o tememos; sabemos da bondade que habita o coração de todos os filhos de Deus. Queremos, sim, auxiliá-lo, e não atrapalhá-lo, como pensa o irmão – justifiquei.

– Não sou seu irmão, e não pense que vai me confundir com essa conversa mole. Sei das minhas obrigações e vou cumpri-las – respondeu o infeliz, virando as costas ostensivamente.

– Percebo que sofre muito. Faz tempo que esse ferimento sangra? – indaguei.

– E no que lhe interessa minha dor? Nada nem ninguém pode mudar a minha história. Estou sendo punido por ter feito mal a minha própria família; não mereço auxílio, e vou continuar sofrendo porque mereço sofrer – replicou com raiva.

– Qual é o seu nome? – inquiri.

– Silvio, mas isso não interessa a ninguém, nem a mim mesmo. Nem um nome eu tenho direito a ter. Mereço ser escravo – continuou o infeliz, obsessor de si mesmo.

– Você tem consciência dos erros que cometeu, e assim mesmo está a serviço das empresas malignas? Como espera recuperar o bem dentro de si e resgatar os erros cometidos se continua a agir com maldade? – perguntei.

– Não ajo com maldade porque quero, e sim para ser castigado e açoitado; apenas dessa maneira encontro alguma paz – tornou, depressivo.

– Nenhum erro será corrigido com outro erro. Apenas o resgate através do bem poderá equilibrar novamente a sua dor. O irmão espera ser castigado ao castigar os outros? O que consegue ganhar com isso, além de mais e mais sofrimento?

– Não me faça pensar a respeito; ainda não consigo entender! – confessou, apertando com força a própria cabeça.

– Os desvarios dos comandantes das trevas contam com o sofrimento de espíritos como o do irmão para executar tarefas em proveito próprio. O amigo somente alimenta o mal com essa atitude de autopunição. É isso mesmo que quer para si e para aqueles que prejudica?

Silvio deixou-se deslizar para o chão, e um pranto sentido aflorou do mais íntimo de suas emoções. Ajoelhei-me diante dele e o amparei em abraço amoroso, falando apenas:

– Descanse, meu amigo, descanse. Quando acordar de novo, perceberá que o mundo tem novas cores e novas formas para você. Vá em paz!

Irmãos amorosos o acomodaram em uma maca suspensa no ar e o transportaram a um pronto-socorro da espiritualidade.

Voltei-me para Célio e passei a dispersar a densa energia que o envolvia. Auscultei seus pensamentos, e percebi, feliz, que sentia certo alívio, embora não soubesse explicar por quê.

– Devo estar ficando louco; não posso fazer uma coisa dessas. Fui fraco, mas não posso influenciar negativamente esses jovens que ainda têm uma chance. Ademais, confiam em mim. Meu Deus, ajude-me, olhe só no que estou me tornando!

Nesse instante, um espírito sorridente se aproximou do pequeno grupo de socorristas e anunciou, demonstrando imensa alegria:

– Obrigado pelo auxílio; minhas preces foram atendidas. Sou amigo de Célio e o acompanho nesta encarnação, porém, nos últimos meses, me vi impossibilitado de me aproximar dele; mas tenho certeza de que esse momento surtirá belíssimos frutos para o futuro.

– Não nos agradeça – falei com emoção. – Somos apenas instrumentos do Senhor. Agradeça a Deus, que tudo vê e provê em benefício de seus filhos.

O irmão nos abraçou e voltou a penetrar a psicosfera de Célio. Este fechou os olhos e, sorridente, pensou: "Amanhã mesmo vou procurar ajuda. Se precisar, peço para ser internado. O que não quero é continuar assim".

Enquanto cuidava do professor Célio, Maurício e Daniel se ocupavam do grupo de jovens, encarnados e desencarnados.

Capítulo 8

Libertação

783. O aperfeiçoamento da humanidade segue sempre uma marcha progressiva e lenta?

– Ao progresso regular e lento que resulta da força das coisas, mas quando um povo não avança bastante rápido, Deus lhe provoca, de tempos em tempos, um abalo físico ou moral que o transforma.

Sendo o progresso uma condição da natureza humana, ninguém tem o poder de se opor a ele. É uma força viva que as más leis podem retardar, mas não asfixiar. Quando essas leis se tornam de modo incompatíveis com o progresso, ele as derruba, com todos os que a querem manter, e assim será até que o homem harmonize as suas leis com a justiça divina, que deseja o bem para todos, e não as leis feitas para o forte em prejuízo do fraco.

O homem não pode permanecer perpetuamente na ignorância, porque deve chegar ao fim determinado pela Providência. Ele se esclarece pela própria força das circunstâncias. As revoluções morais, como as revoluções sociais, infiltram-se pouco a pouco nas ideias, germinam ao longo dos séculos e depois explodem subitamente, fazendo ruir o edifício carcomido do passado, que não se encontra mais de acordo com as necessidades novas e as novas aspirações.

O homem geralmente não percebe, nessas comoções, mais do que a desordem e a confusão momentânea que o atingem nos seus interesses materiais, mas aquele que eleva o seu pensamento acima dos interesses pessoais admira os desígnios da Providência, que do mal fazem surgir o bem. São as tempestades e os furacões que saneiam a atmosfera, depois de a haverem revolvido. (*O Livro dos Espíritos* – Livro III – Capítulo VIII – Lei do progresso – Item II – Marcha do progresso)

Maurício aproximou-se dos jovens desencarnados enquanto Daniel e outros trabalhadores da equipe espiritual que assistia àquela comunidade procuravam se sintonizar com os jovens encarnados que seriam assediados.

– Bom dia, meus amigos – cumprimentou Maurício com cordialidade.

– O que você quer? Ainda não entenderam que não precisamos de sua ajuda? Vocês são muito chatos! – respondeu uma jovem com tristes deformações perispirituais, acentuadas principalmente na área genésica e cardíaca.

– Desculpem a intromissão, mas temos por obrigação moral oferecer auxílio àqueles que sofrem – tornou Maurício.

– Então o desobrigamos dessa chatice. Aliás, por que não se junta a nós? Sabemos que deve ter afinidade conosco, senão não precisaria estar se sacrificando por nós. – A entidade encarou Maurício com ironia no olhar, e continuou: – Tem medo de voltar a ser o que ainda é?

– A irmã tem razão; já caminhei pelo mesmo caminho de sofrimentos. Errei porque não consegui vencer a mim mesmo. Fiz sofrer aqueles que mais me amavam, traí a confiança de meu pai, de minha mãe e de meus irmãos; mas eles nunca me abandonaram. Justamente pelo grande amor que me dedicam, graças ao auxílio de cada um deles, posso, hoje, estar bem e já na condição de auxiliar. Se ainda temo minhas limitações? Claro que sim, mas também confio no que venho aprendendo e exercitando, portanto, a cada dia que vivo me fortaleço e procuro me preparar para um dia, no futuro, voltar encarnado ao planeta e vencer minhas viciações – respondeu Maurício.

– A fala é bonita. Quero ver se consegue realmente superar as necessidades e resistir àqueles que nos escravizam – declarou um dos jovens, e sua voz transmitia profunda tristeza.

Maurício olhou-o com carinho e comentou:

– Só vivenciando poderemos responder com certeza. E escravos somos enquanto nos sentirmos merecedores do castigo. Esse sentimento de autopunição não resolve nossos problemas, apenas o arrependimento sincero dignifica o recomeço de uma caminhada. O amigo acredita realmente que não pode se furtar a essa escravidão? – indagou Maurício.

– Somos ameaçados! Já fui castigado, e não quero mais passar por isso; prefiro ser escravo a ser punido por rebeldia – desabafou o rapaz.

– Na casa de nosso Pai amado sempre há lugar para um filho que retorna. Trata-se de abençoado perdão aos nossos deslizes morais, e na casa do Pai não há castigos, mas sim oportunidades de refazer o caminho, sem críticas nem punições; precisamos apenas querer retornar ao caminho reto – esclareceu Maurício.

– Não deem ouvidos a esse aí; ele quer nos enganar. Depois, seremos entregues aos comandantes para sermos torturados – disse uma das moças.

– Peço que aliviem a mente da dor e de ideias preconcebidas, e permitam que mostremos a morada para onde poderão ser encaminhados. Apenas observem!

A um sinal de Maurício, a equipe que o auxiliava passou a vibrar em alta sintonia. Uma tela de material diáfano foi plasmada e passou a exibir imagens de um hospital de recuperação, depois as moradias e as escolas; por fim, nos foi mostrada a Comunidade Educacional Maria de Nazaré vista do alto. Intensa luz brilhava e iluminava cada canto daquela morada. Nesse instante, duas senhoras e um rapaz se fizeram visíveis a nosso lado. A moça, cujo nome era Lelinha, arregalou os olhos e gritou emocionada:

– Vovó! Vovó Mercedes!

A senhora de aparência angelical sorriu com felicidade e estendeu os braços para a neta querida.

– Minha filha, que saudades! Enfim consigo me fazer visível a seus olhos.

– Oh, vovó! Eu a chamei tanto, e você não veio!

– Sempre estive a seu lado, porém sua cabecinha andava ocupada com outras ideias, mas, graças a Deus, hoje recomeçaremos uma nova etapa em sua vida.

Lelinha e dona Mercedes continuaram a emocionante conversa de reencontro. Ao mesmo tempo, os dois rapazes reconheceram seus entes queridos. Fábio abraçou a mãe já desencarnada, saudoso e emocionado, lembrando-se de seu perfume e de seu doce semblante; e Diego avançou emocionado em direção ao irmão, Douglas.

Rodeamos o grupo e os transportamos à casa espírita Caminheiros de Jesus, local onde receberiam os primeiros socorros.

***

Ineque e uma equipe de socorristas seguiam o irmão que saíra da escola após instruir os asseclas sobre as atividades do dia. Ele se deteve diante de uma edificação do plano espiritual que se destinava a recepcionar espíritos recém-alistados na frente de trabalho. Ineque nos contatou telepaticamente, indagando sobre a possibilidade de nos encontrarmos com eles.

Maurício e Daniel permaneceram no pronto-socorro espiritual e eu me dirigi ao encontro do amigo Ineque.

– Vinícius, entraremos neste entreposto filiado à Comunidade Educacional das Trevas. Recebemos informação do grupo que trabalha nesses sítios a respeito da chegada de alguns jovens desencarnados pelo uso de substâncias tóxicas, e que foram escravizados assim que se processou o desligamento do corpo material do perispírito. Alguns jovens já têm condições de serem socorridos, pois o arrependimento lhes aflora como luz bendita na consciência. Entraremos com eles, somente com o objetivo de observação. O irmão que instruiu o grupo na escola acabou de entrar.

– Qual é o objetivo desse irmão neste entreposto? Pelo que pude entender, ele serve diretamente à Comunidade Educação das Trevas. É isso? – perguntei.

– Adolfo nos esclareceu que esses entrepostos servem como mercado de escravos. Todos os que são recolhidos também são oferecidos aos diversos núcleos de administração dessa comunidade, semelhante ao mercado negro na época da escravidão – esclareceu-me Ineque.

– Semelhante ao mercado negro do plano material? – indaguei, admirado.

– Exatamente – concordou meu amigo. – A diferença é a forma de pagamento. No plano material, a pessoa era vendida em troca de dinheiro ou ouro, ou pedras preciosas; no plano espiritual, a moeda é a troca de favores – disse o meu amigo.

– Fico aqui matutando sobre tudo o que tenho vivenciado entre os dois planos, e a semelhança de situações, comportamentos e pensamentos é muito grande, prova viva de que, após o desencarne, continuamos a viver de acordo com as necessidades que ainda temos, as quais, aliás, são diretamente proporcionais ao que somos em termos morais.

– Só nos desembaraçamos das necessidades viciosas conforme adquirimos entendimento sobre os verdadeiros valores morais – tornou Ineque. – Devemos nos alegrar com o progresso da humanidade. Hoje são raros os países que ainda mantêm o costume da escravidão, da violência em nome de Deus, dos desequilíbrios sociais. Podemos contar com um número expressivo de espíritos encarnados e desencarnados que trabalham para o entendimento das leis divinas, mas, como toda mudança provoca traumas e resistências, vivemos um momento histórico que transita entre os velhos e os novos costumes. Até que o equilíbrio se faça entre esses dois extremos, haverá muito trabalho.

– Devemos agradecer ao Pai a oportunidade de podermos ser aqueles que auxiliam – completei emocionado.

– Mas... deixemos a filosofia para mais tarde. Adentremos o edifício e observemos! – convidou Ineque.

Passamos a visitar a construção e, mais uma vez admirado, percebi a disciplina e a organização daquela Comunidade das Trevas. Observamos, em um grande auditório, uma quantidade expressiva de jovens sentados na audiência, cabisbaixos alguns e animados outros. Nesse instante, adentrou a extensa sala um grupo de espíritos que nos pareceu serem serviçais das energias trevosas. Foi ordenado a dois indivíduos de aparência malévola que se organizasse uma fila. Após executada a tarefa, os indivíduos eram examinados por esse grupo. Utilizavam-se de aparelhos que faziam algumas medições, depois do que eram reunidos em grupos diferentes de utilidade.

As fileiras foram organizadas e, após a finalização da tarefa, foram direcionadas para saídas diferentes. Acompanhamos um desses grupos. Eles foram acomodados em uma sala menor, onde comandantes de diversas organizações trevosas já esperavam com impaciência.

Um leilão teve início! Percebemos que cada um dos indivíduos leiloados era classificado por numeração arábica. Deduzimos que os números mais elevados exigiam recompensas maiores. Feita a distribuição dos escravos, os comandantes ordenavam aos serviçais que acorrentassem a nova aquisição. Os infelizes, algemados pelas mãos e pelos pés, eram ligados uns aos outros por pesadas correntes. Conforme iam se afastando, ouvíamos choros e lamentos.

Entristecidos pela ação que havíamos presenciado, elevamos nosso pensamento a Deus e oramos por aqueles que necessitam ser libertados pela própria consciência.

Reunimo-nos ao grupo que nos permitiu a entrada no edifício, e que acolhia em pequeno veículo alguns espíritos tristes e chorosos. Continuamos invisíveis. Alguns irmãos, trabalhadores daquela morada, conversavam a um canto, e ouvimos o seguinte comentário de um deles:

– Hoje conseguimos um número maior de escravos para negociar; estamos nos fortalecendo. Os do outro lado não tiveram muito sucesso, só sumiu meia dúzia. – O comentário foi seguido por uma risada de escárnio.

Olhei para o veículo e percebi que ali havia muito mais do que meia dúzia de espíritos; nossa pequena condução estava repleta de esperanças. O trabalhador que nos conduzia comentou sorridente:

– Eles contam apenas os que foram aprisionados e não percebem que o socorro se estende a toda a comunidade.

Uma moça de aproximadamente vinte anos nos convidou a entoar canção evangélica. Conforme íamos soltando nossas vozes, o veículo ganhava altura e pudemos observar o sol se pondo no firmamento. Mais uma vez, fascinado com como tudo se encaixa à perfeição, lágrimas de emoção assomaram aos meus olhos.

Capítulo 9

Vários tipos de escola

784. A perversidade do homem é bastante intensa, e não parece que ele está recuando, em lugar de avançar, pelo menos do ponto de vista moral?

– Enganaste. Observa bem o conjunto e verás que ele avança, pois vai compreendendo melhor o que é o mal, e dia a dia corrige os seus abusos. É preciso que haja excesso do mal, para fazer-lhe compreender as necessidades do bem e das reformas. (*O Livro dos Espíritos* – Livro III – Capítulo VIII – Lei do progresso – Item II – Marcha do progresso)

Alberto e Martha nos esperavam no posto de socorro.

– Boa noite, amigos – cumprimentaram-nos os dois amáveis companheiros de jornada.

– Boa noite. O que os traz ao posto de socorro? – perguntei a ambos.

– Eu e Martha conseguimos autorização para visitar uma escola particular, conceituada no mundo material e muito bem amparada por mestres espirituais. Visto o direcionamento sadio de seus propósitos, nosso objetivo será observar as diretrizes que orientam essa comunidade. Acreditamos que os amigos gostariam de nos acompanhar – convidou Alberto.

– Seria muito interessante. Pedimos apenas que aguardem alguns minutos; precisamos tomar certas providências – explicou Ineque.

– Aguardaremos – respondeu Alberto. – Nesse espaço de tempo, mostrarei a Martha as instalações do posto de socorro.

Após tomarmos algumas providências para o bom andamento dos trabalhos no posto de socorro, reunimo-nos a Martha e a Alberto, e nos colocamos a caminho da comunidade escolar a que nossos amigos haviam se referido.

Chegando ao local onde o prédio escolar se erguia, majestoso, percebemos a energia que irradiava do ambiente. A claridade ornava toda a construção material. Recebidos com carinho por espíritos trabalhadores naquela comunidade, logo se prontificaram a nos esclarecer qualquer dúvida. Santos, um senhor que aparentava uns quarenta anos, ofereceu-se para nos acompanhar e passou a dissertar sobre a comunidade educacional.

– Esta é uma escola particular destinada à comunidade de classe média – explicou Santos. – O custo não é tão oneroso, pois aqui não temos nada que não seja necessário. Podem observar que o prédio que abriga a escola é uma construção antiga, doada à instituição pelos antigos proprietários. A direção escolar procedeu a algumas modificações, o suficiente para adequar o edifício aos novos objetivos. Contamos com trezentos alunos por período, sendo que os horários da manhã e da tarde são cobrados, enquanto o período noturno é gratuito e tem por objetivo propiciar educação aos menos favorecidos. Contamos com duas salas destinadas à alfabetização de adultos.

– Esse período gratuito conta com colaboradores voluntários e não remunerados? – perguntei com curiosidade.

– A escola funciona no método de cooperativa; todo o lucro é revertido em prol dela mesma. O período noturno é sustentado pelo superávit financeiro conseguido com a cobrança dos dois primeiros períodos; os professores que trabalham no período noturno são remunerados, porém com salário inferior ao dos outros períodos – esclareceu Santos.

– Os professores do período noturno não se ressentem dessa diferença? – indagou Maurício.

– Não, pois são justamente professores que laboram nos outros períodos. Há uma escala muito bem organizada para não sacrificar nem um, nem outro, e, todos os que se propuseram a doar uma parte dos proventos a que teriam direito, fazem-no por amor aos educandos.

– Magnífico projeto – exclamou Ineque, demonstrando sua alegria.

– Vou convidá-los a presenciar o final de uma reunião dos coordenadores da casa. Por favor, me acompanhem – pediu Santos.

Adentramos uma sala de porte médio, que abrigava no interior uma grande mesa de reuniões cercada por vinte cadeiras. Oito pessoas se encontravam reunidas no término de uma agradável reunião em que discutiam com amabilidade as tarefas da semana.

– Então vamos resumir as decisões tomadas em relação às três turmas de formandos do ano. Primeiro: nesses nove meses que antecedem o final do ano, considerando que estamos no mês de março, proporemos aos alunos algumas atividades extracurriculares com o propósito de arrecadar fundos, cuja finalidade é custear a formatura; segundo: abriremos uma conta poupança no nome de um pai ou mãe de aluno, de um dos professores de turma e da diretora da escola; terceiro: os alunos deverão trabalhar em atividades extras, como venda de doces fabricados por eles mesmos, festas dentro da escola, supervisionadas de perto pelos coordenadores, bazares e outras ideias que possam ir surgindo no decorrer do ano – explanou Cecília, coordenadora do nono ano.

– Sempre gostei muito dessa ideia – disse Anabela, uma das professoras. – Os alunos custeiam a formatura com trabalho pessoal e de grupo, trazendo ainda a colaboração dos pais para esses eventos, e o mais importante é que desenvolvem o senso de responsabilidade e passam a valorizar o dinheiro que lutam para ganhar; acredito que essa atividade contribui sobremaneira para a educação de nossos jovens.

– Gosto muito de ver a animação dessas crianças. Já notaram o brilho que têm nos olhos? Outro dia eu as observava durante o intervalo para o lanche. Elas fazem planos e se sentem importantes em poder contribuir com as festividades de formatura. Sandra, aluna da turma B, comentava com a amiga que, se dependesse dos pais para que participasse das festividades e da viagem para o acampamento, teria de desistir, visto as dificuldades financeiras que enfrentam devido à doença do pai – contou Patrícia, outra educadora.

– Bom, já tomadas as decisões, voltemos aos afazeres. Dalva, você poderia fazer uma prece agradecendo a boa disposição de todos nós em benefício de nossa amada comunidade? – convidou a diretora da escola, dona Olívia.

Observamos as salas de aula e a perfeita integração entre seus membros. Havia harmonia e paz dentro daquela comunidade educacional; admirado, questionei Santos sobre se não havia tumultos ocasionados por alguns amigos ainda em estado de insatisfação.

– Sempre há um ou outro aluno com problemas de várias espécies, porém, a boa vontade e o carinho de nossos trabalhadores, dos dois planos, acabam por sanar esses pequenos entraves – disse Santos. – A escola conta com a participação de profissionais competentes e dedicados, verdadeiros missionários na área da educação. A direção fornece todas as condições necessárias aos empregados para a formação de seu intelecto por meio de literaturas pedagógicas e psicológicas, atualização através de cursos e outras tantas oportunidades que vão surgindo. O que considero de maior valia para perfeita harmonização é a integração amorosa e amigável entre o quadro de funcionários e a retidão de propósitos na educação.

– Quando acontecem problemas com um aluno, qual é o procedimento normal? – indagou Alberto.

– O professor que identificar o problema deverá se reportar ao coordenador de grupo. Este deverá observar e procurar identificar as dificuldades, e então propor soluções – explicou Santos. – Se essa providência não for suficiente e não sanar as dificuldades encontradas, os problemas são levados à direção e ao conselho psicológico, que, por sua vez, procederá da mesma maneira que a coordenação. Assim, todos se envolverão no processo de cura. Nesse ínterim, equipes espirituais já estarão se movimentando e realizando sua parte nesse projeto. O aluno ficará sob supervisão direta do mentor espiritual, que será convidado a participar do trabalho de socorro. A família será visitada e também beneficiada nesse processo. Identificado o problema que provoca o comportamento desequilibrado do aluno, se for necessário a família será convidada para uma conversa esclarecedora, e também solicitada ajuda do grupo familiar.

– Você teria um caso para nos relatar como exemplo? – inquiriu Martha com curiosidade.

– Um aluno de nossa escola desde os quatro anos, um menino bastante amável e amoroso, começou a apresentar mudanças de comportamento quando estava próximo dos nove anos; tornou-se irritadiço e agressivo, inclusive, em algumas ocasiões, apresentando comportamento violento para com colegas e professores. Foram tomadas as primeiras providências, as quais se mostraram infrutíferas. Passamos à segunda etapa e, com a ajuda da psicóloga na entrevista familiar, descobrimos que os pais estavam em processo de iminente separação; já se falava em divórcio. Helena, a psicóloga da escola, propôs aos pais acompanhamento terapêutico na tentativa de auxiliar o reequilíbrio da família. Concomitantemente, o plano espiritual traçou um projeto de auxílio e descobrimos que antigo inimigo colocava em prática plano de vingança que urdia havia muito tempo, aproveitando a baixa fluídica da família, que na ocasião enfrentava aflitivos problemas com doenças e dificuldades financeiras. Hoje, esse aluno faz parte do grupo que vai se formar. Aliás, foi escolhido pelos colegas como representante da classe.

– Interessante seu relato. Não havia pensado no atendimento escolar com esse alcance espiritual – comentei admirado.

– Em todas as situações que vivemos estamos sendo auxiliados. Afinal, nosso processo educacional se verifica em todos os instantes da vida – completou Martha.

Agradecemos a boa vontade de Santos e aceitamos o convite de Ineque para visitarmos outra instituição educacional. Dirigimo-nos para lá.

De frente para o prédio material, observamos a riqueza de detalhes. O edifício era construído em vários andares e totalmente forrado por vidros azulados. A portaria ostentava colunas de granito negro, enquanto o piso era revestido em mármore alvo. Vários balcões serviam ao atendimento de quantos entrassem no prédio. Logo na entrada fomos recepcionados por dois trabalhadores espirituais, que se colocaram à nossa disposição.

– O período noturno já será iniciado. Os alunos dirigem-se às salas de aula. À noite, somente os cursos de ensino médio funcionam. São destinados a jovens com menor poder aquisitivo, que trabalham durante o dia, por isso o custo é menor. Por favor, me acompanhem – pediu Daniel.

As instalações eram bem planejadas; as salas de aula, confortáveis; a área de recreação oferecia escolhas diversas aos alunos; porém senti certa opressão e passei a observar o movimento de encarnados e desencarnados. Pedi licença a Ineque e a nossos acompanhantes, preferindo ficar perto da recepção.

Os alunos que adentravam o ambiente eram reconhecidos, de imediato, por alguns desencarnados que se portavam como dirigentes do local.

A recepção era coberta por um teto alto, e à sua volta apresentava-se um mezanino em forma ovalada, cercado por uma grade de proteção; espíritos semelhantes aos seguranças, tão em moda na atualidade, observavam tudo. Nesse momento, um senhor calvo que vestia um terno muito bem cortado entrou pela grande porta central, seguido de perto por indivíduos de aparência musculosa. Logo foi cercado por um grupo de espíritos arruaceiros; pensei, naquele instante, que os tais seguranças viriam em socorro daquele senhor, porém, abismado, percebi que se comunicavam com os assediadores, orientando-os sobre a melhor maneira de conseguir sintonia vibratória.

Daniel se aproximou e me informou:

– Este é um dos proprietários da escola e diretor-geral. É um espírito ganancioso e de moral duvidosa. Conseguiu grande fortuna enganando e roubando quem cruzasse seu caminho. Os espíritos que o assediam são contratados por uma equipe vinculada à Comunidade Educacional das Trevas, e descobrimos que têm um plano para desestruturar essa escola por meio do tráfico de drogas. Cristóvão, esse é o nome do diretor, foi contatado por um grande distribuidor de alucinógenos e lhe foi oferecida sociedade, partilha de cinquenta por cento. No início, ele recusou, mas a ganância e o dinheiro fácil o atraem sobremaneira. Nos últimos dias, já conseguiu se convencer e burlar a própria consciência, justificando o iminente acordo.

– Ele pretende distribuir drogas dentro da própria escola? – perguntei estupefato.

– Pretende sim, mas de maneira bastante sutil. Conseguiu alguns intermediários que foram matriculados como estudantes. Dessa maneira, têm à disposição grande possibilidade de clientes, e ele, pessoalmente, não poderá ser acusado de nada – explicou Daniel.

– E será permitido que isso aconteça? – indaguei.

– Cristóvão deveria aproveitar a oportunidade dessa encarnação para vencer o triste vício da ganância, porém está sempre piorando seus débitos – Daniel prosseguiu. – Se acontecer o que planeja, sua situação se tornará muito grave, portanto, foi deliberado por espíritos superiores que possa ser atendido e advertido durante o sono sobre a gravidade de suas escolhas; caso contrário, desencarnará por um aneurisma cerebral, medida que visa ao próprio benefício.

– E os professores desta casa? – questionei.

– Um dos benefícios são os bons salários, que os incentivam aos estudos e à boa vontade, uma vez que os problemas financeiros que têm são menos graves do que os dos professores mal remunerados. A coordenadoria dos cursos é mais presente e muito exigente, porque a direção lhes cobra perfeição com a intenção primeira de manter a boa propaganda da casa. Na realidade, a intenção principal é o lucro financeiro, mas disso advém a boa qualidade do ensino – esclareceu Daniel.

– Há preocupação no direcionamento moral dos cursos? – questionei.

– Infelizmente, poucos mestres se preocupam com isso, em particular devido ao objetivo de formar intelectualmente os alunos para que tenham sucesso nas provas do vestibular – Daniel explicou. – Na realidade, se observarmos, é apenas treinamento intelectual. Porém, alguns alunos aproveitam o conhecimento intelectual e o associam aos conceitos morais recebidos da família. Mas também temos alguns professores amorosos que procuram ir além do simples ato de ensinar.

– Visitamos uma escola pública, e a frequência espiritual é bem mais ignorante do que aqui – observei.

Daniel respondeu-me com um sorriso:

– Não se iluda com as aparências. Observe essa aluna que vem chegando.

– A moça loura acompanhada por esse espírito de aparência perfeita? – indaguei.

– Exatamente! Vamos nos aproximar e escutar a conversa mental entre os dois – convidou Daniel.

Aproximamo-nos com suavidade do casal e passamos a observá-los.

"Que droga! Não queria vir à escola hoje, mas, se fico em casa, depois não posso sair", pensou a garota.

– Isso mesmo – retrucou a entidade. – Aí não poderíamos nos divertir, e hoje é sexta-feira. Saindo daqui vamos fumar um cigarro de maconha e quem sabe aquele amigo seu não lhe oferece um pouco de cocaína?

"Vou ligar pro Cacá", considerou a moça mediante inspiração do espírito. "Se pedir, ele faz o que quero. Vou lhe dizer que desejo ficar com ele, mas só se tiver algo mais para mim. Ele vai entender."

– Você precisa ligar para o pai e dizer que vai dormir na casa de uma amiga, assim podemos ficar sossegados e sem hora para voltar. Nunca perceberão como ficamos doidões.

"Vou ligar para a Val e avisá-la sobre a mentira que contarei. Direi que vou dormir na casa dela."

A moça pegou o celular e logo tomou as providências que haviam arquitetado. Passei a observar a energia fluídica que os ligava e percebi que o moço de aparência agradável apenas plasmava suas feições; na realidade, possuía graves deformações perispirituais.

– O perispírito é maleável, e aquele que conhece essa característica e sabe como utilizá-la cria para si mesmo a aparência que lhe satisfaz no momento – falou Daniel. – André, esse é o nome do espírito que acompanha Marina. Foi irmão dela nesta encarnação, mas acabou provocando o próprio desencarne em violento acidente. Eram companheiros de desvario e continuam nessa simbiose doentia. Observe como vão se reunindo a outros tantos jovens na mesma sintonia vibratória. No final do período escolar sairão em grandes caravanas, tanto do plano material como do espiritual, sempre em busca dos prazeres momentâneos e tão destruidores.

– O período diurno apresenta alguma diferença? – perguntei.

– Apenas na comunidade infantil. A ingenuidade da criança é encantadora; porém, conforme vai se aproximando da adolescência, as tendências características de cada um passam a aflorar; a malícia desperta através das necessidades físicas, e a ingênua manifestação da vida vai se perdendo. No momento histórico-social que vive o planeta, essas manifestações afloram cada vez mais cedo; a mídia, o descaso e a ausência de adultos responsáveis e limitadores permitem que a situação se agrave dia a dia. Observamos muitos jovens perdidos, sofrendo de terrível solidão, sem saber sequer a quem recorrer. Não raro, o recurso vem de maneira errada. Infelizmente, o orgulho e o egoísmo grassam desenfreados, e o que acaba ocorrendo são cegos conduzindo cegos – constatou o amigo Daniel com expressão pesarosa.

– Mas nem tudo é tão desequilibrado, não é? – perguntei.

– Não. Não mesmo. Já disse que temos famílias maravilhosas que apoiam os jovens, jovens conscientes da responsabilidade para com as oportunidades que recebem, e professores que são verdadeiros missionários da humanidade – acrescentou Daniel.

Continuamos nossa conversa por mais alguns minutos. Então Ineque e outros colaboradores da casa se aproximaram de nós.

– Vinícius, Martha e Alberto precisam voltar ao educandário, e nós também precisamos voltar à casa espírita Caminheiros de Jesus – disse Ineque. – Hoje é dia do atendimento fraterno, e Manuela conseguiu levar Silas com o auxílio de uma amiga que frequenta a casa. Aproxima-se das vinte horas. Silas deverá ser encaminhado à sala da atendente Sandra.

Despedimo-nos, portanto, de nossos novos amigos, comprometendo-nos a voltar e observar a escola no período diurno.

Capítulo 10

O atendimento de Silas

785. Qual o maior obstáculo ao progresso?

– São o orgulho e o egoísmo. Quero referir-me ao progresso moral, porque o intelectual avança sempre. Este parece, aliás, à primeira vista, duplicar a intensidade dos vícios, desenvolvendo a ambição e o amor das riquezas, que por sua vez incitam o homem às pesquisas que lhe esclarecem o espírito. É assim que tudo se relaciona no mundo moral como no físico e que do próprio mal pode sair o bem. Mas esse estado de coisas durará apenas algum tempo; modificar-se-á à medida que o homem compreender melhor que além do gozo dos bens terrenos existe uma felicidade infinitamente mais durável.

Há duas espécies de progressão que mutuamente se apoiam e, entretanto, não marcham juntas: o progresso intelectual e o progresso moral. Entre os povos civilizados, o primeiro recebe em nosso século todos os estímulos desejáveis e por isso atingiu um grau até hoje desconhecido. Seria necessário que o segundo estivesse no mesmo nível. Não obstante, se compararmos os costumes sociais de alguns séculos atrás com os de hoje, teremos de ser cegos para negar que houve progresso moral. Por que, pois, a marcha ascendente da moral deveria interromper-se mais que a da inteligência? Por que não haveria, entre o século XIX e o XXIV tanta diferença nesse terreno como entre o XIV e o XIX? Duvidar disso seria pretender que a humanidade tivesse atingido o apogeu da perfeição, o que é absurdo, ou que ela não é moralmente perfectível, o que a experiência desmente. (*O Livro dos Espíritos* – Livro III – Capítulo VIII – Lei do Progresso – Item II – Marcha do progresso)

Assim que adentramos a casa espírita Caminheiros de Jesus, o atendente encarregado de encaminhar os pacientes do dia chamou Silas para que se dirigisse à sala de atendimento fraterno.

Sandra se encontrava à porta e recepcionou Silas com a habitual amabilidade e alegria.

– Boa noite. Sou Sandra. E você, qual é seu nome?

– Boa noite. Meu nome é Silas.

– Por favor, Silas, entre e fique à vontade. Esse senhor sentado ao canto é o senhor Luís. Ele nos auxiliará com boas vibrações energéticas.

– Vibrações energéticas? Desculpe, sou ignorante nesses assuntos. Você teria um tempo para explicar algumas coisas, inclusive como funciona o tratamento que farei?

– Tenho sim. O atendimento fraterno tem por objetivo principal os esclarecimentos evangélico, filosófico e, não raras vezes, científico das dificuldades que enfrentamos na vida. Por meio desse esclarecimento, o atendido passará a ter uma visão diferente de suas dificuldades. Entendemos que todos nós estamos preparados física, espiritual e emocionalmente para superar nossas limitações; a descrença nessa capacidade é que nos causa dor e sofrimento, e esses são períodos que acabam por provocar processos dolorosos de auto-obsessão que nos roubam, momentaneamente, a crença em nossas potencialidades.

– Minha filha me disse que eu viria aqui para fazer um tratamento desobsessivo. Pensei que me livrariam de inimigos que me perseguem – retrucou Silas.

– A intenção primeira é fortalecê-lo por meio do esclarecimento e da compreensão de como se processa esse intercâmbio entre os dois mundos. Assim, como consequência direta, você permitirá ao próprio espírito mudar de sintonia vibratória, dessa maneira se colocando a salvo da interferência nefasta dos espíritos mais ignorantes.

– Sintonia vibratória... tem a ver também com vibrações energéticas?

– Tem sim. Você deve ter alguma noção de física, não é?

– Tenho. Aliás, é uma das matérias que muito me atraem.

– Então será fácil entender como se processa o intercâmbio em nosso mundo. Tudo é energia. Até mesmo o corpo material é energia concentrada a determinado ponto, que produz certa densidade, o que nos torna visíveis ao mundo material. Estamos mergulhados nesse mundo energético, e toda ação que praticamos, ou qualquer pensamento emitido, produz uma energia característica, que possui determinada qualidade. Dependendo dessa qualidade, atraímos energias afins, ou seja, que tenham afinidade moral conosco. Boas energias atraem boas energias; energias ruins atraem energias ruins. E o senhor Luís tem como tarefa nessa sala auxiliar-nos, com boas intenções e seu amor incondicional, a manter um bom padrão vibratório.

– Espere um pouco; veja se entendi. O obsessor é aquele espírito que nos acompanha de acordo com essa qualidade energética?

– Isso mesmo. É uma lei bastante clara. Se fôssemos usar antigo provérbio popular, seria o seguinte: Diga-me com quem andas que te direi quem és.

– Quer dizer que se tenho obsessores é porque eu mesmo estou com energia ruim.

– Exatamente. Diga-me, como anda a qualidade de seus pensamentos?

– Muito ruim; sinto-me péssimo, incapaz de reagir diante de tudo que vem me acontecendo.

– Quer contar alguma coisa para depois a analisarmos de acordo com a lei de ação e reação?

– Essa é uma lei da física!

– Exato. E que serve para variados aspectos da vida. Toda ação produz uma reação de igual intensidade; por exemplo, se saio para dirigir embriagada e provoco um acidente, torno-me responsável por suas consequências, portanto vivo hoje consequências de meus atos pretéritos.

– Mas e se houvéssemos feito o melhor e tivéssemos certeza de que não houve maldade em nossas ações, e ainda assim as consequências não forem agradáveis?

– Na Doutrina dos Espíritos, acreditamos nas múltiplas encarnações: esta é apenas mais uma vida que vivemos, e algumas das situações pelas quais devemos passar e superar têm origem no passado. Trata-se de erros cometidos em outras oportunidades e dos quais já nos arrependemos, porque entendemos que nossas falhas são passíveis de recuperação por intermédio de uma encarnação expiatória e posteriormente probatória.

– Se eu, hoje, tenho necessidade de auxiliar jovens que se viciam em substâncias químicas, alucinógenos, pode ser uma expiação de uma encarnação em que eu era o aliciador?

– Seria uma maneira de resgatar seus débitos socorrendo aqueles que prejudicou.

– Mas, nessa luta, deixei de observar minha própria família e acabei descobrindo que o pior problema está dentro de minha casa. Meu filho está usando drogas, e sinto que por minha negligência.

– Tudo bem. Agora que descobriu, supere a situação e lute por seu filho. O que adianta ficar aí se lamentando e se culpando? Você possui conhecimento intelectual suficiente sobre o assunto; é hora de utilizá-lo com sabedoria e força de vontade. Sua persistência é que poderá fazer diferença para seu filho. E, vindo aqui, cobrindo a lacuna da parte moral, entendendo como todo o processo se desenvolve, tudo ficará muito mais fácil, pois a diferença serão a fé e a esperança em dias melhores. Até mesmo no trabalho que já realiza a diferença se fará sentir.

– Engraçado! Tudo sobre o que você fala parece que eu já sabia. Nunca li nada sobre a Doutrina Espírita, mas, conforme vamos conversando, parece que estou recordando algo que já sei.

– Quando nos preparamos para reencarnar, ainda no plano dos espíritos, fazemos um planejamento encarnatório, e provavelmente você se preparou para descobrir nessa existência nossa amorosa doutrina do perdão.

– Doutrina do perdão! Incrível como isso faz sentido para mim. Sinto que, a partir de hoje, as coisas serão diferentes. Sinto uma alegria enorme dentro do meu peito – confessou Silas, enquanto grossas lágrimas de alegria e alívio escorriam por seu rosto. – Hoje mesmo conversarei com Paulo, e a primeira providência será trazê-lo aqui para ser esclarecido sobre o que anda vivendo. Obrigado, Sandra, não tenho como demonstrar meu agradecimento a vocês.

– Agradeça a Deus e a Jesus, e também a esses espíritos abnegados que nos assistem. Sou apenas uma intermediária do Pai, trabalhando pela sua redenção.

– Como assim? O que quer dizer com redenção?

– Todo trabalho que nos exige esforço e perseverança em termos de renovação pessoal é oportunidade de crescimento moral. Todos nós, habitantes deste abençoado planeta de provas e expiações, estamos correndo atrás do prejuízo que causamos a nós mesmos, por meio de atitudes desequilibradas e, não raras vezes, malévolas; portanto, estamos resgatando o passado delituoso por meio do trabalho caridoso.

Silas observou a atendente Sandra por alguns segundos e, introspectivo, comentou:

– Interessante... Quando minha filha Manuela falava sobre os trabalhadores das casas espíritas, tinha a impressão de que eram pessoas que beiravam a perfeição moral, por isso mesmo com todo o direito de aconselhar, ou até mesmo opinar sobre nossa vida; mas, agora que estamos conversando, também descobri que nada é como achava. Se fosse em outras circunstâncias, isso causaria pensamentos depressivos; porém, ao contrário, sinto-me bem em entender que um dia poderei estar em situação melhor e conseguirei auxiliar a outros.

– É assim mesmo que ocorre no processo evolutivo. Sempre alguém estará melhor que nós. Este nos estenderá as mãos e nos auxiliará a levantar e a chegar ao equilíbrio; será como um ombro amigo até o instante em que pudermos caminhar com as próprias forças, que se originarão do espírito esclarecido.

– Agradeço a você, a sua boa vontade em ouvir minhas lamentações e a ter clareza de raciocínio para não me dar respostas, e sim me auxiliar a encontrá-las. Agradeço a Deus, a Jesus e aos bons espíritos que nos assistiram nesses momentos. Estou saindo daqui com outro ânimo e, o mais importante, sinto-me esperançoso em poder auxiliar meu filho e também a tantos outros jovens que porventura apareçam em meu caminho.

– Seja bem-vindo a nossa casa. Espero contar com você na próxima sexta-feira.

Sandra se despediu de Silas, e este, emocionado, pediu-lhe:

– Posso abraçá-la com muito carinho e respeito?

– Pode sim, meu amigo.

Com lágrimas nos olhos, Silas se despediu e também abraçou, amoroso, o trabalhador silencioso, o senhor Luís.

Após o atendimento de Silas, fomos convidados a observar um de seus companheiros espirituais, que foi encaminhado a uma sala cuidadosamente preparada para conter a fúria de irmãos em estado avançado de demência. As paredes que limitavam o espaço eram plasmadas em energia pura de amor e bondade, e, conforme a necessidade, movimentos rítmicos liberavam raios de luz multicoloridos que alcançavam cada canto e cada ser ali agasalhado.

O desarvorado irmão apresentava adiantado estado de deformação perispiritual. Naquele momento enraivecido, plasmava para si mesmo aparência demoníaca, que crescia em tamanho e volume, com a intenção única de nos amedrontar. Trabalhador amoroso de nossa casa de socorro apenas vibrava em sintonia de amor e perdão, então nos juntamos a ele. Com os pensamentos elevados ao Pai, proferimos agradável oração petitória que criava ao redor energia sublimada, responsável por reciclar, aos poucos, a densa energia que se originava do irmão. Ele se contorcia em fúria e dor, vociferava impropérios, amaldiçoando a todos que ali se encontravam, e quanto mais violento se tornava mais crescia diante de nossos olhos; até o ponto em que, esgotado pelo cansaço causado pelo próprio descontrole, resvalou ao chão, dolorido e sofrido, enfim se desnudando a nossos olhos em triste aparência, que mais se assemelhava a um esqueleto, esquálido e infeliz, perdido da própria vida.

Reunimo-nos a sua volta e, emocionados, agradecemos ao Pai a bênção daquele momento de redenção. Passamos a cuidar dele com carinho por meio de energias balsâmicas que o acalmaram; finalmente, adormeceu. Irmãos abnegados o recolheram com carinho em uma maca coberta por alvos lençóis plasmados em material semelhante à seda. Notamos que o frescor do tecido trouxe-lhe sensação de conforto, pois sorriu, e sua face, patibular e grotesca, começou a se transformar.

Não me canso de refletir sobre esses momentos que presencio durante os trabalhos de socorro. A cada dia mais me alegro e sinto-me fortalecido; percebo com mais clareza que, de fato, o mal é apenas pálido reflexo em nossas mentes. Obrigado, meu Deus, obrigado!

Capítulo 11

Uma semente

786. A História nos mostra uma multidão de povos que, após terem sido convulsionados, recaíram na barbárie. Onde está nesse caso o progresso?

– Quando a tua casa ameaça cair, a derrubas para a reconstruir de maneira mais sólida e mais cômoda; mas até que ela esteja reconstruída haverá desarranjos e confusões na tua morada.

– Compreende isto também; és pobre e moras num casebre, mas ficas rico e o deixas para morar num palácio. Depois um pobre-diabo como o eras vem tomar o teu lugar no casebre e se sente muito contente, pois antes não possuía um abrigo. Pois bem! Compreende então que os espíritos encarnados neste povo degenerado não são mais os que o constituíam nos tempos de seu esplendor. Aqueles, logo que se tornaram mais adiantados, mudaram-se para habitações mais perfeitas e progrediram, enquanto outros, menos avançados, tomaram seu lugar, que por sua vez também deixarão. (*O Livro dos*

Espíritos – Livro III – Capítulo VIII – Lei do progresso – Item III – Povos degenerados)

Silas retornou para casa mais animado. Esperançoso, fazia planos para o futuro. O rosto, antes marcado por vincos profundos que denunciavam sua dor, agora demonstrava a serenidade da esperança.

Ao adentrar a residência, sentiu forte odor de mato queimado. Entristecido, dirigiu-se ao quarto de Paulo e bateu à porta.

– Paulo, abra a porta! Precisamos conversar.

– Não me amole! Não quero saber de papo com você! Volte para o seu quarto e cubra a cabeça; esse é o seu papel, o de vítima – tornou Paulo, belicoso.

– Não vou mais agir assim. Hoje entendi que apenas você mesmo sofrerá as consequências de seus atos, e, como só anda fazendo o errado, a dor lhe cobrará reparação. Meu papel de agora em diante será o do amigo que estará a sua disposição. Quando sentir necessidade de conversar, estarei à espera – declarou Silas com firmeza. – Estou em meu quarto; a porta está aberta. Sei o que anda fazendo, e estou muito entristecido sim, porque o amo, meu filho. E o que desejo a você e a seus irmãos é que sejam indivíduos responsáveis e felizes. Sei também que quem recorre a esse caminho doloroso é porque anda sofrendo demasiado e não está dando conta de superar a própria dor. Ofereço ajuda, pois sei o que fazer, mas também não posso obrigá-lo a aceitá-la. Fique com Deus em seu coração e procure dormir um pouco.

Silas dirigiu-se a seu quarto, trocou de roupa, tomou nas mãos *O Evangelho segundo o Espiritismo* e elevou o pensamento a Deus, solicitando auxílio para aquele momento. Emocionado, passou à leitura do texto:

Pagar o mal com o bem.

1. Tendes ouvido o que foi dito: Amarás ao teu próximo e aborrecerás ao teu inimigo. Mas eu vos digo: Amai os vossos inimigos, fazei bem aos que vos odeiam e orai pelos que vos perseguem e caluniam, para serdes filhos de vosso Pai, que está nos céus, o qual faz nascer o seu sol sobre bons e maus, e vir chuva sobre justos e injustos. Porque, se não amardes senão aos que vos amam, que recompensa haveis de ter? Não fazem os publicanos também assim? E, se saudares somente aos vossos irmãos, que fazeis nisso de especial? Não fazem também assim os gentios? Eu vos digo que, se a vossa justiça não for maior e mais perfeita que a dos escribas e fariseus, não entrareis no Reino dos Céus. (Mateus, V:20, 43-47) (O Evangelho segundo o Espiritismo – Capítulo XII – Amai os vossos inimigos)

Enquanto Silas orava, uma equipe socorrista se fez presente nos quartos de pai e filho. A energia fluídica emanada da boa vontade e da oração sincera foi dirigida a Paulo, que, emocionado com a firmeza sentida nas palavras do pai, permitiu a aproximação de bons amigos, que passaram à dispersão de fluidos viciosos. Sentindo-se melhor, o rapaz levantou-se da cama e, trêmulo, tomou a direção do quarto paterno. Encontrando a porta aberta, entrou receoso e viu Silas ajoelhado à beira da cama, orando com os olhos fechados, e ouviu a prece amorosa que pedia pelo filho amado.

Silas, ao perceber a presença de Paulo, pediu:

– Sente-se aqui em minha cama.

O filho obedeceu em silêncio. Silas levantou-se e sentou ao lado dele. Apenas o fitou com carinho.

– Pai, não diga nada, não me critique. Posso dormir aqui com você?

– Claro, filho. Deite-se que vou cobri-lo!

Paulo se deitou, e, amoroso, Silas estendeu uma manta sobre o corpo magro do filho. Beijando-o na testa, aconselhou:

– Durma com Deus! Amanhã é um novo e abençoado dia.

Sentou-se em uma poltrona e observou Paulo, que adormeceu de imediato. Passou boa parte da noite ali, sentado, orando e agradecendo a Deus a oportunidade do recomeço.

Inácio e eu aproveitamos os momentos de descanso do jovem Paulo e o auxiliamos a desvincular-se do corpo denso, conduzindo-o à sala de tratamento psicológico da casa espírita Caminheiros de Jesus. Primeiro procedemos à reciclagem energética, livrando-o dos miasmas viciosos provocados por pensamentos doentios e vícios adictícios. Ele foi isolado da influência dos companheiros espirituais ainda malévolos, os quais também passaram a receber auxílio. Em seguida, Inácio passou a liberar suas funções cerebrais por meio da aplicação de energia no centro coronário. Paulo foi despertando e, amedrontado, nos olhou perguntando:

– Quem são vocês? Onde estou? Isso parece um hospital! Estou doente?

– Acalme-se! Você está entre amigos. Meu nome é Inácio, e este é Vinícius. Realmente você se encontra em um posto de atendimento, pois está adoentado. Sabe por quê?

– São as drogas? Mas ontem só fumei maconha, e não foi muito. Estava sem dinheiro, e os traficantes não querem mais me vender enquanto não pagar o que devo. Mas nem sei por que estou dizendo isso a vocês; nem os conheço. Que engraçado... é como se pudesse confiar em vocês, sem medo nenhum.

– Manuela, sua irmã, tem conversado muito com vocês sobre a vida após a morte do corpo material, não é mesmo? – indagou Inácio.

Paulo, com olhar desconfiado, passou a observar tudo à sua volta. Introspectivo, comentou:

– Aqui tudo parece diferente. Está querendo me dizer que morri? – perguntou Paulo com os olhos arregalados.

– Não, você ainda está encarnado. Quando Manuela falou sobre o mundo dos espíritos, também comentou sobre o fenômeno do desdobramento pelo sono, você se lembra? – indagou Inácio.

– Ela disse que, enquanto o corpo dorme, nosso espírito visita o mundo dos espíritos. Contou que, por eu estar usando drogas, após adormecer, me uniria a outros jovens que fazem o mesmo, e ainda disse que muitas vezes poderia até ser escravo dos espíritos maldosos. Apesar de gostar muito desse assunto, não acreditei, talvez até mais por medo de ser verdade do que por outra razão qualquer – confessou o rapaz.

– É verdade o que Manuela disse. Chama-se lei de afinidade. Espíritos de evolução moral semelhante se atraem – explicou Inácio com seriedade.

– Quer dizer que meu corpo está dormindo e eu estou no mundo dos espíritos? – indagou Paulo, admirado.

– Exatamente, meu jovem amigo. E esse lugar é um posto de socorro espiritual que tem por objetivo auxiliar aqueles que sofrem. O trabalho que nossa equipe realiza é direcionado à saúde mental – tornou o irmão Inácio.

– Então é um tratamento psicológico? – perguntou Paulo.

– Isso mesmo – respondeu Inácio.

– Já fiz tratamento psicológico, e não resolveu nada – desabafou Paulo com certo desânimo.

– Mas nosso direcionamento é um pouco diferente, mais profundo. Voltemos às conversas que teve com Manuela. Lembra-se de que ela falava sobre vivermos várias encarnações? Que essa experiência não é a primeira que temos sobre o planeta como espíritos encarnados? – inquiriu Inácio.

– Lembro sim; nesse mesmo dia, ela contou que eu já tinha uma predisposição para usar drogas, uma vez que desde muito pequeno demonstrava essa tendência. Aliás, meu pai deixou de comprar bebidas alcoólicas porque eu acabava achando e tomando. Até hoje lembro a primeira vez que tomei algo com álcool. A sensação foi de muito prazer, e eu tinha apenas uns seis anos. Mas isso não prova a existência de uma vida em que também fosse viciado – declarou o rapaz.

– E como você explicaria essa tendência que aflorou tão cedo e com tanta familiaridade? Vocês são em quatro irmãos; todos receberam o mesmo direcionamento moral. Por que só você manifestou essa limitação comportamental? – perguntou-lhe Inácio.

– Tudo seria mais fácil se eu soubesse dessas experiências anteriores – disse Paulo. – Estou muito confuso com tantas informações e novos conceitos de vida. Para ajudar, nem estou acordado. Pelo que Manuela me contou, ao acordar não me lembrarei de nossa conversa. Então, como farei para modificar meu comportamento?

– Enquanto conversamos, sua energia característica está sendo modificada – esclareceu Inácio. – Os miasmas criados em virtude de seu comportamento, atitudes e pensamentos foram reciclados, para que tenha a oportunidade de modificar sua maneira de viver. A conversa que estamos tendo ficará gravada em sua mente e vai aflorar de forma intuitiva conforme for necessário. Você receberá apoio de seus familiares, como já deve ter sentido em relação a seu pai. Amigos espirituais estarão a seu dispor conforme forem solicitados. Sua parte será vencer o orgulho e pedir ajuda para se livrar do vício. Vai retornar outras vezes, em que será atendido e esclarecido de acordo com sua capacidade de entendimento. Quanto mais se esforçar, mais fácil será a recuperação. Quanto às lembranças de outras experiências, elas virão, aqui ou enquanto acordado, conforme as necessidades do momento.

– Então tenho condições de lembrar algumas coisas? – indagou Paulo com curiosidade.

– Quando necessário, e se necessário. Conforme o amigo for esclarecido sobre as leis que regem o universo, perceberá que o que de fato importa são nossas ações presentes e futuras. O passado não podemos modificar; só é importante como lição para escolhermos melhor o futuro – explicou Inácio com firmeza.

– Sinto-me melhor. Será que terei coragem para pedir ajuda? – quis saber Paulo. Sua voz denotava certa insegurança.

– Essa é uma escolha que poderá modificar seu futuro. Sua vida o deixa feliz? Se a resposta for não, então pergunte se vale a pena alimentar atitudes orgulhosas. Mas agora é hora de voltar ao corpo físico. Em breve nos encontraremos novamente, está bem? – despediu-se Inácio. E, em seguida, passamos a energizar nosso amigo e o auxiliamos a retornar à matéria.

No dia seguinte, um sábado radioso, a luz morna da manhã aquecia o planeta, abençoada morada de todos nós, espíritos em busca de redenção.

Manuela, como sempre fazia, levantou-se cedo, cuidou dos dois filhos e do marido, e depois se dirigiu à casa do pai. Ao adentrar a residência sentiu que algo estava diferente. Notou que tudo parecia mais limpo e leve. Alegre, foi em direção ao quarto de Silas e, emocionada, viu Paulo adormecido tranquilamente na cama e Silas também adormecido na poltrona, em atitude de vigília.

Postou-se aos pés da cama e fez rápida prece de agradecimento, pensando contente: "O atendimento fraterno de ontem já produziu frutos. Há muito tempo não via o semblante de meu pai tão tranquilo. E Paulo! Adormeceu sob os cuidados de papai. Tenho certeza de que agora as coisas vão se modificar".

Nesse instante, Silas abriu os olhos e viu a filha observando a cena emocionante. Com alegria, estendeu os braços e, levantando-se da poltrona, apertou-a com carinho contra o coração.

– Obrigado, Manuela, por me indicar um caminho. Sinto-me bem. Aquela dor que não me permitia nem ao menos cuidar de minha família está desaparecendo aos poucos. Prometo nunca mais ceder ao desânimo e alimentar o mal dentro de mim. Desculpe a preocupação e o trabalho que dei a vocês.

– Oh, papai, não se desculpe. Vou cuidar de vocês sempre em minha vida, porque os amo muito. Se não puder auxiliá-los na dor, não terei direito de participar dos momentos de felicidade.

Paulo abriu os olhos e viu os dois abraçados.

– Manuela, e eu? – perguntou. – Não vai me abraçar também?

Com os olhos repletos de lágrimas, a adorável moça abraçou o irmão e lhe respondeu:

– Todos os dias. Vou abraçá-lo todos os dias.

– Quero pedir uma coisa a vocês. Por favor, desejo ser internado para me livrar do vício. Por favor, me ajudem.

Silas e Manuela se entreolharam, sorriram e, juntos, abraçaram Paulo com muito carinho. Com grande emoção, passaram a rezar o pai-nosso em voz alta. Um jorro de luz divina alcançou a família e os fortaleceu nesse momento de redenção. Nesse instante, Pedro e Paola, os gêmeos filhos de Silas, adentraram o quarto. Curiosos, indagaram:

– O que está acontecendo? Por que estão chorando?

Silas estendeu os braços para os dois jovens, convidando-os a se aproximar.

– Choramos de felicidade – respondeu o aliviado pai. – Venham aqui e se juntem a nós. A partir de hoje, seremos de novo uma família. Não vou mais abandoná-los; serei o pai que merecem. Venham aqui!

E, renovada na leveza que via estampada nos semblantes dos ali presentes, Manuela continuou:

– Em *O Livro dos Espíritos*, na questão 786, Allan Kardec pergunta aos espíritos superiores por que recaímos nos erros, e recebe a seguinte resposta: "Quando a tua casa ameaça cair, a derrubas para a reconstruir de maneira mais sólida e mais cômoda; mas até que ela esteja reconstruída haverá desarranjos e confusões na tua morada". Lembremos, agora, nessa retomada de consciência familiar, que nossa luta para consertar as coisas apenas se inicia, e que não devemos desistir nos primeiros obstáculos, mas sim ser firmes e persistentes em nossos objetivos.

Manuela não via, mas a mãe, Adelaide, também presente, a inspirava a prosseguir:

– Você, Paulo, lembre-se de que tem a seu lado pessoas que o amam incondicionalmente; não se envergonhe de pedir auxílio ao perceber que não conseguirá vencer a si mesmo, a seu vício. Apenas dessa maneira conseguirá ser forte para viver melhor. E vocês dois, Pedro e Paola: peço-lhes que não façam mais acusações desnecessárias nem críticas maldosas; devemos todos reconstruir para viver com felicidade. Estarei aqui à disposição de vocês, como sempre estive, e conto com você, meu pai, uma vez que sozinha me sentirei fraca e triste. Tenho certeza da vitória sobre nossas limitações; precisamos apenas ficar unidos.

Manuela silenciou, e a família a abraçou com carinho e em silêncio.

Presenciamos, mais uma vez, a maravilha que produzem o amor, o recomeço e a serenidade de acreditar em dias melhores – apenas pelo fato de resolvermos acreditar na bondade de um Pai amoroso e na intercessão dos trabalhadores de Jesus, sobretudo por decidirmos, com firmeza de propósitos, fazer nossa parte nessa transformação magnífica da vida; caso contrário, todo auxílio recebido secará, como faz a semente em solo árido.

Capítulo 12

O projeto malévolo

787. Não há raças rebeldes ao progresso por sua própria natureza?

– Sim, mas dia a dia elas se aniquilam corporalmente.

787-a. Qual será o destino futuro das almas que animam essas raças?

– Chegarão à perfeição, como todas as outras, passando por várias experiências. Deus não deserda ninguém.

787-b. Então, os homens mais civilizados podem ter sido selvagens e antropófagos?

– Tu mesmo o foste, mais de uma vez, antes de seres o que és. (*O Livro dos Espíritos* – Livro III – Capítulo VIII – Lei do progresso – Item III – Povos degenerados)

Alguns dias se passaram em relativo equilíbrio para a família de Silas. Adelaide veio nos visitar com intenção de solicitar auxílio para a comunidade trevosa, que insistia no assédio a seus tutelados, apesar de estes estarem mais resistentes devido à busca por uma vida mais saudável e de união. Porém, ela também nos informou que eles, adversários do bem, mobilizavam-se para alargar seu campo de ação.

– Bom dia, Ineque! Bom dia, Vinícius! – cumprimentou-nos Adelaide com a habitual amabilidade.

– Bom dia, Adelaide. É, de fato, uma felicidade recebê-la em nossa casa de socorro – falou Ineque.

– Solicito auxílio de seu grupo de socorristas. Venho do posto intermediário junto à Comunidade Educacional das Trevas, e observamos intensa movimentação de grupos variados e treinados com o propósito de causar confrontos violentos dentro das escolas terrenas – Adelaide anunciou com objetividade.

– Por favor, desculpe a ignorância, mas poderia explicar a natureza desse treinamento a que a irmã se referiu? – perguntei curioso.

– Sabemos que o planeta recebe na crosta espíritos encarnados ainda com comprometimentos morais graves, afinal, uma encarnação assistida pelo plano espiritual superior é uma oportunidade de renovação no caminho da evolução, visto que muitos desses irmãos não tiveram ao menos a capacidade de participar de um planejamento encarnatório junto a espíritos superiores; portanto, estão em abençoado mandato compulsório, ainda vivem em tristes panoramas mentais e são facilmente influenciados por espíritos afins ou mesmo obedecem a tristes objetivos das comunidades com quem têm afinidade moral, no único propósito de perpetuar o mal e atrapalhar o progresso que já está se delineando em nossas mentes.

E, sob nosso olhar atento e minha expressão indagadora, prosseguiu:

– No início do século vinte, comunidades trevosas se reuniram ao perceber os planos de renovação do mundo maior, passando a se organizar e projetar ações contrárias com a intenção de anular o trabalho de socorro iniciado. Em uma grande convenção realizada no início da década de vinte, os comandantes das várias comunidades traçaram uma linha de ação: o alvo principal seriam as crianças e os jovens; astutamente observaram que, ao inibir a boa educação do espírito ainda em corpos infantis e adolescentes, estes se tornariam adultos com graves deficiências morais, portanto, sob mais fácil influência maléfica. As escolas passaram a ser alvos perfeitos para esses irmãos; a indisciplina e a falta de limitações, tanto dos profissionais da educação como da família, propiciaram a desorganização da estrutura educacional. Espíritos capacitados intelectualmente, porém ainda não educados no âmbito moral, alçaram altos voos na política, conseguindo assim cargos públicos de alto poder. A ambição desenfreada corrompeu as ideologias básicas para o desenvolvimento social, e o progresso material atrai cada vez mais a atenção dos que seriam os responsáveis pela reeducação de jovens.

Adelaide, inspirada pelas boas intenções, continuava a nos esclarecer:

– E o tempo, bem precioso a todos, está cada vez mais acorrentado à aquisição de supérfluos, como troféus à vaidade desequilibrada. Desenvolveram-se, assim, as condições ideais à proliferação das chagas sociais, como violência, vaidade exacerbada, desunião familiar e social; o ódio e a baixeza moral são cultivados como características necessárias à sobrevivência. Os valores morais estão invertidos; quem não aceita participar dos comportamentos aviltantes se vê excluído, como se fosse portador de terríveis doenças contagiosas. – Com lágrimas nos olhos, Adelaide prosseguiu: – As equipes de mestres das trevas deliberaram a criação de uma disciplina destinada à educação de jovens ignorantes para insuflarem a discórdia entre os jovens encarnados. Notamos essa ação no aparecimento de grupos rivais que se digladiam pelas ruas e dentro dos edifícios escolares. Recebemos a informação de que as várias Comunidades das Trevas que se dedicam a esse triste labor se organizam para que os jovens treinados ganhem as ruas e as escolas do planeta em massa, instalando, dessa maneira, o caos, o que trará um período de dor e discórdia para a juventude. Se não agirmos com firmeza, corremos o perigo de ver a humanidade sofrer consequências desastrosas, visto que as trevas dominarão as mentes desavisadas. Segundo informações, teremos apenas duas semanas, segundo o tempo da Terra, para nos prepararmos para o início desse inevitável confronto, mas que, no entendimento dos filhos mais evoluídos do Pai, se apresenta como belíssima oportunidade de trabalho para nós e resgate de mentes desvairadas por dores incompreendidas.

Confesso ter ficado estupefato com as informações ouvidas. Sentia-me imensamente triste e muito preocupado com a explanação de Adelaide. Sabia que o submundo espiritual era organizado e que vários dos líderes eram portadores de admirável inteligência, infelizmente mal direcionada em seus propósitos, porém nunca havia sequer imaginado situação semelhante à que iríamos vivenciar.

– Adelaide, outras comunidades de socorro estão sendo chamadas ao labor? – questionei.

– A espiritualidade superior se movimenta com rapidez para que possamos auxiliar o planeta – tornou Adelaide com seriedade.

– Qual é a orientação dos espíritos superiores para o enfrentamento dessa prova? – perguntou Ineque.

– Fomos instruídos a não esquecer o aconselhamento de Jesus, de que o remédio é destinado aos doentes – falou Adelaide. – E esses irmãos são portadores de graves enfermidades morais, semelhantes a nós mesmos em um passado não muito distante. Porém, devemos agir com determinação e firmeza, demonstrando que não mais toleraremos interferência em nosso trabalho cristão, comportamento que deveremos assumir com dignidade e doçura, auxiliando a despertar consciências adormecidas com amor. Dessa maneira contribuiremos para que possam compreender a gravidade de suas escolhas desequilibradas.

– E aqueles que se mantiverem irredutíveis em sua escolha? – indaguei, demonstrando preocupação.

– Na casa do Pai há lugar para todos os filhos. Aqueles que insistirem em permanecer nas trevas serão encaminhados a outras moradas, pois a Terra não terá mais as condições adequadas à reeducação desses seres – respondeu Adelaide.

– Qual será a primeira providência que deveremos tomar? E qual região de trabalho nos caberá? – indaguei.

– Vamos nos reunir a outras equipes que laboram na região da grande cidade de São Paulo, tanto a cidade material como as comunidades do plano espiritual. O alvo principal dos comandantes das trevas serão as capitais dos estados e algumas cidades de maior volume populacional. Estaremos sob a orientação de admirável entidade espiritual, de nome

Estela, que possui larga experiência no trato psicológico de jovens. Experienciou em diversas oportunidades a carreira missionária de pedagoga, inclusive estando sob orientação direta do amado mestre Pestalozzi, e nos últimos tempos tem se dedicado à recuperação de jovens que se desequilibraram nas experiências terrenas e também após a passagem para o mundo dos espíritos – informou Adelaide.

– Será abençoada oportunidade de aprendizagem para todos nós! Mas poderia esclarecer a razão de os comandantes escolherem essas regiões? – inquiri.

– Nas cidades menores, os conceitos familiares e sociais ainda não foram afetados de modo tão grave quanto ocorre nos grandes centros populacionais – completou Ineque. – Ainda há união entre os moradores, o que podemos atribuir ao número menor de habitantes; por conseguinte, há maior aproximação e familiaridade entre os grupos sociais. Nas cidades maiores, tem-se uma despersonalização social, e o individualismo egoísta prolifera como meio de sobrevivência; a solidão e o medo são largas portas à obsessão, daí a facilidade no assédio aos menos avisados.

– E quando deveremos partir? – perguntei.

– Ao amanhecer do novo dia, assim terão tempo suficiente para reunir a equipe de trabalho – instruiu Adelaide.

– Você nos aconselha a convidar Inácio? Ou ele será mais útil permanecendo em seu posto? – perguntou Ineque.

– Aconselho a se ausentarem apenas as equipes socorristas. Os profissionais da mente deverão estar em alerta, visto que, com certeza, receberão inúmeros pacientes necessitados de socorro. Agora preciso voltar ao meu posto de trabalho e tomar certas providências que se farão necessárias durante minha ausência. Encontraremo-nos ao amanhecer – despediu-se Adelaide.

– Só um minuto a mais de sua atenção. Gostaria de ter informações sobre Silas e os filhos. A irmã está informada? – indagou Ineque.

– A escola onde Paulo, Pedro e Paola estudam está na lista dos agressores. Notamos, nos últimos dias, que os jovens mais frágeis moralmente andam irritadiços e agressivos, e a movimentação dos espíritos daquela comunidade está diferente. Há certa excitação e ansiedade envolvendo-os; atribuímos essa diferença energética à proximidade da execução dos planos urdidos pelos dirigentes umbralinos. Uma das providências que tomaremos será aumentar o número dos trabalhadores socorristas dessas comunidades, e também aconselharei uma reunião com os acompanhantes espirituais dessas crianças e a equipe dos trabalhadores de cada escola – esclareceu com firmeza nossa amiga.

– Obrigado pela informação – falei. – Tomaremos as providências necessárias e estaremos à espera da irmã ao alvorecer.

Assim que Adelaide se foi, passamos a organizar as equipes que iriam nos acompanhar nesse labor. Colocamos Inácio a par do trabalho a ser realizado e logo ele se dirigiu ao hospital psiquiátrico sob sua direção no intuito de preparar acomodações para os novos e bem-vindos pacientes.

Capítulo 13

O projeto benéfico

788. Os povos são individualidades coletivas que passam pela infância, a idade madura e a decrepitude, como os indivíduos. Essa verdade constatada pela História não nos permite supor que os povos mais adiantados deste século terão o seu declínio e o seu fim, como os da Antiguidade?

– Os povos que só vivem materialmente, cuja grandeza se firma na força e na extensão territorial, crescem e morrem porque a força de um povo se esgota como a de um homem; aqueles cujas leis egoístas atentam contra o progresso das luzes e da caridade morrem porque a luz aniquila as trevas e a caridade mata o egoísmo. Mas há para os povos, como para os indivíduos, a vida da alma, e aqueles cujas leis se harmonizam com as leis eternas do Criador viverão e serão o farol dos outros povos. (*O Livro dos Espíritos* – Livro III – Capítulo VIII – Lei do progresso – Item III – Povos degenerados)

Passamos as últimas horas em profunda meditação, com o pensamento elevado ao Criador. Começava a entender a gravidade do momento que a humanidade haveria de superar; dores morais terríveis se abateriam sobre os incautos e ignorantes, cobrando a cada um a necessidade do progresso.

As ideias vinham em um turbilhão meio desconexo. Senti-me afundar em um mar de indagações doentias; preocupado, percebi a necessidade premente de controlar meus sentimentos e buscar lá no fundo de minha consciência a força da fé ainda tão frágil. Procurei acreditar no sucesso dessa empreitada; lembrei-me da exposição de nossos amigos sobre a evolução do planeta quando visitamos o educandário. Já havíamos superado boa parte de nossa mente ainda bárbara; estávamos em franca caminhada para um futuro mais digno, então consegui sorrir entre as lágrimas e realmente entendi que esse seria apenas mais um momento de prova e expiação, com certeza em busca de um equilíbrio maior.

Tudo estava certo, afinal, não cai uma folha sem a permissão de nosso Pai, e toda essa movimentação no orbe era apenas mais uma oportunidade para todos nós.

Sereno, fechei os olhos e procurei descansar, absorvendo a energia maravilhosa que sentia ao redor.

Ao amanhecer, dirigi-me à praça central da colônia espiritual onde residia, local marcado para o encontro de todos aqueles que participariam desse amoroso labor, o socorro a tantos necessitados.

Logo avistei Ineque e Maurício, e reuni-me a eles.

– Bom dia, Vinícius. Parece bastante sereno e descansado – comentou Maurício.

– Com o auxílio de Deus, de fato consegui abençoados momentos de repouso. Confesso que, de início, minha mente se aprofundava em indagações menos saudáveis. O medo chegou a ensaiar algumas traquinagens para esse espírito ainda tão ignorante, mas consegui serenar meus pensamentos e exercitei com alegria a minha fé, ainda tão frágil. Considerei esses momentos como uma vitória de minha força de vontade; por isso, estou radiante nesta manhã – esclareci sorrindo.

– Ah! Abençoados momentos de conflito esses que vivenciamos. Eles nos auxiliam a modificar nosso comportamento e a maneira de enxergar o mundo. Momentos assim nos possibilitam saudáveis questionamentos e, se soubermos conduzi-los com seriedade, são verdadeiros exercícios de humildade – tornou meu amigo Ineque.

– Quando Adelaide nos informou sobre o expressivo número de trabalhadores que participariam do socorro, não imaginei a extensão a que se referia – comentei, observando a grande quantidade de socorristas ali presente.

– Esse é um momento bastante delicado da história da humanidade – disse Ineque. – Se observarmos com atenção os últimos acontecimentos sobre o orbe terrestre, poderemos identificar uma luta ferrenha entre o bem e o mal. Quanto ao trabalho a ser realizado, após a prece que marcará o início deveremos fazer um reconhecimento aéreo e identificar os aglomerados de espíritos ignorantes que se preparam para colocar em prática os nefastos projetos do mal. Pelas informações que tivemos, são em grande número.

– Ainda me assusta pensar na organização desses irmãos infelizes, com a intenção primeira de alimentar e divulgar o mal – comentou Maurício.

– Meu amigo – respondi emocionado –, lembre-se de que em uma época não muito distante estivemos junto a eles. E hoje, onde estamos?

– Tem razão, Vinícius – falou Maurício. – Mas, apesar de ter algumas lembranças despertadas dessa época, não consigo mais ver lógica nesse tipo de comportamento.

– Bem sei do que fala! – Ineque completou de bom humor. – A incapacidade de agir com maldade é conquista pessoal de cada um de nós, e não devemos julgar o próximo em nossa retaguarda. Principalmente porque também estamos na retaguarda de amigos mais evoluídos, e necessitamos da compreensão deles em relação a nossa ignorância.

Maurício, sorrindo, respondeu:

– Você está com a razão. Às vezes me pego em atitudes bastante prepotentes; ainda bem que conto com vocês para voltar ao chão que pisam os espíritos imperfeitos.

Nesse instante, admirável entidade de plano superior adentrou a praça. Era adornada por belíssimo halo de luz, que se expandia em todas as direções. Tratava-se de uma senhora de aspecto sereno; o rosto, de delicada beleza, expressava o amor fraternal de que seu coração era repleto. Embevecido diante do quadro a minha frente, senti os olhos umedecidos por sentidas lágrimas de felicidade. A cada instante vivido nesse admirável mundo dos espíritos em evolução, sinto-me renascer diante do Pai Celestial, uma vez que meu coração é invadido constantemente por ternas e duradouras emoções que, antes, não poderia ao menos imaginar que existissem. Então, com um terno sorriso nos lábios, a adorável entidade passou a proferir delicada e emocionante prece:

– Deus, amado Pai de perdão, ampare-nos nesses momentos cruciais que deveremos superar, oportunidade bendita de vencermos vícios e tentações que ainda se mostram tão atraentes a seus filhos imperfeitos. Colocamo-nos a caminho com o intuito de auxiliar nossos irmãos, que sofrem as dores decorrentes de sua insensatez. Pedimos-vos, Pai, humildade para socorrer sem julgar, para amparar sem cobrar, para perdoar a nós mesmos antes de nos julgarmos prontos a perdoar o próximo. Sabemos, Senhor da Paz, que somente o amor incondicional, tão bem exemplificado por nosso mestre Jesus, poderá mudar a face de nosso mundo pessoal; sabemos, também, Senhor da Vida, que apenas ensaiamos o aprendizado e a prática de vossas leis morais. Que esse oportuno trabalho em benefício do próximo possa nos valer como humilde exercício de redenção. Lembrem, amados irmãos, que estaremos ao lado de cada um de vós. Ide, irmãos! Ide em paz, e levem consigo a paz de nosso Pai!

Enquanto a entidade de luz proferia a prece, gotículas prateadas e minúsculas desciam em brilhantes fachos de luz, e, ao nos alcançar, os necessitados do Pai explodiam em luzes curativas e confortadoras. Olhei a meu redor e percebi a expressão de felicidade em todos os semblantes; mais uma vez, só tinha a agradecer ao Pai a oportunidade de viver aquele momento.

– Vinícius, está na hora de partimos – convidou Ineque.

– Desculpe-me, mas a emoção tirou minha concentração. Acredito nunca ter vivido um momento tão intenso em toda minha vida – tornei, com a voz embargada pelo pranto de felicidade.

– Ah, meu amigo, teremos a oportunidade de viver mais e mais momentos de amor e dedicação. Precisamos apenas persistir no aprendizado amoroso que escolhemos para nossas vidas – falou Adelaide, também demonstrando intensa e feliz emoção.

– A casa do Pai tem diversas moradas, e cabe a cada um de nós escolher em qual delas quer viver a sua vida – disse Ineque.

– O veículo que nos conduzirá acaba de estacionar. Precisamos nos apressar – anunciou Maurício.

Reunimo-nos e tomamos lugar em veículo semelhante aos balões movidos a gás existentes no plano material; a diferença era a leveza e agilidade de nosso transporte. A enorme vela cilíndrica, confeccionada em matéria vaporosa, alçava ao céu carregando enorme cesta ovalada, de material transparente, semelhante ao vidro.

Um trabalhador se posicionou acima do velame, em uma torre, que percebi ser destinada à observação do espaço terreno. Ele montou um aparelho semelhante a um telescópio, e as imagens captadas eram projetadas na parte interna do grande balão cilíndrico; então, um senhor de aspecto amável passou a descrever e explicar as imagens projetadas, apontando para uma grande mancha escura que cobria uma escola pública.

– Essa instituição de ensino está sendo atacada com ferocidade por uma equipe treinada pelo submundo espiritual – informou-nos. – A intenção principal é desequilibrar uma equipe de mestres, os quais possuem belíssimos projetos educacionais. São trabalhadores preparados pelo plano dos espíritos superiores para modificar o estado catatônico da educação planetária. Trata-se de pesquisadores científicos, pioneiros na aplicação e modificação de metodologias de ensino. A proposta de trabalho deles, elaborada ainda no plano dos espíritos, é trazer equilíbrio a esse momento histórico que vive a humanidade por meio da reorganização metodológica e psicopedagógica, despertando nos mestres e nos aprendizes conceitos de responsabilidade pessoal em seu desenvolvimento intelectual e moral, ou seja, a redescoberta de saudáveis diretrizes entre ética e moral.

Nós o ouvíamos atentos e curiosos. Sob nosso olhar atencioso, o senhor prosseguiu:

– Essa extensa e densa camada energética que ora observamos origina-se da qualidade de pensamento e comportamento de todos os que ali convivem. Espíritos bulhões e maldosos alimentam e intensificam esse estado doentio, dessa maneira criando clima propício aos desentendimentos de toda ordem. Grupos rivais de estudantes têm se enfrentado dentro das instalações escolares; professores passaram a se confrontar, como se estivessem nas antigas arenas, e a direção da casa está enfraquecida e insegura diante da violência e agressividade de sua comunidade. Os alunos não respeitam os professores, portanto a indisciplina é uma constante nas horas de convivência, facilitando o intercâmbio doentio, o que origina estado de exaustão física e mental em todos. São seis horas da manhã; os portões ainda não se abriram para trabalhadores, professores e estudantes; porém, a comunidade de desencarnados encontra-se ativa e já prepara a recepção de todos. Nosso trabalho é neutralizar a ação desses irmãos e, ao mesmo tempo, oferecer auxílio e socorro àqueles que fizerem essa escolha. Uma equipe vai se deslocar para a atmosfera, equipada com veículos preparados para gerar energia suficiente para desfazer essa densa célula energética que impede a reciclagem normal dos fluidos. Aproveitaremos o fenômeno climático que acontecerá em alguns minutos. Preparem-se para descer ao chão físico do planeta. O mesmo evento estará acontecendo, de maneiras diversas, em várias partes do planeta. Elevem o pensamento ao Pai, que estará ao lado de todos nós. Deus os conduza e ilumine! Bom trabalho!

No mesmo instante, sentimos um deslocamento energético e nos vimos no pátio da grande escola pública.

Capítulo 14

O fogo etéreo

789. O progresso reunirá um dia todos os povos da Terra numa só nação?

– Não em uma só nação, o que é impossível, pois da diversidade dos climas nascem costumes e necessidades diferentes, que constituem as nacionalidades. Assim, serão sempre necessárias leis apropriadas a esses costumes e a essas necessidades. Mas a caridade não conhece latitudes e não faz distinção dos homens pela cor. Quando a lei de Deus constituir por toda a parte a base de lei humana, os povos praticarão a caridade de um para outro, como os indivíduos de homem para homem, vivendo felizes e em paz, porque ninguém tentará fazer mal ao vizinho ou viver às suas expensas. (*O Livro dos Espíritos* – Livro III – Capítulo VIII – Lei do progresso – Item III – Povos degenerados)

No plano material, a movimentação rotineira do dia tomava seu curso dentro da normalidade. Observamos os portões serem abertos e os jovens adentrarem o prédio. A animação tão característica da juventude tomou conta do ambiente. Sorri com sincera alegria e, emocionado, elevei meu pensamento a Deus, solicitando a Ele que nos auxiliasse mais uma vez a ajudar àqueles em nossa retaguarda moral. Ao observar os jovens corpos que abrigavam espíritos em abençoados mandatos encarnatórios em busca de redenção, minha mente despertou para a gravidade do momento que vive a humanidade.

Lembrei-me de excelsos ensinamentos nos dois planos da vida, e reverberaram em minha memória os alertas de espíritos superiores para que atentássemos às oportunidades de recuperação moral com as quais éramos abençoados. O planeta amado passa por período de transição moral; estamos superando a era de provações e expiações, para adentrarmos na feliz era dos espíritos em regeneração, e somente teremos direito a vivenciar essa maravilha se nos fizermos merecedores. O que fazemos aqui no momento é aproveitar oportunidade de recuperar débitos tão antigos quanto nosso espírito ignorante, por meio do trabalho de auxílio àqueles que ainda insistem em padrões vibratórios mais densos.

Já tivemos a oportunidade de falar sobre a energia viciosa que envolve a crosta terrestre[1], psicosfera comum a todos os que aqui habitam, encarnados e desencarnados, e que se origina na qualidade de nossos pensamentos, que ainda se manifestam em atitudes desequilibradas. Passamos milênios de nossa existência produzindo miasmas viciosos, e hoje, com a permissão de nosso Pai amoroso, estamos diante de belíssima oportunidade de resgatar esses mesmos desvios pelo trabalho refazedor e abençoado.

---

[1] Livro *Obsessão e Perdão*, dos mesmos autores.

Ineque nos convidou à oração matinal. Reflexivos e esperançosos, erguemos os pensamentos ao Pai em súplica amorosa:

– Deus, Pai de infinito amor, que nos perdoa sempre as falhas originadas em nossa ignorância do Bem Maior, colocamo-nos a Seu serviço para que irmãos ainda na retaguarda da verdade infinita do amor possam aproveitar esse momento de oportunidade para refazer o próprio caminhar. Oferecemos a eles, Pai de perdão, a oração que nosso irmão Jesus nos ensinou.

Oramos em silêncio e a energia exteriorizada de cada coração dedicado ao Pai flutuava no espaço, alcançando as trevas e produzindo intensa vibração em forma de luz. O dia resplandeceu iluminado pelo astro-rei, e, com o coração transbordando de esperança, passamos ao trabalho de paz.

Apesar da alegria que presenciamos durante a abertura dos portões da escola, percebemos também certa ansiedade por parte daquela comunidade. Logo à entrada do prédio material, irmãos que demonstravam graves deformações físicas, reflexo de uma mente doentia, escolhiam aqueles com afinidades morais relutantes, portanto flexíveis às influências maléficas. Logo havia grupos de jovens se defrontando, alimentando, dessa maneira, as trevas que envolviam a região escolar.

Saímos do pátio e adentramos o prédio que abrigava a sala da diretoria, a sala dos professores e uma bem cuidada biblioteca. Professores conversavam trocando impressões do dia.

– Marilda, não estou me sentindo bem – falou Natália, uma jovem e simpática professora.

– O que está sentindo? – perguntou Marilda, outra professora da escola pública.

– Não sei definir; apenas um aperto no peito e muita vontade de chorar. Sinto que algo muito grave vai acontecer – tornou a outra.

– Não será outro de seus pressentimentos? Você está vendo espíritos ruins aqui na escola? – indagou Marilda, demonstrando intensa aflição e procurando falar em tom baixo, que denotava certo desconforto a respeito do assunto.

– Isso é que está esquisito! Não estou tendo vidências. Por mais que me esforce, não consigo ver os espíritos. A dupla vista para mim já é tão natural, que me sinto insegura sem sua manifestação. Dona Odete me aconselhou a treinar mais minha sensibilidade para reconhecer a qualidade dos fluidos espirituais; dessa maneira sentiria mais segurança – explicou Natália.

– Por quê? A vidência não é confiável? – questionou Marilda.

– Nem sempre; somos espíritos imperfeitos e sujeitos às próprias viciações – disse Natália à amiga –, e os espíritos trevosos são inteligentes. A ignorância deles se restringe à aplicação das leis morais, mas sabem como plasmar uma aparência enganadora, embora não consigam disfarçar os fluidos característicos dessa moralidade.

– Bom, não entendo muito disso; sou apenas curiosa, e o pouco que sei é de nossas conversas. Você sempre me orienta a orar em qualquer circunstância, então vamos orar pedindo auxílio aos bons espíritos. Mas disfarce, porque vem vindo aí a diretora, dona Dulce, e você sabe que ela tem verdadeiro pavor do espiritismo – falou Marilda.

As duas amigas passaram a caminhar juntas e oravam em silêncio. Dona Dulce observou-as se dirigirem ao pátio e pensou aflita: "Tenho certeza de que existe algo errado com essas duas. Não gosto de ficar perto delas. Sinto que têm pacto com o demônio. Oh, Deus! Perdoe-me por pensar nele". E continuou caminhando, acompanhada de perto por um irmão que se divertia em alimentar seus pensamentos preconceituosos.

Curioso, procurei esclarecimentos junto a Ineque.

– Ineque, me pareceu que o irmão que acompanha dona Dulce é apenas uma companhia fortuita no caos emocional em que se encontra nossa irmã – consultei, procurando aclarar minhas dúvidas.

– De fato, ele não possui vínculos emocionais com dona Dulce, mas as ideias preconceituosas de nossa irmã, que são alimentadas por uma religião terrena que distorce os verdadeiros conceitos morais, servem aos trabalhadores do mal como catalisadoras de energias, portanto, irmãos treinados na hipnose doentia aproveitam essas verdadeiras "portas largas" para interferir nos pensamentos dos desavisados, provocando assim discórdias terríveis e produzindo densas energias que alimentam as trevas – esclareceu Ineque.

Nesse momento, o céu começou a escurecer. Densas nuvens de chuva se aglomeravam em cima da cidade. O vento forte soprava levantando terra e folhas mortas; um estrondo foi ouvido por todos e forte descarga elétrica cortou os ares. A tempestade se iniciava.

Após o estrondo ouvido, as luzes se apagaram. Alguns alunos, assustados, reuniram-se no pátio em busca de informações, enquanto professores solícitos procuravam acalmá-los com segurança e carinho.

A tempestade se aproximava em todo seu esplendor. Raios iluminavam o dia, que mais se assemelhava à noite; o forte vento varria a cidade, produzindo estranho som sibilante. Repentinamente, tudo ficou muito quieto. Não se ouvia o piar de um pássaro nem o barulho de uma folha seca sendo levantada pelo vento.

As feições das pessoas demonstravam medo. O professor de Ciências ordenou a todos que entrassem nas salas de aula e ficassem agachados junto ao chão. Percebendo que o pavor paralisava a todos, gritou com energia, correndo de um lado a outro. A ação intempestiva do mestre os despertou e, com rapidez, as pessoas adentraram as salas de aula.

Querido irmão de nosso plano, de nome Adalberto, responsável por coordenar os trabalhos no solo, aproximou-se de nossa equipe e solicitou a Maurício que acompanhasse um pequeno grupo de estudantes em fase de treinamento, para que o orientasse no esclarecimento àqueles espíritos encarregados de alimentar os vícios adictícios nos jovens encarnados. Então, dirigindo-se a mim e a Ineque, convidou-nos a observar o trabalho que se realizaria na atmosfera, na condução da energia que seria liberada pelo fenômeno tempestuoso.

Deslocamo-nos com facilidade, apesar da densidade atmosférica e da quantidade de energia que se concentrava no local. Fomos direcionados a um grupo de trabalhadores que coordenava o labor do alto de uma plataforma situada em grande prédio, que se deslocava como um enorme e ágil veículo[2].

---

[2] No livro *Obreiros da Vida Eterna*, de André Luiz, com psicografia de Francisco Cândido Xavier, é feita referência ao mesmo fenômeno, a Casa Fabiano.

– Bem-vindos, meus amigos – cumprimentou-nos Adelaide.

– Obrigado pela deferência em nos auxiliar no entendimento do fenômeno que ora presenciaremos – falou Ineque com reverência.

– A educação de novos trabalhadores é essencial ao refazimento de todos nós. E os amigos encontram-se em franca evolução moral e intelectual, já merecedores pelo próprio esforço de aurir maiores informações que os auxiliem na caminhada cristã. Antes que se iniciem os trabalhos, teremos alguns minutos em que poderei responder a algumas indagações – tornou Adelaide.

– Onde estamos? Que atividade abriga esse prédio? – indaguei, demonstrando certa ansiedade.

– Essa comunidade é denominada Casa de Socorro Manuel da Nóbrega. Pelo nome, os amigos devem reconhecer antigo morador do orbe. Sua encarnação como abnegado sacerdote na época do descobrimento do Brasil, na catequese e no socorro aos aborígines, valeu-lhe o merecimento de iniciar o grupo de trabalho que hoje recebe seu nome – esclareceu Adelaide.

– Então esta casa transitória foi fundada pelo padre Manuel da Nóbrega? Ele ainda se encontra entre os trabalhadores? – quis saber Ineque.

– Não, ele administra a casa de plano mais alto, assessorado por excelentes trabalhadores. Aliás, planejou toda a tarefa a que nos dedicamos no dia de hoje junto com o admirável espírito Estela, que nos agraciou com a sublime prece que deu início às nossas atividades. Não se esqueçam de que ele também se dedicou ao labor da educação, função que executa até os dias atuais – respondeu Adelaide. E, em seguida, nos alertou: – Devemos nos preparar; a tempestade do plano material está alcançando sua força maior, momento em que aproveitaremos para liberar o fogo etéreo.

Capítulo 15

A irresistível força do Bem Maior

790. A civilização é um progresso, ou, segundo alguns filósofos, uma decadência da humanidade?

– Progresso incompleto, pois o homem não passa subitamente da infância à maturidade.

790-a. É razoável condenar-se a civilização?

– Condenai antes os que abusam dela, e não a obra de Deus. (*O Livro dos Espíritos* – Livro III – Lei do progresso – Item IV – Civilização)

O vento forte produzia um som sinistro em todo o ambiente e relâmpagos iluminavam o dia, que se tornara noite. Um frio cortante envolvia a tudo e a todos; podíamos sentir no ar à nossa volta que algo de muito grave estava por vir.

Conhecedores das leis de causa e efeito, percebíamos que aquele momento em que a natureza sábia buscava, por meio de sua fúria, o equilíbrio a ela roubado pelos desvarios de uma humanidade inconsequente seria aproveitado pelo Pai, por intermédio da ação dos trabalhadores do bem, para gerar oportunidade de equilibrar a psicosfera daquela comunidade.

Introspectivo, reflexionava sobre minha responsabilidade no momento histórico que o planeta vivia; sabia de minhas múltiplas experiências na carne, como espírito ainda ignorante das consequências de meus atos, e mais uma vez célebre frase do pensador Ruy Barbosa, a quem muito admiro, visitou minha mente: "Somos herdeiros de nós mesmos". Se ao menos possuíssemos um mínimo de compreensão a respeito, com certeza não sofreríamos tanto, pois faríamos escolhas melhores e mais conscientes, visto que a certeza da colheita dirigiria nosso pensar e nosso escolher.

Os fenômenos observados seguiam o curso natural; o ar, cada vez mais denso pelo excesso de umidade e carga eletromagnética, produzidas pelo natural processo de condensação energética, somados ao vento forte, já perto de sessenta quilômetros por hora, e que passou a girar em torno de um vórtice, resultado do encontro de duas massas com temperaturas diferentes, uma muito quente e outra originária de altas camadas atmosféricas, levavam-nos a prever que teríamos em poucos momentos um fenômeno da natureza denominado tornado.

Densas camadas de nuvens – os cúmulos-nimbos –, carregadas de ondas eletromagnéticas, desciam em direção ao solo planetário, provocando outro fenômeno natural: o de troca energética entre o solo e o aglomerado de matéria densa acumulado nos belíssimos nimbos. Grandes e poderosas descargas elétricas podiam ser observadas a olho nu; raios poderosos corriam pelo ar formando intrínsecos movimentos iluminados.

Do alto do observatório onde nos encontrávamos, observei fantástico fenômeno da natureza, ainda pouco estudado pela humanidade, pois somente descoberto há pouco tempo: descargas elétricas produzidas no interior das nuvens e que se irradiavam em direção ao espaço, como lanças luminosas que fossem lançadas em direção às moradas próximas, no plano dos espíritos. A energia produzida pelo fenômeno meteorológico queimava miasmas liberados pelos habitantes das camadas mais densas.

Emocionado com o espetáculo observado, mais uma vez ajoelhei em respeitoso pranto de agradecimento ao Pai, que tão amoroso nos abençoou com esse universo perfeito, nossa morada de luz.

Adelaide, também demonstrando suave emoção na voz e no semblante, chamou-nos a atenção para um grupo de trabalhadores que se aproximavam, dirigindo estranhos carros aéreos, semelhantes às bigas utilizadas na época do Império Romano.

– Observem esse grupo de trabalhadores que se aproxima.

Admirados, notamos serem entidades com aparência física semelhante ao *Homo sapiens* no início de sua evolução. Admirado, notei que uma característica comum a todos eram pequenas formações nos calcanhares, que se assemelhavam a asas e se moviam com velocidade admirável. À frente vinha um veículo maior e muito ágil, comandado, pelo que pudemos observar, por um irmão de porte enorme, olhos bondosos e voz imperiosa, que conduzia o grupo com firmeza e respeito.

O grupo, constituído de número incontável de veículos, deslocava-se em formação semelhante à dos pássaros, em V, e obedecia aos comandos emitidos com fidelidade e presteza. A área da atmosfera bastante condensada foi se alargando e o grupo envolveu essa densa camada de nuvens. Percebemos que passaram a manipular enorme quantidade de energia, que se assemelhava a enorme anel de luz, e, depois de intrincados movimentos de todos, semelhante à coreografia de um balé, a comando do irmão coordenador, tal energia foi se comprimindo e depois se expandiu com violência, e poderosa onda energética se formou em todas as direções, semelhante ao fenômeno da pedra jogada no centro de um lago de águas mansas.

A onda produzida ganhava força e, ao se chocar com energias densas e viciosas, liberava luz irradiante, que se assemelhava a labaredas de fogo vivo. O ar se tornava mais leve e o perfume era de um jardim em florada.

Ineque, emocionado, comentou:

– Esse perfume me lembra laranjais em flor!

– Continuem a observar, meus amigos. Observem! – falou Adelaide.

De novo, admirados, assistimos a um grupo de trabalhadores que se aproximava do local. Após a irradiação das ondas antes descritas, irmãos equilibrados em pranchas construídas em material semelhante a vidro líquido e portando nas mãos instrumento que lembrava a flauta terrena recolhiam, à sua passagem, pequenas quantidades de energia, que prontamente acondicionavam, e desciam, velozes, em direção ao prédio escolar.

Ao atingir o solo, as pranchas desapareciam e, rápidos e firmes, permitiam que pequenos raios, invisíveis aos olhos humanos, fossem liberados pelo instrumento que tinham nas mãos. Esses raios ganhavam força e se transformavam em ondas de energia. As ondas, à semelhança do evento anterior, transmutavam-se em labaredas, que alcançavam todos os cantos escondidos, transformando a densa energia originada em mentes desvairadas em leve e doce alimento para todos.

Apesar da violência do temporal que desabava sobre o edifício estudantil, as crianças agasalhadas nas diversas salas que compunham o prédio aparentavam relativa calma; os mestres e colaboradores da instituição procuravam, dentro de suas limitações, oferecer segurança e conforto aos jovens.

O vento se tornava mais e mais violento. À sua passagem, latas de lixo, cartazes e árvores eram arrastados e arremessados contra as janelas e as paredes; o barulho de vidros estilhaçados e de pequenos móveis jogados longe mostrava a gravidade da situação que a cidade vivia.

No plano material, a devastação era iminente. Corações disparados pelo pavor que o perigo oferecia marcavam as feições, que demonstravam o medo do desconhecido.

No plano espiritual, irmãos desequilibrados na própria dor, petrificados pelo fenômeno da tormenta aparente, mantinham-se imobilizados pela ignorância da bondade do Pai. Outros tantos, já sabedores dos fenômenos ali presenciados, urravam em revolta e, violentos, imprecavam contra Deus e seus trabalhadores, verbalizando obscenidades e gesticulando outras tantas demonstrações de desequilíbrio moral.

A descarga energética levada ao solo pelas equipes que descrevemos produzia, nesses atormentados irmãos, sensação de fraqueza, e muitos arqueavam os joelhos e deslizavam ao solo, como que incapazes de se manter em pé.

Imediatamente um novo grupo de trabalhadores se aproximou, conduzido em grandes veículos que pairavam sobre o prédio escolar; eram enviados ao solo em jatos de luz e, assim que alcançavam o destino, colocavam-se a serviço do Pai; amorosos e serenos, recolhiam preciosa carga de espíritos necessitados, aliviando dores e sofrimentos atrozes, abençoando a cada recolhido com o sono reparador e oportuno da esperança.

Maravilhado, olhei para Adelaide, que apenas acenou na direção da escola. Grande número de espíritos amigos adentrava o edifício e se aproximava dos irmãos encarnados ali presentes. Nossa amiga incomparável nos esclareceu:

– São os mentores de cada um, que, nesse momento de necessidade de conforto, conseguem se aproximar dos tutelados pelo amor; esse momento de tormenta que a todos envolve tem a importância do renascimento, uma vez que é oportunidade bendita de refazer o caminho; quantos neste instante se tornam verdadeiros heróis na matéria, pois permitem a si mesmos atitudes de verdadeiro altruísmo ao se preocuparem com o próximo em detrimento da própria pessoa. Observem a cena que vai se desenvolver.

Observamos que a tormenta material atingia o seu auge, e uma criança, tomada de pavor pelo ruído incessante do vento, deixou-se dominar pelo pânico e conseguiu fugir ao abraço amoroso do professor. Este, de início apalermado, não se dá conta da gravidade da situação; tenta chamar o aluno à razão, mas ele, dominado pelo pavor, arremessa-se porta afora. Cláudio, esse o nome do professor, sai em busca do jovem que, precipitado, não percebe a velocidade do vento e, apavorado, agarra-se à coluna que sustenta o telhado de pequena varanda que circunda as salas de aula; o professor alcança o aluno e o abraça contra a coluna; o vento uiva forte, produzindo um estrondo que os ensurdece; a fúria arranca o telhado e, expostos, são alvejados por granizos do tamanho de uma bola de tênis.

Cláudio é atingido na cabeça por uma pedra de gelo. Sente forte tontura e percebe que vai desmaiar. Mas, antes que aconteça, abraça o pequeno aluno e se deita sobre ele. Nesse instante, dois outros professores, amarrados pela cintura a uma corda, conseguem alcançar Cláudio e o pequeno a quem ele protege. Com dificuldade, arrastam-nos para a segurança da sala de aula.

O vento vai perdendo a força, e a tempestade continua se deslocando em sua trajetória destrutiva, para ser, no futuro, o motivo da reconstrução de muitas almas endividadas.

***

Em *O Livro dos Espíritos* – Livro III – Capítulo VI – Lei de destruição – Item I – Destruição necessária e destruição abusiva, o mestre lionês pergunta aos Espíritos Superiores:

728. A destruição é uma lei da natureza?

– É necessário que tudo se destrua para renascer e se regenerar, porque isso a que chamais destruição não é mais que a transformação, cujo objetivo é a renovação e o melhoramento dos seres vivos.

E mais à frente, no mesmo capítulo, no Item II – Flagelos destruidores:

737. Com que fim Deus castiga a humanidade com flagelos destruidores?

– Para fazê-la avançar mais depressa. Não dissemos que a destruição é necessária para a regeneração moral dos Espíritos, que adquirem em cada nova existência um novo grau de perfeição?

É necessário ver o fim para apreciar os resultados. Só julgais essas coisas do vosso ponto de vista pessoal, e as chamais de flagelos por causa dos prejuízos que vos causam, mas esses transtornos são frequentemente necessários para fazerem com que as coisas cheguem mais prontamente a uma ordem melhor, realizando-se em alguns anos o que necessitaria de muitos séculos.

***

– Amigos, agora cabe a nós o trabalho; desçamos ao solo. Após as providências necessárias para o socorro a espíritos retardatários, poderemos conversar sobre o que vimos no dia de hoje – falou Adelaide.

Prontamente nos colocamos à disposição das equipes de trabalho e passamos a benéficas palestras com irmãos que ainda se mostravam refratários à nova ordem de oportunidades de vida. Aproximamo-nos de uma entidade que nos enfrentava com o olhar belicoso.

– O que querem? Acreditam mesmo que me deixarei intimidar por esse show pirotécnico? Sou mestre, e não simples lacaio do Cristo – afrontou-nos com desdém.

– Acreditamos no conhecimento que o irmão já possui sobre os fenômenos da natureza, mas percebo, sem querer ofendê-lo, que ainda não consegue visualizar o que nos aconteceu hoje como uma oportunidade de utilizar toda a sua inteligência para o Bem Maior – respondeu Ineque.

– Você diz que tenho conhecimento científico, e não moral? Mas a sua doutrina não possui o aspecto científico? Então, como pode me condenar sobre o que você mesmo professa? – perguntou o desavisado irmão.

– A Doutrina dos Espíritos entende que o ser consciente de seu lugar no mundo, aquele que entende o que vive e o que fala, também terá mais condições de vivenciar suas escolhas. Porém, conhecimento sem entendimento filosófico e moral de sua aplicação não passa de amontoado de aquisições que a traça e a ferrugem destroem – tornou Ineque com firmeza.

– Sei do que fala! É a ridícula parábola do seu Evangelho, “Olhai as aves do céu”, palavras proferidas por um profeta covarde, que não teve a coragem de falar com clareza para ser entendido. Então, não me venha com essas baboseiras, que não tocam um coração que não tenho – replicou o irmão, demonstrando intensa ira.

– Jesus Cristo, nosso amado irmão, nos fez a caridade de descer ao planeta e vivenciar os ensinamentos morais dos quais foi portador em nome de Deus. Sua humildade o fez falar por parábolas, para que a humanidade, em estado de barbárie moral, pudesse ter um tempo de reflexão para entender o que dizia – esclareceu Ineque. – O que muitos consideram covardia, por ignorância da bondade, para nós, seus seguidores fiéis, é exemplo de dignidade e amor. Num dia não muito distante, acredito que o irmão entenderá o que falamos hoje, e então perceberá a grandeza e o altruísmo de espíritos amigos, que se voltam para nós, espíritos ainda presos à ignorância, no intuito de prestar benefício com a energia de amor e de perdão.

– Não percebe que não vai me convencer a passar para o lado dos covardes? Tenho meu próprio reino, criado à minha semelhança e afim com meus propósitos; serei aquele que mudará por definitivo a face da humanidade. Construiremos um exército invencível que possuirá o trono de seu falso rei, e eu o aprisionarei nas mais profundas furnas e o exibirei como troféu de minha devastação. Então, não me enfureça, porque poderei decidir que você será o primeiro símbolo de meu poder – disse a criatura, assumindo terrível aparência.

Ineque ajoelhou-se no solo frio e, abaixando os olhos, proferiu sentida prece de amor e perdão:

– Oh, Pai amado, volte Seus olhos amorosos a nós, filhos impuros e tão perdidos da verdade divina. Perdoe-nos, para que tenhamos esperança de, em futuro próximo, estar a Seu lado como pródigos e amados serviçais de Seu amor. Que Seu filho abençoado, nosso irmão amado, o amigo fiel dessa humanidade impura, siga à nossa frente com sua amorosa solicitude, auxiliando-nos a ser tolerantes, amáveis, perseverantes e humildes com todos aqueles em nossa retaguarda moral, assim como nós necessitamos do auxílio daqueles que se encontram à nossa frente. Abençoe a esse nosso irmão; que ele possa sentir nesse momento uma fração mínima do bem-estar que a todos envolve quando aceitamos o Seu perdão, para que também possamos aprender a perdoar.

Enquanto Ineque proferia a amorosa prece de amor, de seu peito intensa luz irradiava e envolvia a todos; em determinado momento, intenso jorro energético atingiu o plexo solar de nosso amigo e se projetou em direção ao coronário, propiciando-lhe um instante de lucidez. A mente, entorpecida pela dor da incompreensão, recebeu intensa carga luminosa. Então percebemos que ele foi acometido de certa fraqueza física e notamos que em sua face patibular espelhou-se o espanto pelos sentimentos que afloravam. Enraivecido por se sentir subjugado à força poderosa do amor, emitiu grotesco som e disparou para fora do ambiente escolar.

Agradecidos ao Pai, unimo-nos ao amigo Ineque e, juntos, proferimos a oração que o mestre Jesus nos ensinou.

Capítulo 16

Uma explicação espiritual-meteorológica

791. A civilização se depurará um dia, fazendo desaparecer os males que tenha produzido?

– Sim, quando a moral estiver tão desenvolvida quanto a inteligência. O fruto não pode vir antes da flor. (*O Livro dos Espíritos* – Livro III – Capítulo VIII – Lei do progresso – Item IV – Civilização)

Voltamos à casa espírita Caminheiros de Jesus, nosso lar na crosta terrestre enquanto ligados ao socorro a irmãos necessitados. Então nos reunimos em agradável sala de estudos, voltada para exuberante jardim do plano espiritual. Adelaide nos convidou a um momento de reflexão e propôs a Maurício a leitura de um trecho de *O Evangelho segundo o Espiritismo*, capítulo XXV – Buscai e achareis – Olhai as aves do céu:

> *6. Não queirais entesourar para vós tesouros na Terra, onde a ferrugem e a traça os consomem, e onde os ladrões os desenterram e roubam. Mas entesourai para*

vós tesouros no céu, onde não os consomem a ferrugem nem a traça, e onde os ladrões não o desenterram nem roubam. Porque onde está o tesouro, aí está também o teu coração [...].

Maurício terminou a leitura de todo o texto. Em seguida, Adelaide nos convidou a refletir sobre a Providência Divina. Ineque comentou:

– À medida que vamos despertando nossa consciência e refletindo sobre as experiências em tantas e tantas oportunidades vivenciadas, algumas até com certo equilíbrio e outras tantas provocando dores e sofrimentos, a fé na Providência vai nos envolvendo o intelecto aos poucos, com mansuetude e firmeza. Tanto quanto mais cordatos com as provas e expiações, melhores espíritos nos tornamos.

– Quando recordo minha última encarnação, percebo quanto conflito vivenciei e quantas oportunidades tive sem ao menos tê-las reconhecido – prosseguiu Maurício. – Ou, se as percebi, naquele momento não tinha condições de vivenciá-las. Minha fé não alcançava o tamanho de um grão de areia, e meu sofrimento me arremessava ao papel cômodo de vítima. Hoje percebo que a Providência Divina tem o aspecto que é necessário à nossa recuperação moral, e muitas vezes vem revestida de dor. Apenas assim teremos a condição primária da conservação; portanto, para diminuir a dor, voltamo-nos ao Pai e às vezes até conseguimos ouvi-Lo em nossa consciência.

– Os eventos que presenciamos hoje propiciaram a mim, espírito ainda relutante no entendimento da Providência, o reconhecimento das necessidades da humanidade – comentei. – Somente sob a destruição que provoca dor poderá haver de novo união com o objetivo único de reconstruir, pois, numa situação como a que presenciamos, a dor e a perda são coletivas. Adelaide, você, que está mais familiarizada com os fenômenos acontecidos, poderia explicá-los a nós? – indaguei com curiosidade.

– Os fenômenos naturais presenciados na crosta são utilizados pelo plano dos espíritos, visto que a concentração energética que acontece naturalmente auxilia ao fenômeno do mundo invisível denominado fogo etéreo – pôs-se a explicar nossa amiga.

– Então há um aproveitamento de algo que já está previsto no plano material? – questionou Maurício.

– Isso mesmo – concordou Adelaide. – Porém, interferimos ao centralizar e direcionar essa energia. Tudo começa na formação das nuvens. O tipo de tempestade que presenciamos é formado por cúmulos-nimbos, que são nuvens de formato convectivo produtoras de trovoadas. Elas se desenvolvem verticalmente e podem atingir grandes altitudes; têm formato triangular, semelhante ao de grandes montanhas, possuem base extensa e podem alcançar até mais de vinte quilômetros de altura. O ponto mais alto é esculpido pelos ventos fortes superiores e adquire a forma de bigorna, como se diz na comunidade científica. O interior é formado por cristais de gelo, gotas de água geladas, granizo e neve.

Adelaide fez uma pausa a fim de que compreendêssemos melhor aquele apanhado de novas informações.

– Os cúmulos-nimbos – prosseguiu ela após alguns instantes – podem ser a origem de diversas formas de precipitação forte, de grandes gotas de chuva à neve ou ao granizo, podendo originar também as trovoadas. Esse tipo de aglomeração tem capacidade de produzir ventos fortes, que acabam por originar tempestades, raios e trovões, podendo evoluir até alcançar a força de um tornado.

– Desculpe interromper – justificou-se Maurício –, mas poderia nos falar um pouco sobre os raios?

– Claro, meu amigo – tornou amorosamente Adelaide. – Um raio é basicamente a descarga elétrica produzida entre nuvens de chuva ou entre as nuvens e a terra. A descarga é visível ao olho humano, pois produz faíscas luminosas. Em geral, a trajetória é sinuosa e irregular, e pode atingir quilômetros de distância. Os relâmpagos produzem um som: o trovão. Há pouco tempo, um cientista, ao observar e filmar uma tempestade do alto de uma montanha, percebeu que existe outro fenômeno, até então não observado pelo olho humano, que é a descarga elétrica que ocorre entre as nuvens e o espaço sideral, algo que ainda não se consegue explicar com clareza.

– E existe uma explicação de nosso plano para a ocorrência desse fenômeno? – perguntei a Adelaide.

– O conhecimento da matéria ainda é limitado no plano dos encarnados. Sabemos que tudo se origina do fluido cósmico universal, desde o mais sutil ao mais denso corpo de energia, e há derivações desse fluido que a ciência terrena ainda não conhece. Podemos citar também como causa desse fenômeno as altas concentrações de poluentes que se acumulam junto à estratosfera, formando densa camada de matéria e produzindo também cargas energéticas, responsáveis por uma parte dessas ocorrências; porém, esse fenômeno da natureza sempre existiu, embora até há pouco não houvesse sido observado – esclareceu nossa amiga.

– Existem, portanto, quatro tipos de raio: de nuvem para nuvem, da nuvem para o solo, do solo para a nuvem e, o recém-descoberto pelos encarnados, da nuvem para o espaço? – indaguei.

– Exatamente. E apenas vinte por cento deles representam os raios entre nuvens e solo, e vice-versa – tornou Adelaide.

– Como acontecem os raios? – questionei.

– A descarga ocorre quando as cargas elétricas, quantidade de íons, cátions ou ânions, atingem energia necessária e vencem a resistência elétrica do ar, provocando uma explosão luminosa e violenta. O processo não está totalmente provado, havendo discordância entre os estudiosos quanto ao mecanismo de formação, mas, na maioria das ocorrências do fenômeno, somente acontece a descarga após uma concentração de cargas, que ocorre em duas etapas – explicou Adelaide.

– E quais seriam essas etapas? – questionei interessado.

– Primeiro o ar ionizado libera descargas menores, que funcionam como precursoras da descarga maior: uma corrente iônica cada vez mais poderosa à medida que se aproxima do solo, definindo, assim, a trajetória do raio em formação – disse Adelaide. – As descargas precursoras podem ser ascendentes ou descendentes, dependendo da natureza dos íons. Quando uma precursora se aproxima de um outro centro de cargas, ocorre a formação de uma precursora oposta, e, no contato das duas, há a formação de uma corrente aniônica ou catiônica. É esse efeito que é visto e ouvido, e que equilibra as cargas iônicas entre o solo e a nuvem. Podem ocorrer descargas secundárias, que são mais fracas e se originam de um mesmo canal energético. Isso acontece porque o próprio ar se encontra no processo de ionização. O aquecimento do ar também pode causar a expansão e a explosão dos gases atmosféricos ao mesmo tempo que ocorrem as descargas elétricas, o que provoca uma onda de choque, ou onda de pressão localizada, responsável pela rarefação e compressão do ar, que produz um som alto denominado trovão.

– Qual a frequência desses fenômenos em uma tempestade? – perguntou Ineque.

– Em uma tempestade normal acontecem entre três e cinco descargas por minuto; porém, em uma grande tempestade, dessas que dão origem aos grandes cataclismos da natureza, podem ocorrer até trinta descargas por minuto – respondeu Adelaide.

– Durante uma aula, ainda no plano dos encarnados – contou-nos Ineque –, recebi a seguinte informação: o canal de descarga de um raio pode atingir o diâmetro de dois a cinco centímetros e tem a capacidade de aquecer o ar a sua volta até trinta mil graus Celsius por milissegundos.

– E imaginem só: apenas um por cento da energia do raio é convertida em ruído, o trovão; o restante origina a forma luminosa, os relâmpagos. O raio é uma manifestação da matéria em forma de plasma, e permite que a eletricidade escoe entre os centros de carga – explicou Adelaide.

– Permitam que eu dê minha contribuição à nossa conversa – pedi. – Um raio, quando totalmente formado, conduz correntes elétricas que podem atingir de dez a oitenta kA (k – unidade referente a 1.000; A – Ampere), porém já foram anotados eventos que atingiram em torno de duzentos e cinquenta kA, e a corrente elétrica emitida é sempre unidirecional, com polaridade negativa na maioria das ocorrências. Um impulso elétrico que forma um raio atinge seu máximo em cinco unidades de segundo, e a duração total fica em torno de cem unidades de segundo.

– Quanto ao fenômeno total que presenciamos, trata-se de um tornado – falou Adelaide. – Um tornado é intenso redemoinho de vento, formado por um centro de baixa pressão durante as tempestades. Quando o redemoinho chega a alcançar o chão, ocorre uma repentina queda na pressão atmosférica e acontecem os ventos de alta velocidade, que podem atingir mais de trezentos e cinquenta quilômetros por hora, causando catástrofes com intensa destruição por onde passam.

– Então um tornado seria o somatório dessas tempestades? – indaguei a Adelaide.

– Exatamente – respondeu ela. – A formação de um tornado pode ocorrer no fim da tarde, horário em que a atmosfera está mais instável, apresentando fortes turbulências e a presença de cúmulos-nimbos. Porém, não é incomum observar o surgimento desses ciclones durante a noite ou nas primeiras horas da manhã, porque os tornados têm origem nas supercélulas de tempestade, que podem ganhar força no dia anterior e se transformarem em fortes tempestades de granizo no correr da noite. As pedras de granizo podem ser grandes o suficiente para causar grandes destruições, podendo atingir o tamanho de uma bola de gude ou mesmo de uma bola de tênis. Podemos prever um tornado observando a formação das supercélulas, que apresentam baixa altura com formato triangular e coloração cinza-esverdeada. A sensação que temos é que, se levantarmos os braços, poderemos tocar essas nuvens densas.

– Ouvi dizer que os tornados são mais localizados e energéticos que os furacões; que são mais extensos e menos violentos, e formam um funil estreito que pode atingir até um quilômetro, podendo durar aproximadamente vinte minutos. A intensidade dos tornados é medida pela escala Fujita e vai desde o F0, o mais fraco, que atinge de sessenta e cinco a cem quilômetros por hora, ao F5, que pode atingir até quinhentos e trinta quilômetros por hora – explicou Ineque.

– Então o fenômeno que presenciamos hoje seria classificado como um F2? – perguntou Maurício.

– Isso mesmo – esclareceu Adelaide –, pois os ventos medidos atingiram cento e quarenta quilômetros por hora.

– Meu Deus, como seria o mais violento deles? – considerei pensativo.

– Seria responsável por uma grande trilha de destruição e mortes – observou Maurício.

– Mortes não, meu amigo; início de novas oportunidades – tornou Ineque.

– Parece-nos que a humanidade atravessa um período de grandes catástrofes coletivas – falei.

– O planeta está em período de transformações morais. Os grandes débitos morais, individuais e coletivos exigem a devida reparação, para que, no futuro, possamos ter merecimento de participar da construção de uma sociedade voltada ao respeito e ao amor fraternais. Então, se somarmos a necessidade da própria natureza de buscar seu equilíbrio para curar as feridas provocadas pelo uso abusivo e irresponsável de seus recursos, veremos claramente que há uma união entre as necessidades prementes que estão sendo utilizadas na destruição para haver a reconstrução – concluiu Adelaide, e nos convidou à leitura de uma página de *O Livro dos Espíritos*.

Capítulo 17

O que está oculto sob os fenômenos naturais

792. Por que a civilização não realiza imediatamente todo o bem que ela poderia produzir?

– Porque os homens ainda não se encontram em condições, nem dispostos a obter esse bem.

792-a. Não seria ainda porque, criando necessidades novas, excita novas paixões?

– Sim, e porque todas as faculdades do Espírito não progridem ao mesmo tempo; é necessário tempo para tudo. Não podeis esperar frutos perfeitos de uma civilização incompleta. (*O Livro dos Espíritos* – Livro III – Capítulo VIII – Lei do progresso – Item IV – Civilização)

– Gostaria de um esclarecimento sobre as catástrofes coletivas – sugeriu Maurício, retomando a conversa.

– Se pudermos auxiliá-lo, assim o faremos – respondeu Ineque.

– Em uma catástrofe coletiva, na qual muitos desencarnam, o débito adquirido por esses espíritos obrigatoriamente seria decorrente de uma mesma situação? – questionou Maurício.

– Sua dúvida é se os envolvidos nesse desencarne coletivo se comprometeram juntos, em uma mesma circunstância? – perguntei.

– Isso mesmo – confirmou Maurício.

– Não necessariamente – esclareceu Ineque –, mas em situações semelhantes, e com planejamentos encarnatórios também semelhantes para o desencarne atual. Podemos exemplificar pelos fatos atuais, analisando os acidentes aéreos, os terremotos, maremotos etc., em que acontecem desencarnes coletivos. Há alguns dias assisti à palestra proferida por elevado amigo, que veio contribuir com excelentes esclarecimentos sobre o assunto. Ele nos informou que muitos espíritos comprometidos, na Segunda Guerra Mundial, com a construção e posteriormente utilização dos fornos crematórios, e mesmo naquela ocasião já vivendo intensos conflitos morais, pois muitos dos que se comprometeram com o mal se sentiam coagidos por ameaças à própria vida ou mesmo a familiares, após o desencarne e o despertar da consciência, solicitaram desencarnes traumáticos, dessa maneira vivenciando o mal que infligiram aos semelhantes.

– Se entendi de maneira correta, um fato isolado é aproveitado para reunir espíritos com débitos semelhantes, porém não interligados entre si? – questionou Maurício.

– Exatamente, meu amigo – completou Adelaide. – Fico aqui refletindo sobre o momento em que não mais pediremos o resgate dos erros pela dor, mas no momento em que teremos a consciência desperta e solicitaremos trabalho em benefício dos irmãos mais necessitados, aos quais lesamos no passado. Aí, sim, estaremos fazendo escolhas melhores e mais saudáveis.

– A irmã considera errado solicitarmos vivenciar o mesmo sofrimento que infligimos a outro? – perguntei.

– Errado é um termo muito forte se considerarmos que todas as nossas escolhas estão baseadas na capacidade de entender o momento que vivenciamos; acredito que, quando fizermos escolhas mais saudáveis para nós mesmos e que beneficiem o próximo, estaremos agindo como espíritos mais lúcidos, pois sabemos que somente o trabalho em prol da coletividade é que de fato fará a diferença na evolução do todo – respondeu-me Adelaide com um sorriso sereno.

– Volto sempre a lembrar o pensamento do mestre lionês Allan Kardec: "É mais pela educação do que pela cultura que a humanidade se transformará" – relatei reflexivo.

– O espírito educado poderá fazer escolhas mais conscientes, beneficiando a si próprio e a toda a humanidade – considerou Ineque.

– Adelaide, você nos falou sobre os fenômenos da natureza, das grandes tempestades, que muitas vezes evoluem para tornados, furacões etc., e também nos disse que toda energia que neles se encontram é aproveitada pelo plano invisível, por meio da intervenção de trabalhadores capacitados para essas tarefas. Poderia nos esclarecer melhor o assunto? – perguntei, interessado em obter mais conhecimentos.

– Em *O Livro dos Espíritos* – Livro II – Capítulo IX – Item IX – Ação dos espíritos sobre os fenômenos da natureza, os espíritos superiores esclarecem algumas questões levantadas por Allan Kardec – explicou Adelaide –; eles nos informam:

tudo o que acontece na natureza tem uma razão de ser, e cada acontecimento é permitido por Deus; tudo tem objetivos específicos e benéficos, ou seja, a evolução do planeta e de seus habitantes, e em algumas circunstâncias visa-se ao despertar de consciências adormecidas e, em outras, apenas o equilíbrio ecológico da matéria planetária; e que há uma égide de trabalhadores que se incubem de executar o trabalho em nome de Deus. Entre esses servidores, dependendo do grau de conhecimento aliado à evolução moral do espírito, haverá tarefas de presidir ou coordenar os trabalhos ou executar as ordens emitidas por seus superiores imediatos.

– Na questão 538-a – disse Ineque –, Kardec pergunta: "Esses Espíritos pertencem às ordens superiores ou inferiores da hierarquia espírita?". E recebe a seguinte resposta: "Segundo o seu papel for mais ou menos material ou inteligente: uns mandam, outros executam; os que executam as coisas materiais são sempre de uma ordem inferior, entre os Espíritos como entre os homens". E também é comentado que nos grandes fenômenos da natureza os espíritos que interagem e interferem nos fenômenos estão em massas inumeráveis; aliás, é informado que alguns desses espíritos sabem exatamente o que estão realizando, entendendo com perfeição, em termos científicos, as intricadas operações que realizam; outros apenas obedecem, uma vez que ainda não têm condições intelectuais desenvolvidas para assimilar os efeitos de seus atos, que obedecem a uma causa inteligente.

– Muitos desses espíritos mais ignorantes são recém-chegados ao reino hominal – esclareceu Adelaide. – Portanto, estão sem condições mentais de entender os processos de execução de tais tarefas; são apenas tarefeiros que obedecem aos superiores, ensaiando os primeiros passos para a libertação.

Daí podemos compreender como o trabalho e o exercício em todas as funções são importantes para o desenvolvimento de nossa inteligência. Em *O Livro dos Espíritos*, no mesmo capítulo, encontramos na resposta à questão 540 o seguinte comentário: "Pois bem, da mesma maneira os Espíritos mais atrasados são úteis ao conjunto; enquanto eles ensaiam para a vida, e antes de terem plena consciência dos atos e de seu livre-arbítrio, agem sobre certos fenômenos de que são agentes sem saberem. Primeiro, executam, mais tarde, quando sua inteligência estiver desenvolvida, comandarão e dirigirão as coisas do mundo material, mais tarde ainda poderão dirigir as coisas do mundo moral.

Adelaide fez uma pausa e nos olhou amorosa, feliz em nos elucidar sobre tão fascinante assunto. Prosseguiu:

– Os fenômenos obedecem a uma ordem natural de evolução da matéria densa e da matéria mais sutil, ainda não perceptível ao microscópio mais sensível. A contribuição do plano invisível é direcionar e canalizar essa energia para que contribua com as necessidades do momento.

– A primeira caravana de trabalhadores que vimos chegar e concentrar grande quantidade de energia em torno das supercélulas nos pareceu bastante selvagem ainda – ponderou Maurício.

– São espíritos que adentraram o reino hominal há pouco tempo e ainda estão moldando o perispírito, para que em futuro próximo sua aparência seja mais harmônica e se assemelhe à do *Homo sapiens*. Assim, com o tempo e as várias experiências de que desfrutaram em corpos densos, vão desenvolver o intelecto e sutilizar a energia necessária à materialização – esclareceu nossa amiga.

– Essas encarnações ainda serão vivenciadas no amado planeta Terra? – inquiri.

– Não, o planeta Terra não possui mais espaço nem condições físicas para abrigar seres agnatos. Esses espíritos pertencem a mundos primitivos; apenas nesses abrigos afortunados poderão desfrutar de tranquilidade para sua evolução – respondeu Adelaide.

– Desculpe a ignorância – interrompeu Maurício –, mas, se não reencarnam mais em nosso orbe, como podem participar de eventos como os de hoje?

– Por serem espíritos sem muito entendimento, que apenas ensaiam os primeiros passos no mundo do princípio inteligente, são excelentes cumpridores de tarefas sob a égide de irmãos mais evoluídos; por isso, recebem o benefício dessas tarefas viajando entre vários orbes, até o momento em que necessitam fixar residência em uma morada específica. Até então, estarão sob tutela e observando os exemplos dignificadores dos espíritos em melhores condições, já ensaiando o altruísmo – tornou Adelaide.

– Vejam! O tempo passou célere em boa conversação, e os trabalhos de atendimento fraterno deverão ter início em poucos minutos. Adentremos para auxiliar nesse mister – alertou-nos Ineque.

– Será que poderemos voltar a esse assunto? – Maurício quis saber.

– Com certeza, meu jovem amigo – falou Adelaide, com carinhoso sorriso a lhe despontar nos lábios –; percebo muitas indagações em sua mente curiosa.

Felizes pelos momentos vivenciados ao lado de amigos amados, colocamo-nos à disposição dos irmãos que vinham em busca de socorro.

Capítulo 18

O despontar da esperança

793. Por que sinais se pode reconhecer uma civilização completa?

– Vós a reconhecereis pelo desenvolvimento moral. Acreditais estar muito adiantados por terdes feito grandes descobertas e invenções maravilhosas; porque estais mais bem instalados e mais bem vestidos que os vossos selvagens; mas só tereis verdadeiramente o direito de vos dizer civilizados quando houverdes banido de vossa sociedade os vícios que a desonram e quando passardes a viver como irmãos, praticando a caridade cristã. Até esse momento, não sereis mais do que povos esclarecidos, só tendo percorrido a primeira fase da civilização. (*O Livro dos Espíritos* – Livro III – Capítulo VIII – Lei do progresso – Item IV – Civilização)

Adentramos o salão maior da casa espírita Caminheiros de Jesus e logo percebemos a presença do professor Silas e de sua filha Manuela, que por sua vez estava acompanhada do marido Alonso, simpático rapaz que olhava ao redor com expressão amável.

– Ineque, Silas parece estar mais sereno – comentou Maurício.

– Realmente. Ele tem se mostrado assíduo nos estudos que se propôs a frequentar. Aliás, seu filho Paulo, ainda internado em uma fazenda de recuperação, tem se beneficiado. Em todas as oportunidades que têm, pai e filho trocam informações sobre o que andam aprendendo com a Doutrina dos Espíritos – falei com animação.

– Mas... por favor, me esclareça! A fazenda em que Paulo está internado possui estudos espíritas? – questionou Maurício.

– Não; como a maioria dos centros de recuperação, não professam essa ou aquela religião ou filosofia, somente exaltam a ideia de Deus Pai. Silas tem levado para o filho algumas obras literárias espíritas, as quais lê antes, para depois comentar com o filho; e em todas as visitas se propôs a estudar uma passagem de *O Evangelho segundo o Espiritismo*, o que tem trazido conforto e fortalecimento ao rapaz – tornou Ineque.

Nesse instante, adentrou o salão simpática moça, aparentando seus 35 anos. Sorridente, dirigiu-se para ocupar a cadeira, já reservada, ao lado de Silas.

– Manuela, está é Dalva, professora de artes da escola em que trabalho. Contei a ela sobre essa maravilhosa casa de orações e Dalva se interessou em conhecê-la; então, tomei a liberdade de convidá-la – explicou Silas.

Amáveis, Manuela e Alonso cumprimentaram Dalva e passaram a trocar ideias sobre os trabalhos da noite, em particular esclarecendo dúvidas da recém-chegada amiga.

Nelson, trabalhador da casa espírita, dirigiu-se à frente da assistência e cumprimentou a todos.

– Boa noite a todos vocês. Bem-vindos aqueles que chegam a essa casa de caridade pela primeira vez. Vou pedir à nossa amiga Manuela que faça a prece que dará abertura aos trabalhos da noite de hoje.

Manuela, emocionada, levantou-se e com delicadeza elevou o pensamento ao Pai. Fechou os olhos e proferiu sentida prece de amor:

– Meu Pai amado, Pai de bênçãos, Pai de perdão e de oportunidades, rogamos com humildade a presença de amigos elevados, espíritos trabalhadores, para que todos aqueles que vieram em busca de auxílio possam receber o necessário para o equilíbrio emocional, físico e espiritual; principalmente, Senhor, para que possamos auxiliá-los a entender a importância da responsabilidade sobre nossas ações e pensamentos, que são a causa principal das dores e alegrias. Eu vos rogo, Pai amado, que nos façamos filhos diletos e sigamos o exemplo de amor e perdão que nosso mestre Jesus, nosso irmão mais sábio, veio nos ensinar. Elevemos os pensamentos a Deus e façamos amorosamente a oração que nosso mestre Jesus nos ensinou.

Após a prece coletiva, os trabalhadores da casa se colocaram à disposição, para que cada um cooperasse com o Bem Maior.

No plano dos espíritos, grande quantidade de necessitados chegavam aos portões, uns conduzidos por socorristas amorosos, outros atraídos pela luz bendita que irradiava em todas as direções, em forma de esperança e paz para os que sofriam e estavam em busca de ajuda. Assim também como espíritos ainda revoltados e possuídos por ira insana procuravam atrapalhar as égides divinas, provocando tumultos e situações de violência nos arredores da casa espírita; porém, a energia desprendida de mentes entorpecidas prontamente era reciclada e transformada em energias salutares; percebemos que os irmãos em desequilíbrio, cansados e enfraquecidos pela dor, e já insatisfeitos e amedrontados, afastavam-se da abençoada edificação, porém ainda manifestando sua ignorância por gestos agressivos e obscenos, e palavreado chulo.

Sandro, coordenador espiritual responsável pela ordem na entrada da casa, olhou-nos com serenidade.

– Não se preocupem – disse-nos –, é somente questão de tempo; logo teremos o prazer de vê-los adentrar a casa do Pai. A dor é a melhor conselheira nesses casos.

Ineque nos chamou e pediu que acompanhássemos o atendimento fraterno que seria ministrado ao nosso companheiro Silas.

– Boa noite, Silas! Como vai o amigo? – indagou Sandra.

– Bem melhor! Sinto-me um ser renovado; as dores emocionais que vivenciei nos últimos tempos se foram, e espero ardentemente não ser mais vítima delas – respondeu Silas.

– Você sabe que o único responsável por esse bem-estar é você mesmo, pois aceitou o auxílio que lhe foi oferecido, não sabe? – questionou Sandra.

– Sei sim, Sandra – respondeu o professor –, como também sei da importância dos esclarecimentos que venho recebendo, sem o que tudo teria sido mais difícil. E também não me furto à responsabilidade de haver permitido que minha mente abrigasse o mal, que afinal estava já germinando dentro de mim;

bem como não ignoro minha responsabilidade no bem do qual desfruto hoje, que é consequência de meu esforço.

– Estou muito feliz com sua nova maneira de entender a vida. E hoje, o que podemos fazer por você? – perguntou Sandra.

– O senhor José anunciou que haverá um estudo direcionado à formação de novos atendentes fraternos. Gostaria de saber se tenho condições de frequentá-lo – quis saber Silas.

– Essa resposta quem tem é você, Silas. Você se considera em condições de frequentar o estudo sobre atendimento fraterno? – Sandra devolveu-lhe a pergunta.

– Acredito que sim, principalmente por ser esse um primeiro passo em direção à aquisição de conhecimentos para depois abraçar essa causa, mas quis perguntar a você porque me disseram que a decisão é sua – respondeu o professor.

Sandra sorriu com amabilidade.

– Sabe, Silas – comentou ela –, acontecem alguns enganos, e um dos mais frequentes nas casas espíritas é acreditar que trabalhadores mais antigos e mais atuantes da casa, por isso mesmo mais evidentes, são portadores do direito de decidir o destino ou a capacidade de outros, mas as coisas não são bem assim. Aprendemos com essa amável Doutrina dos Espíritos que somente nós mesmos somos portadores de respostas; apenas dessa maneira conseguiremos evoluir com responsabilidade. Quanto ao estudo sobre atendimento fraterno, serve primeiro a nós mesmos, portanto, seria salutar a qualquer um dos frequentadores, uma vez que nos beneficia, inclusive, no trato familiar; quanto ao direcionamento que daremos ao que aprendemos, só o tempo nos dirá se somos ou não capazes de executar determinadas tarefas.

Silas fixou o olhar em Sandra com lágrimas nos olhos.

– Acredito que possa frequentar esse estudo – respondeu –, e vou fazer esforço para que, em futuro próximo, seja capaz de trabalhar em nome de nosso Pai. Hoje quero ceder este espaço de tempo, que ando ocupando nas salas de atendimento, para alguém mais necessitado que eu mesmo, pois me sinto em condições de refletir sobre meus pensamentos e ações, e, caso tenha dúvidas, procurarei discuti-las de novo.

Sandra abraçou Silas com carinho.

– Seja bem-vindo às fileiras de trabalhadores do Pai – disse ela, deixando transparecer emoção na voz.

Silas voltou ao salão e, feliz, voltou a seu lugar. Fechou os olhos e com vontade agradeceu a Deus a oportunidade que desfrutava naquele momento de sua vida.

Após encerrados os trabalhos da noite, no plano material, os frequentadores da casa espírita Caminheiros de Jesus dirigiram-se à casa de Sandra. Ela completava cinquenta anos, e todos que ali se encontravam foram convidados a partilhar com sua família um saudável momento festivo.

Nossa equipe ainda permaneceu no recinto da casa espírita, visto que os trabalhos que seguiam seu curso exigiam nossa presença.

Inácio pediu-nos auxílio junto à comunidade escolar onde Silas trabalhava como professor. Já haviam se passado dez dias da tempestade que provocara estragos no edifício, e, na próxima segunda-feira, as aulas retornariam à rotina normal.

– Boa noite, amigos – cumprimentou-nos Inácio com a habitual amabilidade.

– Boa noite, Inácio – replicou Ineque com um sorriso. – Pressinto que teremos trabalho nesta adorável noite de primavera.

– Teremos sim, Ineque. As aulas deverão ser reiniciadas na próxima semana, e já notamos intensa movimentação do plano espiritual mais ignorante. Os comandantes estão ativos com a intenção de formar novos grupos, visto que suas frentes ficaram desfalcadas com o socorro empreendido no dia da tempestade – esclareceu Inácio.

– Pensei que a parte mais perigosa dessa comunidade espiritual já havia sido recolhida para planos superiores – comentei, demonstrando certa admiração.

– Uma boa quantidade de espíritos foi recolhida e já se encontra sob o cuidado de irmãos abnegados – disse Ineque. – Porém, não podemos esperar que irmãos ainda crentes em suas atitudes desequilibradas possam compreender em um passe de mágica o entendimento errôneo que desenvolveram sobre a vida. Esses comandantes são espíritos, na maioria das vezes, bastante inteligentes, tendo lúcidos os propósitos de ação. Acreditam fielmente estar procedendo de maneira correta, podendo até mesmo sentir-se incompreendidos e perseguidos. Dessa maneira, conseguem, de fato, convencer e arrebanhar grandes grupos de espíritos com as mesmas afinidades.

– Exatamente, meu amigo. E, da mesma maneira, os espíritos trabalhadores do bem se movimentam em grupos de afinidade moral, com a intenção de neutralizar essa densa energia com amor e paciência – explicou Inácio. – Exatamente às duas horas do novo dia, iremos nos reunir em sala da escola pública com amigos de nosso plano, comprometidos com a educação planetária e também com pesquisadores e educadores do plano material em desdobramento pelo sono, que se dispuseram a empreender trabalho de adequação e renovação do ensino nas escolas. Martha virá nos encontrar para esse trabalho, visto ter planejamento encarnatório já em andamento e bastante envolvido no mundo da educação.

– Temos alguns minutos para conversar? – perguntou Maurício, que se juntava a nosso grupo.

– Dispomos ainda de uma hora para descansarmos, portanto, poderemos utilizar esse tempo em conversações edificantes – sugeriu Ineque.

– Vocês falaram em planejamento encarnatório, sobre os compromissos que assumimos ainda como espíritos errantes. Minha dúvida é: todos os espíritos que sobressaem como missionários do bem já haviam se comprometido com esse labor?

– Alguns sim, Maurício. Os espíritos mais elevados recebem missões importantes, que no final trarão à humanidade exemplos edificantes de conduta moral; outros têm apenas um vislumbre do que poderão realizar – explicou Ineque.

– Como assim? – inquiri.

– Durante o período no plano invisível, preparamo-nos para reencarnar – disse Inácio. – Por exemplo: um espírito reencarna para seguir carreira médica, visando, em particular, à recuperação de antigos débitos. Porém, nessa caminhada, sua dedicação o leva além do compromisso; então, um espírito desencarnado necessita de um intermediário para levar à humanidade novas ideias de como conduzir essa tarefa e, com a permissão do Pai, aproxima-se do encarnado e lhe propõe uma aliança benemérita, aproveitando o desligamento do novo companheiro durante o sono, em que traçam um projeto de ação. Daí poderemos deduzir que o esforço, a perseverança e a boa vontade vão direcionar nossa energia em determinada direção, propiciando-nos experiências mais ou menos saudáveis.

– Na pergunta de *O Livro dos Espíritos*, Livro II, Capítulo X – Ocupações e missões dos espíritos, Kardec questiona os Espíritos Superiores da seguinte maneira: "Os homens que têm uma missão importante são predestinados a ela antes do nascimento e têm conhecimento disso?", e recebe a seguinte resposta: "Às vezes sim, mas na maioria das vezes o ignoram. Só têm um vago objetivo ao virem para a Terra; sua missão se desenha após o nascimento e segundo as circunstâncias. Deus os impulsiona pela via em que devem cumprir os seus desígnios" – citei, relembrando passagem do livro.

– Eis algo bastante animador para a humanidade, pois seremos recompensados com imensa alegria ao voltarmos à pátria espiritual e descobrirmos que nossos esforços pessoais contribuíram com o bem comum – tornou Inácio.

– Ainda em *O Livro dos Espíritos*, mesmo capítulo, na questão de número 575, Kardec faz a seguinte consideração: "As ocupações comuns nos parecem antes deveres que missões propriamente ditas. A missão, segundo ideia ligada a essa palavra, tem um sentido de importância menos exclusivo e sobretudo menos pessoal. Desse ponto de vista, como se pode reconhecer que um homem tem uma missão real na Terra?", e recebe a seguinte resposta: "Pelas grandes coisas que realiza, pelo progresso que faz os seus semelhantes realizar" – falei, citando ainda lição aprendida nessa memorável obra espírita.

– Bem lembrado. Para tanto, necessitamos vencer as próprias limitações e viciações. Apenas dessa maneira conseguiremos adquirir a excelente virtude do altruísmo – falou Ineque.

– Comecei a entender o problema dos vícios materiais após conversa com os amigos – disse Maurício –, quando citaram o conceito: nossos vícios materiais são apenas reflexo dos vícios morais; até então, dirigia toda minha energia em controlar as necessidades materiais que trouxe comigo de minha última experiência na matéria; porém, após ouvir esse excelente pensamento, passei a procurar a causa de minhas necessidades viciosas, ou seja, as manifestações de minha ignorância por meio dos vícios materiais.

– Sei bem do que fala o amigo – replicou Inácio, expansivo. – Passei por processo semelhante. Ainda preso à matéria desenvolvi o vício do tabagismo. Era comum, em momentos de ansiedade, me ver acendendo um cigarro no outro, e justificava meu vício no excesso de trabalho e responsabilidades que assumia. Por ser profissional da saúde, não tinha atenuantes na ignorância das consequências de tal vício; vivia tossindo, com deficiência respiratória, que comprometia meu sistema cardíaco, respiratório e circulatório, prejudicando a mim mesmo, debilitando o vaso físico abençoado que me servia de veículo a experienciar aquela encarnação. Já espírita, sabia também do comprometimento em nível perispiritual, mas justificava meu desequilíbrio cobrando meus bons feitos, como se pudessem servir de perdão a meus comprometimentos.

– E após o desencarne, foi muito difícil? – questionei.

– Bastante, Vinícius, bastante. A necessidade de aspirar os fluidos tóxicos quase me enlouqueceu. Precisei de socorro! Fiquei internado para passar pelo período de “desintoxicação" como se ainda estivesse preso à matéria. Tenho marcas perispirituais, lesões provocadas pelos meus desatinos, e até hoje preciso fazer tremendo esforço para não alimentar ideias nocivas. – Inácio suspirou, qual ser que relembra o passado, mas se alegra de ter seguido em frente. – E, aliado à necessidade de satisfazer meu vício, precisei lutar também contra o meu mau gênio, voluntarioso e beirando a grosseria. Exteriorizava meus pensamentos por meio de atitudes prepotentes e cínicas. Hoje ainda primo pelo sarcasmo, porém já sei disso e estou procurando alimentar o bom humor e a boa autocrítica, visando ao controle de minhas más tendências.

– Precisamos estar atentos a nossas ações e aos nossos pensamentos, pois estamos sempre sendo observados. E, quando, de alguma maneira, sobressaímos, também estamos servindo de exemplo aos que nos rodeiam – comentou Ineque.

– Isso tem me incomodado muito – confessou Inácio. – Percebo alguns confrades justificando seus vícios, semelhantes aos meus, ao me utilizar como exemplo. Isso não está certo; os exemplos a serem seguidos são aqueles que favorecem a saúde em todos os aspectos: físico, mental e moral. Seguindo esse raciocínio, não devo ser considerado modelo de virtude a ser seguido ou mesmo como motivo para justificar o que ainda fazem de errado. Toda obra deve ser avaliada segundo sua importância de contribuição para o bem comum, ou seja, devemos usar a razão de maneira consciente e lúcida, e então escolher o caminho que devemos trilhar segundo as próprias necessidades pessoais.

– Nosso tempo de conversa se esgota; precisamos nos preparar para a reunião na escola pública. Logo Martha e Alberto estarão chegando, para que possamos nos dirigir ao compromisso assumido. Ineque, poderia nos adiantar o assunto que será discutido nessa reunião? – perguntei.

– Pelo que Martha nos adiantou, são projetos que visam sobretudo ao relacionamento entre o corpo docente da escola e os alunos – respondeu Ineque. – Esse assunto anda preocupando sobremaneira os educadores. As novas leis civis propõem à sociedade o direito à expressão dos menores, nossas crianças e nossos jovens, o que é muito salutar; porém, tal liberdade anda mal compreendida. Sobre esse conceito, edificou-se gritante falta de limites aos comportamentos desequilibrados, o que ocasiona o aparecimento de muitas situações de conflito, onde nem um, nem outro conseguem descobrir o equilíbrio em todo esse caos social.

E, falando ainda a respeito, convidou-nos a iniciar o caminho que nos levaria ao encontro com Martha e Alberto.

Capítulo 19

Um panorama profundo da educação

794. A sociedade poderia ser regida somente pelas leis naturais, sem os recursos das leis humanas?

– Poderia, se os homens as compreendessem bem e quisessem praticá-las; então, seriam suficientes. Mas a sociedade tem as suas exigências e precisa das leis particulares. (*O Livro dos Espíritos* – Livro III – Capítulo VIII – Lei do progresso – Item V – Progresso da legislação humana)

O prédio escolar encontrava-se imerso em tranquilo mar energético! Serena luz iluminava toda a sua extensão. Olhando do alto, lembrou-nos uma paradisíaca ilha em meio a um mar revolto.

Tudo estava preparado para que esse encontro de afinidades, de objetivos, tivesse o sucesso necessário, com a única e saudável intenção de auxiliar a transformação energética do orbe abençoado.

Às duas horas do novo dia, a sala destinada à reunião já estava com os assentos ocupados. Era um anfiteatro que comportava a presença de duzentas pessoas, porém, mais além, no plano dos espíritos, uma grande tela havia sido colocada para que os labores desenvolvidos nesse encontro pudessem ser compartilhados. À frente do grande salão, em despretensioso palco, havia uma mesa com oito cadeiras ocupadas por irmãos que presidiriam o evento. Agradável entidade, de semblante sereno, ergueu-se e dirigiu-se à plateia com humildade:

– Bom dia a todos os irmãos presentes a esse encontro de oportunidades para todos nós. Por ocasião de minha última passagem pelo orbe, na condição de encarnado, procurei me aprimorar na pesquisa científica na área da educação, visando sempre a novas metodologias que nos auxiliassem nesse excelente labor. E estamos hoje aqui reunidos com um único objetivo: encontrar soluções para os problemas que observamos serem urgentes e que têm sido motivo de desequilíbrio na crosta planetária. Para que possamos iniciar nossas atividades, convido-os à prece em nome de Jesus, psicólogo e educador por excelência.

Nesse instante, fulgurante luz se fez presente acima de toda a assistência. Admirados, percebemos a chegada de belíssima entidade transfigurada de luz irradiante. Emocionado, percebi ser o idealizador do trabalho que estava em andamento sobre o planeta e do qual participávamos: nosso irmão Manuel da Nóbrega.

A nobre entidade ergueu os braços com leveza em sinal de saudação, e sua voz doce e melodiosa se fez ouvir. A prece breve e amorosa ergueu nosso ânimo e nos clamou ao trabalho em benefício do amor fraternal:

– Amados irmãos, como filhos do mesmo Pai amoroso, estamos nesse momento unindo nossas melhores energias em benefício de nós mesmos e também no exercício excelente do altruísmo, que já ensaiamos em nossa mente, permitindo que a fraternidade, que nos exige a doação aos mais necessitados, faça parte de nossos corações. A infância é o marco de nossa excelência, período em que a ingenuidade, ainda não contaminada pelo egoísmo adormecido, mantém o orgulho e a vaidade igualmente sonolentos, sem permitir que sua manifestação mais ostensiva nos tolha a capacidade de transformar os ideais primários. Abençoado período em que podemos redirecionar nossas energias, criando condições morais mais saudáveis para que, ao despertar da adolescência, muitas vezes caótica, estejamos fortalecidos na superação às tentações ainda agasalhadas em nosso imo, assim propiciando o despertar das paixões menos saudáveis, porém controladas pelo intelecto, que possui as noções éticas do certo e do errado, do bem e do mal.

Nosso benevolente e iluminado irmão fez breve pausa, em seguida prosseguindo:

– O espírito educado dentro de conceitos éticos sociais, com a possibilidade excelente de educar intelectualmente suas necessidades primárias, caminha em direção à moralidade. A educação básica é direito de todos nós, e o Pai amado sempre nos facilita o caminho. Visto que nos criou à semelhança de seu conhecimento, agasalhamos em nossas mentes as leis morais, que, hoje, recordamos em belas lições de amor. Mas, ao sermos agraciados com direitos, também recebemos a ferramenta do dever, semelhante ao ensinamento do mestre: "Ajuda-te e o céu te ajudará". Caminhemos unidos em propósito cristão, caminhemos unidos para que possamos fazer diferença dentro de nossa paz, caminhemos unidos para que sejamos lúcidos e caridosos na divisão com o próximo das nossas conquistas, como nos exemplificou o Pai ao nos ofertar seu filho amado, num exemplo magnífico de seu amor; mas, sobretudo, lembremos que também somos seus filhos amados e capazes de realizar grandes transformações pessoais, que, ao se instalarem em nossos corações, irradiarão em benefício do todo. Deus nos abençoe nessa caminhada de progresso moral. Bom trabalho a todos.

Enquanto o espírito iluminado pela bondade conquistada por suas atitudes altruístas nos brindava com palavras amorosas, fomos beneficiados pela dúlcida chuva de energia irradiada por corações amorosos. Após a formosa prece, a reunião teve início.

Passei à observação acurada do momento em que vivíamos todos nós. Percebi com felicidade a presença de muitos espíritos encarnados, e naquele momento beneficiados pelo desdobramento durante o sono do corpo denso, e também outros tantos desencarnados em exercício de preparação para o futuro.

Um irmão de aspecto amável, sentado atrás da mesa já mencionada, levantou-se e, com ligeira e amável saudação, passou a considerar alguns pontos da história da educação no planeta.

– A educação pode ser relacionada mesmo aos animais irracionais mais primitivos, pois a mãe procura, dentro das próprias possibilidades e experiências, educar os filhotes para que se adaptem ao meio com mais propriedade, avançando além de seus instintos genéticos, com a intenção de prepará-los para sobreviver no meio ambiente em que se desenvolvem. Partindo dessa ideia inicial, poderemos refletir sobre o complexo ato de educar na espécie humana, que, além de satisfazer às necessidades básicas e de sobrevivência, também passa a usufruir do princípio inteligente que nos possibilita a educação intelectual que, em um primeiro momento, está assentada sobre a ética social, para que no futuro possamos atender às condições da ética moral. O espírito, ao adentrar o reino hominal, passa também a agir e a transformar as condições naturais do ambiente, através do exercício intelectual, para adaptar as suas necessidades de conforto. Os instintos deverão ser atendidos, mas a satisfação das necessidades primárias se sofisticarão, uma vez que a vida passa a ter aspectos novos que nos exigem comportamentos novos e mais elaborados, tanto quanto menos determinados. Inicia-se, assim, um novo processo educacional, em que a família ocupará lugar de suma importância e atenderá aos aspectos mais elementares.

O assunto era de fato interessante, pensei. Enquanto isso, o irmão prosseguia:

– A sociedade familiar adquire características diversas, de acordo com as do grupo ao qual pertence, o que propicia a distinção da educação conduzida dentro dos diversos grupos familiares; porém, um ponto comum, em geral dentro desses núcleos familiares, é a responsabilidade dos pais no direcionamento educacional dos filhos, ou seja, a família torna-se o primeiro grupo a influenciar na socialização da criança.

O irmão fez breve pausa e nos fitou, procurando um eco de entendimento nas expressões atentas e interessadas que o escutavam.

– Desse aspecto, podemos racionalizar que o grupo familiar é o início da educação dos jovens membros, que, no início da vida na matéria, sobrevivem regulados pelos instintos e, aos poucos, com a interferência dos membros já socializados, passam a sofrer transformações de comportamento – conjecturou, prosseguindo. – Após a certeza da sobrevivência do novo membro do grupo, inicia-se um segundo momento, o de educar os instintos da criança, ou seja, direcionar dentro da ética social a manifestação dessas necessidades instintivas, desde as regras de higiene pessoal e de grupo a seu direcionamento intelectual e moral, que envolve o conhecimento das regras da sociedade onde o indivíduo deverá atuar, com a intenção de ser aceito como um de seus membros. Nesse período há uma assimilação intelectual do sistema de valores do grupo ao qual pertence. A criança passa a escutar e a entender palavras, à verbalização e ao entendimento de conceitos diversos, a entender e a controlar sentimentos, e também às primeiras noções de certo e errado, a diferenciar o que é bom do que é ruim.

– Após a socialização com a família – continuou o amável irmão –, e depois de adquirir a capacidade de se movimentar dentro do grupo, o indivíduo passa a se manifestar em pequenos grupos não familiares, e o que mais lhe agrada em um primeiro momento são os indivíduos que se encontram no mesmo estágio de evolução que ele próprio, ou seja, os grupos infantis, nos quais vai exercitar sua capacidade de interagir de igual para igual. Os grupos infantis contribuem para a socialização do indivíduo e também para a formação de sua personalidade, pois é onde ele poderá treinar sua individualidade de maneira positiva, uma vez que, se agisse apenas em grupos sociais de adultos, ficaria restrito ao papel social da submissão. Por meio de brincadeiras, dos jogos e das tarefas, ele passa a agir dentro de um mundo em que pode se manifestar na razão de seu intelecto, indo sempre além, como constante exercício de formação pessoal, e não ficando aquém da capacidade do grupo maior. Nesse período, a criança começa a escolher amigos de acordo com as afinidades de gostos e simpatias. Isso o torna parte de algo importante, pois passa a ser aceito pelo que é, e não pelo papel que ocupa no grupo. Nesse período também começa o ensaio das lideranças; as personalidades mais atuantes afloram no contato dos grupos semelhantes.

O orador fez outra ligeira pausa, para que pudéssemos absorver os conceitos que emitia com tanta clareza. E continuou:

– Nas sociedades simples, somente o grupo familiar é responsável pela educação da criança, pois, de acordo com as próprias necessidades ou as necessidades do grupo, vai aprendendo as tarefas que o levarão ao papel de adulto atuante, e no futuro um educador; em algumas dessas sociedades simples, os grupos religiosos influem nesse processo educativo através de práticas e crenças religiosas que estão estreitamente ligadas à sua formação moral. Porém, nas sociedades mais complexas, surge a necessidade dos estabelecimentos de ensino, que receberam a responsabilidade da educação intelectual e da formação do cidadão, em um mundo que exige sua participação de maneira mais ativa. Nesse momento, surge também a divisão racional do trabalho, em que os com formação profissional adotam, literalmente, um aprendiz, que pode ser ou não do grupo familiar; assim, o processo educacional atinge mais um grau de evolução, pois não é mais restrito aos nobres, ou ao sexo masculino, mas a uma necessidade social na formação de bons profissionais.

– Com as novas necessidades de uma sociedade mais evoluída intelectualmente – o irmão esclareceu –, surge a necessidade da formação de grupos responsáveis pela educação dos jovens e das crianças; surgem, nesse momento, as primeiras ideias das formações escolares. Com o aparecimento dos grupos escolares, a criança passa a ter um novo grupo de ação, dentro do qual traçará objetivos para seu desenvolvimento intelectual, agora direcionado a suas necessidades de sobrevivência social. A escola tem por objetivo, por meio do corpo docente, permitir aos jovens o treinamento de ação para a vida futura, pois, dentro desse agrupamento, ele deverá se adaptar a novas regras, bem como partilhará espaço, conhecimentos em sociedade. A sociedade escolar propicia ao jovem vivenciar experiências únicas, como o aparecimento de novos valores sociais, alguns agradáveis e outros não, a hierarquia dentro da sala de aula, esforço intelectual premiado, a inatividade criticada através de valores previamente combinados, a competição intelectual ou física, a necessidade de horários rígidos destinados às aulas, a alegria no momento da recreação, o surgimento de líderes e seguidores etc.

– Podemos citar como exemplo o sistema de educação utilizado na Grécia clássica, século quinto antes de Cristo, sistema esse que veio revolucionar o ensino por meio de questionamentos sobre verdades dogmáticas, nascendo então, junto aos sofistas, o ceticismo e a ciência pesquisadora. Sócrates aparecia como o educador que veio transformar o mundo antigo, propiciando o início do mundo moderno, um mundo povoado por indivíduos questionadores, que tentavam entender e explicar o mundo conhecido, não mais aceitando os modelos de educação criados para atender às necessidades das castas dominantes, educadas dentro de padrões religiosos inquestionáveis e repletos de figuras misteriosas e mágicas; assim, com mais liberdade de ação e pensamento, nota-se que a humanidade passa a filosofar e criar, por intermédio das artes, a manifestação de um modelo educacional liberal. Podemos citar o pensamento filosófico "Conhece-te a ti mesmo", que propõe a valorização do universo íntimo.

– Com a decadência da cultura greco-romana e o aparecimento do cristianismo – o irmão prosseguia, inspirado –, nova fase se inicia. Apesar de a intelectualidade estar mais livre dos pensamentos exclusivos, aparecem os dogmas do cristianismo, ainda inquestionáveis, mas que favorecem o amadurecimento de novas e saudáveis noções do bem e do mal, embora a verdadeira ética que nos direciona para a moralidade inquestionável ainda esteja atrelada a rituais religiosos e ideias preconceituosas. Contudo, descortina para o mundo nascente um novo sistema de educação. Na Europa, durante a Idade Média, o ensino sobreviveu dentro das instituições do clero ou monárquicas, com a única intenção de formar indivíduos que atuassem nessas duas frentes. Porém, na clandestinidade, uma minoria intelectualizada lutava por fazer o progresso de uma sociedade adormecida em seus vícios comportamentais. A partir do século onze, as universidades se popularizaram. Embora ainda estivessem assentadas no inquestionável raciocínio teológico, eram já sementes de luz para a racionalidade, que foi reforçada pelas teorias aristotélicas, abrindo largas portas ao surgimento do Renascimento.

– Os humanistas, podemos citar Platão, fizeram ressurgir as ideias clássicas, segundo as quais os questionamentos direcionavam mentes curiosas em busca de novas formas de entendimento. O mundo renascia para ser atuante em próprio benefício. Porém, o pensamento humanista, renascentista, de novo foi sufocado pela reforma religiosa, então o clero voltou a dominar as grandes universidades, antes divulgadoras do livre pensar, agora sob a custódia radical da Igreja Romana. Martinho Lutero se opõe à doutrina das indulgências, e acontece grave ruptura dentro das religiões eclesiásticas que, amedrontadas, rebelam-se e passam a controlar a liberdade desfrutada no período renascentista. Esse panorama histórico produz triste retrocesso no pensamento libertador humanitário.

– A palavra escrita – explica nosso orador – traz para as sociedades um novo amanhecer, visto que a História passa a ser registrada em grandes laudas. A alfabetização se populariza e a busca do conhecimento passa a habitar as ambições intelectuais de muitos. Nesse período, a necessidade de se instruir passa a ser premente para muitos, as escolas se multiplicam e os livros passam a ser acessíveis à população plebeia. Nasce, dessa maneira, a Contrarreforma. As instituições católicas criam novas formas de educar por meio de colégios e seminários, enquanto os jesuítas criam métodos de educação baseados em conceitos psicológicos; as instituições governamentais atingem um novo patamar de organização, exigindo cada vez mais pessoas educadas intelectualmente. A sociedade se organiza, e essa organização exige cada vez mais formação acadêmica. O campo do conhecimento se alarga, possibilitando, assim, o nascer de novos intelectos e novas ciências. É a origem do mundo moderno, habitado pelo livre-pensador, que ainda ensaia, através do exercício das antigas filosofias platônicas, libertar-se do pensamento religioso castrador.

– Surge, então, o pensamento iluminista, que leva o homem a se ver como o centro do universo – constata o amável irmão –, unindo dentro de si a ideia do aperfeiçoamento espiritual com o progresso material, ensejando dessa maneira a Revolução Industrial, que possibilita o entendimento da necessidade individual e comunitária de popularizar o acesso à educação. Diante da consciência da necessidade de modificar e popularizar a educação, beneficiando o mundo como um todo, o pensamento do educador e filósofo Rousseau ilumina as mentes, uma vez que propõe a bondade como característica certa do homem, embora deva ser direcionada de maneira correta, senão poderá ser desvirtuada, o que propiciaria o aparecimento da tese do aproveitamento das afinidades pessoais, ou seja, desenvolver na criança seus dons naturais.

– Dentro desse processo evolutivo na área educacional, chegamos ao tempo da necessidade de educar todas as crianças, não mais uma classe sempre favorecida, mas todas as crianças, como um direito à intelectualização individual, que propiciaria a evolução de toda a sociedade mundial. Acontece, então, a democratização da educação por intermédio da criação de escolas suficientes para atender à demanda. Embora em algumas partes do globo ainda não consigamos tornar esse fato uma realidade, percebemos uma tomada de consciência mundial em busca da igualdade social, embora a qualidade do ensino esteja aquém das necessidades reais. Porém, já caminhamos em direção a um novo amanhecer.

– Dentro das salas de aula, dentro dos grupos de pesquisa e na direção dessas instituições podemos notar a preocupação em propiciar à criança uma maior liberdade de ação, para que possa exercitar sua responsabilidade por meio da criatividade – continuou a falar nosso amorável orador –; porém, um problema foi criado, juntamente com a liberdade sem limites, pois a escola, baseada na metodologia escrita e impressa, passou a disputar acirradamente o lugar com as novas tecnologias emergentes, visto que o aluno, pelos meios de comunicação, está recebendo maior quantidade de informações, com as quais a escola não está familiarizada. Criou-se, assim, um impasse, o momento histórico em que a escola deve se adaptar a novos métodos de ensino, e não mais o mundo se adaptar a suas descobertas. É o surgimento do mundo novo, em que a liberdade do pensador procura o equilíbrio para que o caos não se instale. É necessário aprender novos meios de se fazer respeitar, pois, até então, o medo de discutir ou mesmo trocar ideias com o mestre distante era a atitude mais próxima do conceito de respeito.

– A criança questiona e exige respostas racionais e coerentes; respostas dúbias e dispersas não mais atendem às suas necessidades. O império do medo sucumbe ao império da racionalidade; porém, para conquistarmos esse equilíbrio, vivenciaremos momentos de caos e dor, em que espíritos incautos e ainda estagiando na irracionalidade do próprio despertar confuso se manifestarão de maneira doentia.

– Pensadores e filósofos com novos métodos de educação renascem no orbe bendito em busca de novas técnicas e no intuito do despertar da consciência coletiva em direção ao respeito à individualidade – nosso orador refletiu. – Assim, os métodos cognitivos e interativos afloram como ferramentas de evolução. Pestalozzi desperta as comunidades pedagógicas para o brilhantismo do ser, dotado de criatividade e inteligência, alguém que necessita apenas ser direcionado no entendimento de todas as impressões que recebe do mundo em que habita, impressões estas que o farão despertar para um mundo de sentimentos, muitas vezes dúbios e dolorosos, para que, entendidos e vivenciados no equilíbrio do conhecimento intrínseco de si mesmo, despertem, neste vivenciador de emoções, o desejo de transformar o próprio interior.

– Allan Kardec, discípulo do brilhante Pestalozzi, educou-se dentro desse mundo de novas maneiras de educar a si mesmo e também contribuir com o próximo, preparando-se para observar, como cientista, os eventos dos espíritos, que se manifestavam por meio efeitos físicos, provando, assim, a existência do mundo extracorpóreo. Ele nos trouxe uma visão mais ampla do todo, a continuidade do processo educativo.

– Por esse momento que vivenciamos no orbe, estamos aqui reunidos em busca de soluções urgentes – prosseguiu o irmão. – Temos à nossa frente um árduo trabalho em benefício de nós mesmos e de nossos companheiros, irmãos em nome de um Pai amoroso. Conversamos sobre o desenrolar da história pretérita da humanidade terrena para que, com lógica e amor, possamos encontrar meios para auxiliar o planeta nesse despertar de um novo mundo. Sabemos que a humanidade caminha, modificando sua estrutura física, emocional e energética, de acordo com sua evolução. Se entendermos de maneira coerente todo o processo de evolução, desde o organismo mais simples até o mais complexo, os estágios nos reinos abençoados, para adentrarmos o reino hominal, onde estamos, há milênios, exercitando nossa inteligência, poderemos também visualizar com maior amplidão o futuro da humanidade e, com o auxílio da racionalidade amparada no amor fraternal, traçar objetivos saudáveis para agirmos em prol de um futuro iluminado. Continuemos nosso trabalho de amor. Que Deus nos ilumine sempre.

O irmão terminou a explanação, então outros amigos passaram a expor suas ideias e ideais. Foi mencionado o processo de violência entre os adolescentes, o problema com as drogas adictícias, a falta de limitação e a má conduta dentro dos lares e das escolas, a péssima qualidade do ensino acadêmico e tantas outras dificuldades encontradas no caminhar da humanidade.

A conclusão a que chegou a assistência, direcionada pela mesa diretora, foi planificada em forma de diretrizes a serem divulgadas entre a classe de educadores.

Porém, o ponto comum a todos os assuntos discutidos foi a proposição de soluções que se referem ao processo educacional de fato, voltado ao esclarecimento dos alunos, estes como o centro de todo o direcionamento proposto. Trata-se de sua educação, não mais restrita ao conhecimento acadêmico, mas sim à formação do homem integral: mente, corpo e espírito; somente assim seremos capazes de redirecionar o caminho da humanidade.

Capítulo 20

Algo bastante inesperado

795. Qual a causa da instabilidade das leis humanas?

– Nos tempos de barbárie são os mais fortes que fazem as leis, e as fazem em seu favor. Há necessidade de modificá-las à medida que os homens vão melhor compreendendo a justiça. As leis humanas são mais estáveis à medida que se aproximam da verdadeira justiça. Quer dizer, à medida que são feitas para todos e se identificam com a lei natural.

A civilização criou novas necessidades para o homem, e essas necessidades são relativas à posição social de cada um. Foi necessário regular os direitos e os deveres dessas posições por leis humanas. Mas, sob a influência das suas paixões, o homem criou, muitas vezes, direitos e deveres imaginários, condenados pela lei natural, e que os povos apagam dos seus códigos à proporção que progridem. A lei natural é imutável e sempre a mesma para todos; a lei humana é variável e progressiva; somente ela pode consagrar, na infância da humanidade, o direito do mais forte. (*O Livro dos Espíritos* – Livro III – Capítulo VIII – Lei do progresso – Item V – Progresso da legislação humana)

Após a reunião já mencionada, voltamos ao posto de socorro da casa espírita Caminheiros de Jesus para breves momentos de descanso. Ineque nos informou que deveríamos estar preparados, pois iríamos iniciar o trabalho de socorro a uma família em desespero.

Maurício nos relatou os problemas que a família terrena de companheiro de nosso grupo assistencial vivia:

– Bom dia a todos! – cumprimentou-nos Maurício com amabilidade, e continuou: – Atendendo a pedido de nosso amigo Américo, fui me encontrar com ele em sua última morada terrena. É uma casa simples situada no litoral do estado de São Paulo. Sua família se dedicava à pesca, atividade que exerciam há várias gerações. Américo, na última encarnação, foi apresentado à Doutrina dos Espíritos ainda em tenra idade. Encantado pelo que descobria do mundo maior, estendeu o benefício recebido a todos os que cruzaram seu caminho. Dessa maneira, conseguiu, com esforço e paciência, que os familiares frequentassem singela casa espírita, que muito bem tem feito aos moradores da região. Desencarnado há vinte anos, trabalhador assíduo do plano dos espíritos, mereceu acompanhar a caminhada de seus afetos. Até há pouco tempo sentia-se feliz, visto que colhia belos frutos de seu trabalho.

– E qual problema vem afligindo essa família? – questionei com carinho.

– Heitor, filho mais jovem de Cíntia e neto de Américo, vem demonstrando desequilíbrios mentais graves, que culminaram em triste tentativa de suicídio – respondeu Maurício.

– Mas esse processo doentio aconteceu assim, sem sinais anteriores de descontrole? – questionou Ineque.

– Há mais ou menos dois anos – falou Maurício –, Heitor conheceu uma moça muito bonita e delicada, que o encantou de imediato. Seu nome é Adélia. Os dois passaram a se encontrar e logo estavam namorando, e se casaram em pouco tempo; porém, há dois meses, Adélia informou a Heitor que estava grávida. De início todos ficaram muito felizes, houve até uma reunião dos familiares de ambas as partes – explicou Maurício.

– Então o descontrole de Heitor foi após Adélia informá-lo sobre a gravidez? Heitor não tem formação espírita? – indaguei.

– Apesar de toda a família se dedicar ao estudo da Doutrina dos Espíritos, Heitor nunca se interessou pelo assunto. Aliás, quando o convidavam a ir à casa espírita que frequentam, ou mesmo a falar sobre o assunto em sua presença, ele se irritava e se afastava, até que os familiares decidiram não mais pressioná-lo com relação ao assunto. E ficou bastante claro seu descontrole após a informação de Adélia sobre a gravidez, porém, meses antes, ele precisou ser encaminhado à emergência de um hospital, pois sofreu grave crise de pânico enquanto dirigia o carro – continuou a contar nosso amigo Maurício. – Após esse acontecimento, não voltou à normalidade. Está sempre tristonho, calado, e, às vezes, demonstra certa agressividade. Manuel, seu companheiro espiritual, nos informou que Heitor passou a se sentir inseguro e temeroso com a proximidade da reencarnação de seu antigo companheiro de desmandos.

– Por favor, gostaria de um esclarecimento a respeito: não houve período de familiarização desse espírito com os futuros familiares? – perguntei.

– Não, pois o irmão recebeu a bênção de uma encarnação compulsória. Era habitante da Comunidade Educacional das Trevas. Tanto ele quanto Heitor, em passado distante, assumiram compromisso na área da educação terrena, inclusive fazendo parte de amorosos grupos de pesquisa, porém não conseguiram dominar as más inclinações, e sabemos que a ferramenta do trabalho é inócua; o uso que fazemos dela é que dará qualidade ao labor. Infelizmente, nossos amigos a utilizaram de maneira equivocada, chegando à triste situação de serem convidados a se afastar daquela formosa comunidade de educadores, que muito progresso trouxe à humanidade. – Maurício prosseguiu nos esclarecimentos: – Após o desencarne de ambos, de maneira traumática, receberam a bênção de uma nova encarnação, porém voltaram a delinquir. Por essa ocasião, Adélia adentrou a vida de ambos, formando um triângulo amoroso. A jovem, relutante, afastou-se dos dois, pois percebeu a situação desequilibrada que vivia; mas nossos amigos passaram a se enfrentar de maneira belicosa, culminando no assassinato de Heitor; o companheiro constante permaneceu encarnado e alimentando terrível ódio contra ele, e assim os anos passaram. Heitor reencarnou várias vezes, em franco processo de evolução, enquanto o triste companheiro de outras épocas permanecia preso a suas dores.

– Então podemos deduzir que há nessa situação um processo de resgate entre esses dois espíritos – refletiu Ineque.

– Isso mesmo, meu amigo, e bastante grave, pois os dois espíritos vêm se confrontando há muitos séculos. Adélia, espírito familiar aos dois e que possui bom entendimento da vida moral, se propôs a auxiliá-los nesta encarnação. Porém, Heitor, ao sentir a proximidade do antigo inimigo, descontrola-se emocionalmente, desejando que Adélia aborte, o que agrava seu estado, uma vez que foi educado por pais amorosos que sempre dirigiram a educação dos filhos no sentido do respeito à vida. Heitor, mesmo não abraçando a Doutrina Espírita, aceitou bem os sérios e valorosos conceitos de moralidade cristã, e um deles é o respeito à vida – disse Maurício.

– Ele deve sentir remorso e culpa diante de seus sentimentos conflituosos. Como deve sofrer! – comentei penalizado.

– Esse conflito de ideias e sentimentos é saudável se refletirmos sobre o processo educativo do espírito, que ainda precisa desses momentos dolorosos para empreender novas e salutares batalhas contra as más tendências; e a educação recebida dentro do núcleo familiar, direcionada à moral do Cristo, com certeza será o grande diferencial nesse processo evolucionista – constatou Ineque.

– Você nos disse que o espírito reencarnante habitava a Comunidade Educacional das Trevas? – indaguei curioso.

– Tinha alto cargo de comando; era um dos instrutores mais hábeis e cultos. Os projetos idealizados por ele eram extremamente sofisticados. Criou métodos pedagógicos admiráveis, que aliás contribuíram para a organização que vimos em nossa visita a essa comunidade – informou Maurício.

– Deve ter sido uma grande perda para eles, o que deve causar extensa movimentação dessa comunidade para libertar seu líder – desabafei, confesso, com um pouco de aflição.

– Daí a urgência de iniciarmos o presente trabalho de caridade – ponderou Ineque.

– Adelaide vai nos acompanhar? E o amigo Américo? – questionei a nosso amigo Maurício.

– Devemos nos dirigir à praça de orações do posto de socorro da casa espírita Caminheiros de Jesus. Eles vão estar nos esperando juntamente com Inácio. Mas antes gostaria de fazer uma pergunta sobre a reunião que observamos nesta madrugada, a de pedagogos, sobre o destino da educação global – pediu Maurício.

– O que está causando dúvidas ao amigo? – perguntei solícito.

– Havia espíritos desencarnados e também encarnados que participaram da reunião, e várias decisões foram tomadas visando modificar o estado da educação, hoje caótico, para que possa ser reequilibrado, no intuito de um futuro mais harmônico. Minha dúvida é sobre como serão veiculadas essas decisões em todo o mundo acadêmico – disse Maurício.

– Os encarnados convidados a essa reunião já possuem planejamento encarnatório que inclui pesquisas na área educacional visando à contribuição para a formação de uma sociedade mais saudável, portanto, o que presenciamos é um reforço a seus objetivos, que virá à tona de modo intuitivo, até mesmo com o auxílio dos mentores. Devemos nos lembrar de que cada um faz parte de uma comunidade voltada à educação e, com certeza, as ideias discutidas no plano dos espíritos acabarão por vir em forma intuitiva quando em contato com os companheiros de lide; quanto aos espíritos desencarnados, por terem os mesmos objetivos, são companheiros ativos nessas comunidades. Trata-se de pesquisadores em nosso plano, e novas filosofias pedagógicas ou metodológicas imediatamente são compartilhadas com os trabalhadores do plano material – respondi, com imenso prazer em poder ajudar o amigo no entendimento do assunto.

– Obrigado pela paciência – agradeceu Maurício.

– Peço um instante dos amigos, pois tenho um comunicado a fazer – solicitou Ineque com voz grave.

– Pareceu-me assunto bastante sério. Do que se trata? – perguntei com certa ansiedade.

– Recebi a incumbência de um novo trabalho em outro plano da vida. Servirá a mim como aprendizado. Estou muito feliz, mas também entristecido, visto que deverei me afastar de nossos compromissos por algum tempo. Estou passando a coordenação de nossa amável casa de trabalho a você, Vinícius, e tenho certeza de que encontrará em Maurício a mesma boa disposição e amizade que tenho encontrado no amigo – anunciou Ineque com os olhos rasos de lágrimas.

Confesso ter ficado sem palavras naquele momento; sentia o coração pulsar com rapidez, à semelhança das sensações na matéria. Olhei para Ineque e perguntei com aflição:

– Será que tenho capacidade para ocupar o lugar do amigo?

– Com certeza não, meu companheiro; ainda não aprendeu que cada um executa seu trabalho segundo sua capacidade pessoal? Se me perguntar se tem a capacidade para fazer o trabalho que faço, minha resposta será positiva – tornou Ineque com um sorriso.

Sem palavras ainda para expressar meus sentimentos, que ora eram de júbilo, ora de tristeza pela futura ausência de meu amigo, ou ainda de receio em não ser capaz de realizar a tarefa a mim conferida, apenas abracei-o com carinho e, como sempre, encontrei naquele amigo incomum o que necessitava nos momentos mais difíceis. Daquela vez não foi diferente; ele apenas retribuiu meu abraço e convidou amorosamente:

– Vamos lá, temos muito a fazer.

Capítulo 21

Esclarecimentos

796. A severidade das leis penais não é uma necessidade no estado atual da sociedade?

– Uma sociedade depravada tem certamente necessidade de leis mais severas; infelizmente, essas leis se destinam antes a punir o mal praticado do que a cortar a raiz do mal. Somente a educação pode reformar os homens, que assim não terão mais necessidade de leis tão rigorosas. (*O Livro dos Espíritos* – Livro III – Capítulo VIII – Lei do progresso – Item V – Progresso da legislação humana)

Américo e Adelaide já nos aguardavam na praça das orações, ambiente que fazia parte do edifício espiritual da casa espírita Caminheiros de Jesus.

– Boa tarde, meus amigos! – cumprimentaram-nos com amabilidade.

– Boa tarde! – falei. – Ineque nos contou que vocês têm algumas informações a respeito do atendimento que será oferecido à família de Heitor e, em particular, a ele próprio.

– Maurício já comentou sobre o ato suicida frustrado praticado por Heitor – informou Américo. – Ele ainda está hospitalizado e em estado de choque. Notamos à sua volta densa energia que o enfraquece física e espiritualmente. Observamos, também, a seu lado, entidade de aspecto bastante rude, que age com conhecimento na arte da hipnose.

– E Adélia, a jovem mãezinha, como está se portando? – perguntei com certa preocupação.

– Apesar de bastante assustada com tudo o que aconteceu, mostra-se equilibrada e com esperanças de auxiliar a resolver o problema do marido. Pediu ajuda a uma amiga também espírita, a qual se prontificou a unir-se a Sandra e Sheila para visitar Heitor no hospital, assim que for permitido pelo médico – esclareceu Adelaide.

– O estado dele é grave? – indaguei.

– Bastante. Deve enfrentar momentos difíceis, pois o desvario cometido foi por meio da ingestão de soda caústica, que provocou danos consideráveis no trato digestivo. O que o auxiliou bastante é que, após o gesto tresloucado, arrependeu-se e provocou o vômito. Logo em seguida pediu socorro. Caso contrário, teria conseguido realizar seu primeiro desejo – falou Américo.

– Haverá sequelas graves? – inquiriu Maurício.

– Apenas o tempo nos dirá, pois sabemos que cada caso é único, e dependerá do esforço de nosso irmão em sua recuperação moral e física – respondeu Américo.

– A ação obsessiva pode ser considerada um dos pontos principais que acabaram culminando nessa situação dolorosa? – indaguei, compadecido de Heitor.

– A obsessão, nesse caso, é uma atenuante, porém sabemos da responsabilidade de cada um em cuidar da saúde da mente, uma vez que a obsessão de terceiros só ocorre diante do enfraquecimento moral do obsedado, ou seja, pelo processo de auto-obsessão – esclareceu Adelaide.

– Poderia nos falar um pouco mais sobre a obsessão e a auto-obsessão? – quis saber Maurício.

– Todo processo obsessivo só se instala em nossos momentos de fragilidade emocional e moral – Adelaide começou a explicar. – Sabemos que toda comunicação entre os espíritos, encarnados ou não, se efetiva mediante ligação do pensamento, e, para que haja invasão, é necessário haver afinidade vibratória, o que propicia a sintonia vibratória e o aparecimento do fenômeno das ondas compensadas ou ressonância; concluído com sucesso esse processo, ocorre o de comunicação. Dependendo da qualidade vibratória, serão nossos companheiros pensamentos saudáveis e otimistas, e faremos sintonia com o mundo dos espíritos superiores; porém, se nossos pensamentos estiverem pessimistas e negativos, estaremos sintonizados com o mundo dos espíritos mais ignorantes.

– Daí se origina nossa responsabilidade por tudo o que vivemos, de bom e de ruim, pois na realidade quem determina esse estado somos nós mesmos. E todo o processo está intimamente ligado ao nosso livre-arbítrio, pois por meio do panorama mental que elegermos é que daremos qualidade às nossas escolhas, e estas determinam as consequências que iremos vivenciar – constatei reflexivo.

– Como espíritos imperfeitos e ainda receptáculos de densas energias, muitas vezes não conseguimos nos furtar às más influências, algo que também está ligado às próprias más tendências – observou Maurício.

– Mas nada que nos prive, em um primeiro momento, da capacidade da escolha saudável. Visto que somos seres inteligentes, precisamos apenas deter a impulsividade que nos rouba a razão e deixar de reagir antes de pensar sobre a melhor maneira de resolver os problemas – completei.

– Concordo com Vinícius – disse Adelaide. – O que nos diferencia dos animais é a capacidade de dominar nossos instintos. Quanto mais evoluídos, menos instintivos nos tornamos e, na realidade, esse é excelente exercício para despertar nossa racionalidade.

– Quanto ao caso de Heitor, proponho que o visitemos com a intenção de observar e auxiliar no que estiver a nosso alcance nesses primeiros momentos – falei.

Dirigimo-nos ao hospital público da cidade e ao cubículo onde Heitor descansava, na Unidade de Terapia Intensiva. Como havia nos alertado nosso amigo Américo, o ambiente energético era denso e emanava odor fétido. Várias entidades em posições lascivas ocupavam o espaço diminuto, alimentando o mal com sua baixa vibração fluídica.

Heitor, parcialmente desligado do corpo físico, jazia encolhido a um canto do pequeno aposento; os olhos demonstravam o pavor que o envolvia; balbuciava frases desconexas e batia ininterruptamente a cabeça na parede, sem ao menos se dar conta do que estava acontecendo.

Densos fios energéticos o ligavam à estranha criatura que se mantinha ativa em processo de hipnose, a qual repetia sem parar frases que o apavoravam:

– Pensou que havia se livrado dele? Espere e verá; o inferno só está começando! Nossa vingança será terrível! Será privado da própria razão! Aquela a quem ama, que se atreveu a aprisionar nosso líder em um útero nojento, morrerá sofrendo dores inimagináveis. E você é o culpado de tudo!

Aproximamo-nos de Heitor e passamos a dispersar densa energia que o envolvia. Eu e Adelaide nos dirigimos à entidade que teimava no doentio processo hipnótico.

– Boa noite, meu irmão! – cumprimentei com carinho.

A criatura saltou para trás à semelhança de um ferino. A pele, rugosa e repleta de espinhos, arrepiou-se, lembrando um ouriço. Furioso, vociferou:

– Quem se atreve a me desafiar? Não pensem que os temo; são covardes serviçais de um Deus ausente.

Passamos a tratá-lo com passes magnéticos. A reciclagem energética o beneficiava, porque a camada mais densa de energia foi se volatizando, deixando à mostra estranha couraça que o protegia de ações externas. A troca energética lhe serviu como energia calmante. O triste irmão passou a sentir-se fraco e cansado. Percebemos, também, ao auscultar seus pensamentos a grande confusão mental que o acometia.

Compadecidos, nós o vimos desfalecer em nossos braços. Maurício e Américo logo o transportaram ao pronto-socorro da Sociedade Espírita. Enquanto isso, eu e Adelaide passamos a auxiliar Heitor. Já desligado parcialmente do corpo denso, o encaminhamos à sala de tratamento psicológico, onde Inácio o aguardava.

Inácio se aproximou do alvo leito onde Heitor fora acomodado e, paciente, auxiliou-nos a proceder à higienização energética, para que o paciente aproveitasse esses momentos de atendimento esclarecedor.

– Heitor, acorde para que possamos conversar.

Heitor abriu os olhos e, demonstrando certa confusão mental, perguntou com voz rouca:

– Onde estou? O que aconteceu comigo? Consegui morrer?

– Você se encontra parcialmente desligado do corpo físico. Não concluiu seu doloroso intento, mas encontra-se desacordado e sendo tratado em um hospital – respondeu Inácio.

– Por que continuo vivo? Sou incapaz de cumprir compromissos! Não mereço a confiança de ninguém! – Falava e chorava com desespero, demonstrando, assim, a grande dor que o consumia.

– Acalme-se! E acredite que temos sempre capacidade de realizar grandes transformações em nossas vidas. O que nos atrapalha é, exatamente, esse processo de autopiedade que o amigo vivencia no momento – explicou Inácio.

– Por que disse autopiedade? – perguntou Heitor demonstrando irritação.

– Se é autopiedade, então esclareça-nos a verdade – pediu Inácio.

– Por que eu faria tal coisa? Nem mesmo sei o que faço aqui, ou melhor, nem mesmo sei que lugar é este – respondeu abaixando a cabeça e voltando ao estado emocional anterior.

– Muito bem! Como já dissemos, você se encontra desligado parcialmente do corpo físico, fenômeno natural que ocorre quando adormecemos. Aproveitando esse estado momentâneo, você foi trazido a um pronto-socorro do plano espiritual com a finalidade de ser auxiliado e fortalecido, no único propósito de continuar a viver no plano material de maneira equilibrada, para que consiga cumprir seus compromissos – explicou Inácio.

– Você está me dizendo que estou sendo atendido por espíritos desencarnados? – perguntou Heitor, evidenciando grande admiração.

– Exatamente, meu amigo! – tornou nosso amigo Inácio.

– Então o que minha esposa anda aprendendo com as amigas espíritas e o que meus pais falavam é verdade, e não apenas delírio de algumas pessoas? – perguntou com certo entusiasmo.

– A vida é eterna! O que morre é o corpo material. O espírito é eterno e goza de muitas oportunidades de aprendizado, ora no plano material, ora no espiritual – esclareceu Inácio.

– E por que acredita que terei maior sucesso com esse tratamento? – indagou Heitor.

– Quando libertos do corpo denso – falou Inácio –, gozamos de maior liberdade, e nossas lembranças do passado se tornam mais claras e lúcidas. Sendo assim, as respostas que obtemos também se tornam mais lógicas.

– Então existem razões verdadeiras, ligadas ao meu passado, que podem justificar esse caos emocional que vivo? – indagou Heitor com interesse.

– Existem algumas situações que você vivenciou e que podem explicar as suas reações, mas não justifique limitações atuais somente pelos desmandos do passado – respondeu Inácio.

– Por que não, se aconteceram situações que nos traumatizaram? – insistiu Heitor

– Porque concordamos em viver a atual encarnação e superar provas e expiações; para isso, preparamo-nos durante o tempo na erraticidade – explicou Inácio.

– O que aconteceu comigo? O que foi tão traumatizante para me tornar depressivo e tão sem esperanças como estou neste momento? – questionou Heitor.

– Para isso está aqui conosco. Vamos realizar um procedimento, semelhante à hipnose, e o amigo recordará os fatos mais importantes para esclarecer o pânico que anda vivenciando. Relaxe e ouça apenas minha voz – pediu Inácio.

Elaborado processo se iniciou com nossa ajuda. Tênues e brilhantes fios ligavam a mente de Heitor à mente de Inácio. Imagens iam se formando e desenvolvendo histórias vividas por Heitor em outras oportunidades. A expressão facial de nosso amigo se transformava, ora pelo espanto, ora por repúdio ao antigo e ignorante espírito que fora.

Viu o sofrimento após o desencarne na última experiência na matéria, vagando pelos abismos de dor, perseguido de perto pelo tenaz oponente, ainda tão ignorante das magníficas leis naturais; depois, o socorro abençoado, os estados esclarecedores, o pedido de uma nova oportunidade na matéria e a disposição em auxiliar aquele a quem tanto prejudicou. Nesse momento, sentindo o pranto brotar do coração, emocionado, abriu os olhos e nos disse:

– Obrigado, muito obrigado!

Capítulo 22

Vírus e energias oportunistas

797. Como o homem poderia ser levado a reformar as suas leis?

– Isso acontecerá naturalmente, pela força das circunstâncias e pela influência das pessoas de bem que o conduzem na senda do progresso. Há muitas que já foram reformadas e muitas outras ainda o serão. Espera! (*O Livro dos Espíritos* – Livro III – Capítulo VIII – Lei do progresso – Item V – Progresso da legislação humana)

Heitor foi reconduzido ao corpo físico com a ajuda de Adelaide e Américo; eu e Maurício permanecemos na companhia de Inácio.

– O amigo Inácio teria um tempo para alguns esclarecimentos? – perguntei, com esperança de aprender um pouco mais sobre os intricados caminhos da mente e do comportamento da humanidade.

– Tenho sim, e gostaria de convidá-los a acompanhar uma equipe que deverá visitar a Comunidade Educacional das Trevas, visto que o trabalho dos amigos está ligado a esse grupo – respondeu Inácio.

– Aceitamos seu convite. Podemos estendê-lo a Adelaide e Américo? – perguntei.

– Com certeza. Mas vamos aos esclarecimentos sobre os quais o amigo Vinícius falou – enfatizou Inácio.

– Você comentou sobre o processo de hipnose enquanto auxiliava Heitor com suas lembranças. Poderia nos esclarecer sobre o assunto? – perguntei com interesse.

– A hipnose é usada como procedimento terapêutico, e é uma troca energética, uma vez que no processo o hipnotizador liga sua mente à do paciente, redirecionando a sua atenção. No caso de Heitor, como houve todo um processo de planejamento encarnatório, bastou auxiliá-lo a voltar no tempo e relembrar esse momento – esclareceu Inácio

– Mas o resultado foi positivo porque ele já tem condições de entender o processo de recuperação do espírito, não é isso? – indagou Maurício.

– Exato, Maurício. O planejamento encarnatório de Heitor foi elaborado, justamente, em um momento de despertamento consciencial, quando solicitou reparar os erros do passado auxiliando antigo comparsa de delitos – observou Inácio.

– Adélia também está consciente disso? – perguntei a Inácio.

– Adélia já está em franco processo de evolução moral; ela será o equilíbrio na relação entre pai e filho – respondeu meu amigo.

– Esse espírito reencarnante terá limitações físicas ou mentais? – questionou Maurício.

– Terá limitações físicas e mentais, que servirão ao irmão adoentado moralmente como contenção a novos desatinos – disse Inácio. – Ao mesmo tempo contará com cuidados amorosos de uma família cristã. Heitor e Adélia estão sendo auxiliados por amigos a descobrir as ideias confortadoras da Doutrina dos Espíritos, que os fortalecerá e auxiliará a vencer essa prova, que também será de grande valia ao pequeno filho.

– Esta encarnação compulsória não teve nenhum planejamento? – perguntei.

– Somente a concordância dos pais e a maneira como será encaminhado o processo de reeducação desse amigo, o que já é bastante importante; porém, ele mesmo, o espírito reencarnante, não teve condições de opinar sobre o evento. Quanto ao mapa cromossômico, também não houve planejamento. No momento da fecundação, foi decidido deixar acontecer segundo a lei de afinidade. O espírito naturalmente trouxe a seu campo magnético o espermatozoide que tinha afinidade com sua característica vibratória – esclareceu Inácio.

– Não devemos esquecer que o perispírito, deformado devido a tantos desatinos, não serviria de molde para um corpo mais sutil, e essas encarnações com limitações acabam por melhorar o campo energético do espírito e, por consequência direta, o padrão mental também será beneficiado – comentei.

– E o perispírito voltará a ter formas mais harmônicas, beneficiando o espírito, que poderá, conforme se esclarece, recuperar o livre-arbítrio – completou Maurício.

– Fale-nos mais sobre essas benditas oportunidades por meio das encarnações compulsórias – pedi, procurando aproveitar ao máximo a oportunidade de aprender com nosso amigo.

– Não devemos nunca esquecer que esses irmãos tão comprometidos moralmente devido à própria ignorância do bem devem ser vistos como doentes necessitados de auxílio – ponderou Inácio. – Como já observamos em vários casos nos quais contribuímos como médico psiquiatra, a bondade de nosso Pai não nos permite a ausência total de luz, e, não raras oportunidades, necessitamos partilhar da claridade de irmãos mais sábios e bondosos; assim, ficamos como tutelados desse amor fraternal, até o momento gracioso em que nossa consciência consiga uma suave nesga de luz através da couraça de trevas que erguemos ao redor.

– A ignorância é a razão da existência do mal? – perguntou Maurício.

– Nem sempre; podemos dizer que todo aquele que é mau é ignorante, mas nem todo ignorante é mau – esclareci prontamente.

– Isso é correto. Podemos confirmar tal afirmativa, uma vez que as encarnações compulsórias são destinadas aos espíritos presos às trevas da ignorância, e um dos casos seria o dos espíritos agnatos, ou recém-chegados ao reino hominal, momento em que serão tutelados por espíritos aptos a desempenhar essa função – explicou Inácio. – As primeiras encarnações visam à adaptação à nova realidade, quando se adquire experiência por meio das vivências, até o momento em que possam mostrar condições de desfrutar do livre-arbítrio.

– O outro caso seria a necessidade dos espíritos em estado de ovoidização, não é? – indagou Maurício.

– Esses espíritos elegeram por padrão vibratório sentimentos menos nobres, originados em momentos de grave desequilíbrio diante de situações que trouxeram dores morais terríveis; podem estar associados ao ódio desenfreado ou ao sentimento de inferioridade e incapacidade de viver os problemas do cotidiano, levando o desavisado amigo a grave processo de auto-obsessão, que em geral é aproveitado por espíritos oportunistas – respondeu Inácio.

– Você me fez lembrar da matéria estudada em minha última encarnação, quando cursava medicina, sobre os vírus oportunistas que só atacam o organismo quando este se encontra em baixa imunológica – tornou Maurício, com um leve sorriso a se esboçar no semblante.

– Se pensarmos sobre o assunto, comparando um processo a outro, o raciocínio é válido, visto que a única maneira de nos curarmos desses males é mudando os baixos padrões de resposta às limitações que descobrimos em nós mesmos. Desse modo, furtaremo-nos aos padrões obsessivos, elevando nossa vibração mental; e dessa maneira poderemos nos prevenir dos ataques viróticos, mantendo uma boa saúde. Só assim teremos um sistema imunológico funcionando perfeitamente – falou Inácio.

– Mas nem sempre é assim – comentei cabisbaixo, relembrando rapidamente momentos de minha última encarnação, em que vivenciei esse estranho sentimento de apatia.

– Nem sempre é assim, porque ainda nos colocamos como vítimas dos males que sofremos – ponderou Inácio. – Elegemos a passividade e os estados depressivos como escudos à responsabilidade sobre cada situação que vivenciamos, acreditando erroneamente que essas desculpas esfarrapadas nos livrarão de consequências maiores; porém, ao assumirmos essa postura submissa e cabisbaixa, contamos também com a piedade que sentirão de nossa dor e, por conseguinte, temos a esperança do socorro que nos livrará de uma ação ativa e resolverá milagrosamente nossos problemas.

– Então, na realidade, sempre temos conhecimento das causas de nossas dores? – indagou Maurício.

– Às vezes como algo irreal e distante; outras, como uma forte intuição de nossa responsabilidade, afinal fomos criados simples e ignorantes, porém com as leis morais impressas em nossa consciência – respondi introspectivo. – Agora precisamos encerrar esta interessante conversa, pois Adelaide e Américo já estão a caminho e deveremos encontrá-los em um pequeno posto de socorro próximo das instalações da Comunidade Educacional das Trevas.

Enquanto nos dirigíamos à triste comunidade educacional, refletia sobre os acontecimentos dos últimos dias, sobre tudo que vivenciava e aprendia, graças aos queridos amigos que nos instruíam na bendita arte do atendimento fraterno. Lembrei-me de várias ocasiões em minha última passagem pelo orbe na condição de encarnado, quando me voltei ao convívio amoroso de nossa amável Doutrina dos Espíritos: quantas dúvidas foram respondidas às minhas indagações sobre a nossa vivência junto aos mais próximos de nossos corações, bem como a necessidade, não raras vezes rejeitada, de conviver com aqueles a quem dedicávamos certa antipatia, e mesmo alguma repulsa, que mais nos faziam sofrer devido à sensação de culpa e remorso por termos sentimentos tão antagônicos. Com o correr dos dias, dos meses e dos anos, trabalhando e procurando reaprender novas noções de moral, também passei a entender as limitações das outras pessoas. Arduamente vigiava meus pensamentos, para não julgar ninguém e não criar expectativas sobre o entendimento de meus irmãos, dessa maneira permitindo a cada um caminhar segundo sua capacidade de agir e reagir diante dos acontecimentos da vida.

A urgência da evolução moral desse espírito, ainda tão confuso, foi substituída pela serenidade diante do entendimento da imortalidade da alma, da multiplicidade de encarnações, da bondade de um Pai amoroso que sempre nos beneficia com seu perdão em forma de novas oportunidades.

Como me fez bem adentrar um novo mundo de entendimento, e, quando estou envolvido nesses benditos trabalhos de atendimento fraterno, visualizo para esses irmãos, ainda tão distantes da própria natureza divina, um futuro de esclarecimento e esperança por meio da certeza de que o dia de amanhã será sempre melhor que o de hoje.

Em *O Livro dos Espíritos* – Livro III – Capítulo I – A lei divina ou natural – Item II, na pergunta 619, Kardec pergunta aos Espíritos Superiores: "Deus proporcionou a todos os homens os meios de conhecerem a sua lei?", e obtém a seguinte resposta: "Todos podem conhecê-la, mas nem todos a compreendem; os que melhor a compreendem são os homens de bem e os que desejam pesquisá-la. Não obstante, todos um dia a compreenderão, porque é necessário que o progresso se realize".

Kardec faz o seguinte comentário:

A justiça da multiplicidade de encarnações do homem decorre deste princípio, pois a cada nova existência sua inteligência se torna mais desenvolvida e ele compreende melhor o que é o bem e o que é o mal. Se tudo tivesse de se realizar numa só existência, qual seria a sorte de tantos milhões de seres que morrem diariamente no embrutecimento da selvageria ou nas trevas da ignorância, sem que deles dependa o próprio esclarecimento?

E, mais à frente, no Item III – O bem e o mal, na pergunta 631: "O homem tem meios para distinguir por si mesmo o bem e o mal?", obtém a seguinte resposta: "Sim, quando ele crê em Deus e quando o quer saber. Deus lhe deu a inteligência para discernir um e outro".

Podemos deduzir dessas fantásticas lições que o espírito vivencia em suas múltiplas oportunidades processos educativos para alçar voos mais altos em direção à casa do Pai.

Esse processo educativo reúne três aspectos distintos no início do aprendizado, ou seja: a intelectualização, a educação dos sentimentos e, por fim, a moralidade. No primeiro momento, familiarizamo-nos com o mundo em que vivemos e angariamos conhecimentos que elucidam como se dá esse processo. Estamos adquirindo cultura; o indivíduo intelectualizado passa a questionar a razão das coisas, inclusive a racionalizar os instintos. Estamos adentrando o mundo dos espíritos educados em seus sentimentos, e, quando unimos esses dois aspectos éticos, caminhamos para a moralidade.

Kardec pergunta aos Espíritos Superiores, na questão 648: "Que pensais da divisão da lei natural em dez partes, compreendendo as leis sobre a adoração, o trabalho, a reprodução, a conservação, a destruição, a sociedade, o progresso, a igualdade, a liberdade, e, por fim, a da justiça, amor e caridade?". A resposta:

Essa divisão da lei de Deus em dez partes é a de Moisés e pode abranger todas as circunstâncias da vida, o que é essencial. Podes segui-la, sem que ela tenha, entretanto, nada de absoluto, como não o têm os demais sistemas de classificação, que sempre dependem do ponto de vista sob o qual se considera um assunto. A última lei é a mais importante; é por ela que o homem pode avançar mais na vida espiritual, porque ela resume todas as outras.

Quanto mais reflexionava, mais feliz me sentia, pois as velhas e tão familiares ideias lançadas à luz pela Doutrina dos Espíritos acordavam minha consciência para a verdade divina, e também a relatividade entre o que somos e o que seremos fatalmente em nosso futuro assumia proporções dantescas em minha mente, assombrando a ignorância de meu espírito.

Feliz, sorri para o futuro não mais assustador, mas bastante promissor. Olhei à minha frente e percebi admirado que já havíamos chegado à entrada do posto de socorro que ficava às margens da Comunidade Educacional das Trevas.

Capítulo 23

Aconteceu no Nordeste

798. O Espiritismo se tornará uma crença comum ou será apenas a de algumas pessoas?

– Certamente ela se tornará uma crença comum e marcará uma nova era na história da humanidade, porque pertence à natureza e chegou o tempo em que deve tomar lugar entre os conhecimentos humanos. Haverá, entretanto, grandes lutas a sustentar, mais contra os interesses do que contra a convicção, porque não se pode dissimular que há pessoas interessadas em combatê-lo, umas por amor-próprio e outras por motivos puramente materiais. Mas os seus contraditores, ficando cada vez mais isolados, serão afinal forçados a pensar como todos os outros, sob pena de se tornarem ridículos. (*O Livro dos Espíritos* – Livro III – Capítulo VIII – Lei do progresso – Item VI – Influência do espiritismo no progresso)

Adelaide e Américo nos esperavam em agradável sala de recreação, entretidos em edificante leitura de uma obra espiritista: *O problema do ser, do destino e da dor*, autoria de Léon Denis, que discorre sobre a diversidade de formas pelas quais o sofrimento se apresenta em nossas vidas.

Fiquei curioso sobre o instrumento que portavam nas mãos, semelhante a um espelho delicado, que refletia em sua superfície as páginas do referido livro. Adelaide, percebendo minha curiosidade, estendeu-o a mim e instruiu-me sobre que as páginas se modificavam sob o comando mental. Curioso, tomei o objeto em minhas mãos e passei a comandá-lo. Sinceramente, senti-me como uma criança à vista de ganhar um novo brinquedo.

– Gostaria de compartilhar com os amigos um parágrafo dessa obra literária de Léon Denis, que está inserido na terceira parte, As potências da alma. Vinícius, poderia lê-lo para nós? – pediu Adelaide, apontando no livro o trecho ao qual se referia.

– "Não há progresso possível sem observação atenta de nós mesmos. É necessário vigiar todos os nossos atos impulsivos para chegarmos a saber em que sentido devemos dirigir nossos esforços para nos aperfeiçoarmos. Primeiro, regular a vida física, reduzir as exigências materiais ao necessário, a fim de garantir a saúde do corpo, instrumento indispensável para o desempenho de nosso papel terrestre. Depois disciplinar as impressões, as emoções, exercitando-nos em dominá-las, em utilizá-las como agentes de nosso aperfeiçoamento moral; aprender principalmente a esquecer, a fazer o sacrifício do 'eu', a desprender-nos de todo sentimento de egoísmo. A verdadeira felicidade neste mundo está na proporção do esquecimento próprio."

– No parágrafo seguinte, a primeira frase nos aconselha: "Não basta crer e saber, é necessário viver nossa crença, isto é, fazer penetrar na prática diária da vida os princípios superiores que adotamos..." – falou Adelaide, demonstrando cálida emoção na voz. – Esse tema, discutido por Léon Denis, vem reforçar a ideia que precisamos agasalhar e adotar por conduta, pois, como atendentes fraternos, dispostos a auxiliar os doentes da alma, e no intuito de poder realizar o excelente trabalho da caridade, necessitamos primeiro educar a nós mesmos, assim teremos condições de respeitar nossos irmãos no estágio evolutivo em que estiverem, mesmo que seja o da crueldade. Jesus nos alertou que o médico é para o doente, e somente isso devemos ter em mente nesses momentos em que nos afligimos diante da ignorância do Bem Maior.

– A excursão que faremos à Comunidade Educacional das Trevas terá como objetivo socorrer espíritos já cansados da prática do mal. Uma equipe que mantemos junto a esses irmãos nos solicitou auxílio, visto que a Casa Transitória deverá fazer breve parada por esses domínios, e contribuirá com o fenômeno do fogo etéreo – esclareceu Inácio.

– Acontecerá também o fenômeno meteorológico no plano material? – inquiri a Inácio.

– Haverá uma tempestade tropical, com ventos fortes e muitas descargas elétricas, seguida de forte pancada de chuva, ocorrendo queda de granizos, mas nada tão grave como a que observamos na cidade, que atingiu o estágio de tornado em nível 2 – explicou Inácio.

– Esses fenômenos contribuem muito para a reciclagem energética do planeta, não é assim? – indagou Maurício.

– Existe uma relação intrínseca entre os dois mundos, e, quando se faz necessário, a natureza cria condições a determinados fenômenos que modificam a ordem material, mas que também contribuem para a renovação das almas, seja pelo medo de ser diretamente atingido por algo que não compreendem, ou mesmo pela incapacidade de suportar as expiações derivadas de seus desvarios – ponderou Adelaide.

– E não devemos deixar de entender que o plano espiritual se adéqua às necessidades do globo. Isso é muito bem definido na questão 536a de *O Livro dos Espíritos* – Livro II – Capítulo IX – Item IX – Ação dos espíritos sobre os fenômenos da natureza, em que Kardec questiona: "Esses fenômenos sempre objetivam o homem?", e lhe é respondido: "Algumas vezes têm uma razão de ser diretamente relacionada ao homem, mas frequentemente não têm outro objetivo que o restabelecimento do equilíbrio e da harmonia das forças físicas da natureza".

– Devemos nos apressar. As equipes destinadas a esse labor já estão prontas para sairmos – avisou-nos Maurício.

Encaminhamo-nos para o enorme veículo de transporte, aquele que utilizamos anteriormente. A cesta comportava aproximadamente mil e quinhentos trabalhadores distribuídos em dois pisos, confortavelmente instalados em poltronas individuais. Acima de nossas cabeças observamos lindo balão de coloração azulada, que, inflado, alçou voo, e com agilidade passou a se movimentar, cortando o céu nublado e a densa atmosfera eletrizada por constantes descargas elétricas e fortes rajadas de vento.

Adelaide nos convidou a acompanhá-la, portanto, a seguimos em direção à frente da embarcação. Admirado, fui convidado, juntamente com meus companheiros, a entrar em amplo espaço, semelhante a um elevador, e que, ao parar, transformou-se em uma torre de observação acima do balão.

– Senhor Adélcio, bom dia! – Adelaide cumprimentou um senhor de aspecto bastante agradável, cujos olhos, de intensa expressão amorosa, me emocionaram imediatamente.

– Bom dia, cara amiga! Sinto imensa felicidade em contar com sua ajuda nessa bendita empreitada em nome de nosso amantíssimo Pai – respondeu o amável senhor Adélcio.

– Quero apresentar ao amigo alguns companheiros de jornada – disse Adelaide.

O senhor Adélcio nos abraçou com carinho e alegria, e, dirigindo-se a mim, perguntou com bom humor:

– Como o amigo Vinícius tem se sentido com tantas descobertas e maravilhas de nosso mundo?

– Confesso que em muitas ocasiões sinto-me uma verdadeira criança descobrindo as maravilhas deste mundo. Lembro-me de momento especial de minha infância, logo nos primeiros dias escolares, ainda receoso em relação a tantas novidades, em que fui questionado a respeito de minhas pretensões para o futuro e, meio ressabiado, respondi que não sabia ainda o que seria nem o que faria. *Miss* Martha, sorrindo, respondeu-me: "Sábia resposta, meu aluno, estás apenas começando a descobrir o mundo". Assim vou vivendo as maravilhas da vida e procuro analisar com profundidade o resultado em forma de aprendizado e evolução moral para meu espírito. No momento, estou feliz com tantas oportunidades recebidas. E hoje, não raras vezes, sinto-me o pequeno Pedro, cheio de ansiedade e expectativa pelo novo dia escolar – tornei com intensa emoção a envolver meu coração.

– Ah!, querido amigo, a infância é o período de nossas vidas no qual podemos absorver o melhor do aprendizado, visto que ainda estamos livres de sentimentos mesquinhos – respondeu o senhor Adélcio. – Assim, novos conceitos morais são aceitos com maior naturalidade; e suas palavras nos fazem refletir sobre a oportunidade de sermos humildes e aceitar a infância espiritual, assim com possibilidades ilimitadas de aprendizado e transformação. – Fazendo pequena pausa, nosso amigo nos convidou: – Observemos o alvorecer e aproveitemos esses momentos de tranquilidade para elevar os pensamentos ao Pai amado e agradecer a oportunidade de estarmos a seu serviço.

Senhora de aspecto frágil e meigo semblante passou a entoar belíssima canção de louvor à vida. Emocionados, aprendemos a entoar os doces acordes e a acompanhamos.

Adelaide nos informou estarmos perto da região onde estava localizada a Comunidade Educacional das Trevas. Passei a observar a paisagem e percebi que a vegetação se tornava escassa, a terra ressequida e o ar seco.

– Percebo visível transformação no cenário da natureza ao nos aproximarmos do local de nosso trabalho – comentei.

– De fato – comentou Maurício. – Apesar de estarmos em uma região de terra fértil, comprovada pela exuberante vegetação ao redor. Porém, nas proximidades dessa comunidade tudo parece desprovido de vida.

– Lembro-me de um outro socorro do qual fui cooperador, em que também observamos o mesmo fenômeno. Nesse caso, uma extensa mossoroca[1] – tornei com animação.

---

[1] O autor refere-se ao livro de sua autoria, *Obsessão e Perdão*, mais especificamente ao capítulo intitulado “Mossoroca”.

– Lembro-me do caso; Ineque explicou-nos sobre a relação existente entre os dois planos. No caso a que o amigo se refere, a origem da mossoroca teve início com os desmandos de um irmão que fez do local uma cova anônima, onde eram atirados os corpos de seus opositores, e muitos deles ainda com vida. Transformando, dessa maneira, a energia do local, ela se densificou de tal maneira que nem mesmo uma erva daninha teria condições de sobreviver, dando início ao processo de erosão – falou Maurício.

– Situação semelhante acontece nessa região. Estamos na região nordeste do Brasil, onde as histórias dos coronéis remontam a uma época de terríveis desmandos, em que desavenças ou desencontros eram resolvidos com violência – comentou Adélcio.

– É uma extensa porção de terra – constatou Maurício.

– Toda essa extensão era de propriedade de um só coronel, um senhor de muito poder e também muita riqueza, porém seu coração endurecido foi responsável por muito sofrimento na região. Na época da escravidão no Brasil, ele foi o mais temido de todos os senhores. Seus escravos eram tratados como objetos sem sentimentos. Seus familiares o temiam de maneira assombrosa. Ele vivia só e isolado, porque todos se afastavam com medo de seu mau gênio. Sua crueldade tornou-se assunto de histórias de horror, e muitas das vítimas, após o desencarne, permaneceram no local, aos poucos se reunindo com o objetivo de persegui-lo e vingar-se. Após o desencarne desse irmão infeliz, a situação piorou muito, pois ele, na crença cega de ter o direito de decidir o destino de todos ao redor, fundou uma comunidade, a qual dirigia com rigidez e terror, e os infelizes que o aguardavam, após a sua passagem para o mundo dos espíritos, novamente se viram dominados e escravizados. Dessa maneira, teve início um dos mais ativos setores dessa comunidade que hoje visitaremos – explicou Adélcio.

– Esse coronel, ao qual o amigo se refere, seria o comandante da Comunidade Educacional das Trevas? – perguntei ao amigo Adélcio.

– Um dos comandantes, Vinícius. Após a sua volta ao mundo dos espíritos, Tenório, esse o nome de sua última encarnação, passou a estudar novos meios para controlar a comunidade que se iniciava. Nessa época, recebeu a visita de importante organizador desses grupos trevosos, o qual o orientou no assunto, inclusive auxiliando-o a relembrar encarnações pretéritas, nas quais Tenório se dedicou ao estudo das ciências naturais e também das chamadas ciências ocultas. E, em uma disputada reunião dos dirigentes umbralinos, ficou decidido, por unanimidade, a união de todas as pequenas comunidades em uma única e poderosa célula sob o comando de outro vulto da história da humanidade – esclareceu Adélcio.

– Então a atual comunidade faz parte de um plano maior das trevas para atrapalhar a evolução moral do planeta? – perguntou Maurício.

– Infelizmente sim! – falou Adelaide. – Mobilização maciça na formação de novos trabalhadores dessas organizações educacionais acontece desde o século passado. Os comandantes dos grupos trevosos percebem que a terceira revelação, a Doutrina dos Espíritos, se fortalece e é propagada de maneira lógica e lúcida entre os espíritos dos dois planos da vida, trazendo à humanidade o início do processo de renovação planetária, e infelizmente, para esses irmãos, o abençoado momento se anuncia como o fim de seus desmandos, por isso o veem como uma ameaça à maneira de viver deles. Então se unem na vã tentativa de evitar a renovação da própria vida.

– E a área educacional é uma das mais visadas, uma vez que o espírito intelectualizado busca formas cada vez mais coerentes de vivenciar suas experiências nos dois planos, pois a aquisição de conhecimentos constrói a sociedade ética, que é o caminho para a moralidade – Adélcio complementou o raciocínio elaborado por Adelaide.

– Compreendo – respondi introspectivo. – Primeiro as regras sociais que limitam o comportamento dos indivíduos; e essas regras exercitadas, com o passar do tempo, passam a fazer parte dos hábitos adquiridos no processo educativo e ético, e em um outro estágio o espírito começa a entender o porquê de determinados comportamentos e passa a vivenciar moralmente essas condutas normativas.

– Por esse motivo, todos os que trabalham na área da educação são visados pela espiritualidade ignorante como potenciais alvos, visto que o educador bem preparado e detentor de firme ideologia é empecilho aos malévolos planos de impedir a evolução planetária – comentou Maurício.

– E os educandos também são assiduamente envolvidos em seus desequilíbrios, pois o processo educativo pressupõe a participação de todos os envolvidos. Atualmente, podemos observar o estado anárquico nas salas de aula, que é o somatório de insatisfações várias com o estado que vivenciamos na sociedade mundial, e esse estado caótico traz aos envolvidos frustrações e sofrimentos que, no fim, servirão de motivação às transformações necessárias – explicou Adélcio.

– Em *O Livro dos Espíritos* – Livro III – Capítulo VI – Lei de destruição, na questão de número 728, Kardec pergunta aos espíritos se a destruição é uma das leis da natureza, e obtém a seguinte resposta: "É necessário que tudo se destrua para renascer e se regenerar, porque isso que chamais destruição não é mais que a transformação cujo objetivo é a renovação e o melhoramento dos seres vivos" – falei.

– E na questão 733 – completou Maurício –, Kardec pergunta se a necessidade de destruição existirá sempre entre os homens, e recebe a seguinte resposta: "A necessidade de destruição diminui entre os homens à medida que o Espírito supera a matéria; é por isso que ao horror da destruição vedes seguir-se o desenvolvimento intelectual e moral".

– As obras básicas, resultado do trabalho de tantos espíritos abnegados, são verdadeira luz nas trevas da ignorância; é o reinício da Idade da Razão. Digo-vos isso, pois, até o momento, a humanidade evolui francamente na materialidade e é chegada a hora da moralização consciente dos atuais habitantes do orbe terrestre – observou Adelaide.

– A conversa está muito interessante e educativa para todos nós, mas devemos nos reunir aos outros trabalhadores. Vejam, a tempestade se aproxima e se fortalece. Precisamos nos preparar para ir ao encontro de nossos irmãos necessitados – comentou Adélcio, demonstrando intensa emoção em seu semblante.

Capítulo 24

Retorno à Comunidade Educacional das Trevas

799. De que maneira o espiritismo pode contribuir para o progresso?

– Destruindo o materialismo, que é uma das chagas da sociedade, ele faz os homens compreender onde está o seu verdadeiro interesse. A vida futura, não estando mais velada pela dúvida, o homem compreenderá melhor que pode assegurar o seu futuro através do presente. Destruindo os preconceitos de seita, de casta e de cor, ele ensina aos homens a grande solidariedade que os deve unir como irmãos. (*O Livro dos Espíritos* – Livro III – Capítulo VIII – Lei do progresso – Item VI – Influência do espiritismo no progresso)

A embarcação na qual nos encontrávamos desceu ao solo e transformou-se em uma edificação semelhante a um grande hospital. O velame descrito anteriormente deslocou-se à volta do prédio e transformou-se em belíssima barreira energética de proteção. Curioso, dirigi meu olhar em direção a nosso companheiro Adélcio, que, sorrindo, falou:

– Contenha sua curiosidade, meu amigo; ainda teremos um bom tempo juntos após a conclusão dessa etapa de nosso trabalho.

Amável, convidou-nos à união de todos os seareiros do bem em uma prece de louvor a nosso Pai amoroso e a nosso amável mestre dos mestres.

A tempestade se intensificava. O céu, coberto por nuvens carregadas, apresentava coloração cinza-esverdeada; o vento soprava forte e frio, enquanto descargas energéticas cortavam o ar enregelado. As equipes de trabalhadores se posicionavam ao redor da grande célula tempestuosa, acondicionando energia em grandes cilindros, outros conduzindo a grande massa para o lugar necessário. Os cavaleiros alados, condutores dos veículos já descritos como semelhantes a bigas, aproximavam-se em grandes grupos. Admirado pelo sincronismo das atividades e da boa vontade de todos, senti meus olhos umedecidos diante de tão emocionante espetáculo de caridade e união.

– Devemos nos colocar a caminho da Comunidade Educacional das Trevas. Eu os aconselho a manter firmeza de pensamento na caridade e na bondade de Deus, lembrando sempre que o irmão que iremos visitar nesse momento é a criatura a nosso alcance que mais necessita do exercício de nossas virtudes latentes. Deus nos fortaleça e abençoe a todos que serão beneficiados por essa campanha de trabalho fraternal – falou Adélcio, orando em seguida a prece que nosso amado mestre Jesus nos ensinou.

Em questão de segundos, estávamos nas imediações das edificações da infeliz comunidade. Adélcio nos convidou a acompanhá-lo na descida íngreme que nos levaria aos portais da Comunidade Educacional. O ar estava denso; uma névoa impregnada de fétidos odores tornava difícil o deslocamento do grupo. Mentalmente, Adelaide nos esclareceu que logo sairíamos desse ambiente e nos sentiríamos melhor.

Ao sairmos da área de neblina densa, avistamos os portais de entrada. Adélcio se adiantou e dirigiu-se a estranhas entidades que guardavam a entrada.

– Peço aos irmãos que se afastem e permitam nossa entrada.

– Não temos autorização do senhor supremo de nossa comunidade para deixar que invadam nossa morada.

– Estamos aqui em nome de nosso Pai amado, com suas bênçãos e autorização para oferecer a todos os infelizes que porventura se sintam desconfortáveis nesses labores o socorro bendito. – Dizendo isso, Adélcio estendeu as mãos em direção à entrada vigiada e poderoso jorro de luz se espraiou em todas as direções. Ouvimos, então, exclamações de surpresa e lamentos dolorosos, enquanto irmãos socorristas se materializaram no local, acolhendo a tantos que ansiavam por novos dias.

Os infelizes que guardavam o portal se afastaram. Assustados e receosos, ajoelharam à nossa frente e, em sinal de submissão, abaixaram os olhos. Adelaide, com mavioso sorriso nos lábios, estendeu as mãos e os auxiliou a se levantarem, dizendo com amável inflexão na voz:

– Não há necessidade de manifestar submissão diante de nós, irmãos agradecidos ao trabalho redentor. Apenas sigam em frente com suas vidas e aprendam a amar e respeitar a si mesmos, para que a felicidade suprema os embale em lindos cânticos de paz.

A um sinal de nossa irmã Adelaide, uma equipe de prontidão se aproximou e, amorosa, amparou os pretensos verdugos, que se desfaziam da aparência de horror que suas mentes adoentadas criavam para si próprios.

Atravessamos o portal de entrada para as edificações da comunidade e avançamos, enquanto irmãos iam e vinham, no aparente caos em que se transformara aquelas paragens. Ondas energéticas poderosas varriam o ambiente; miasmas queimavam à passagem deles, semelhante ao fogo que queima teias tecidas por tentáculos da destruição. Avançamos em direção ao centro das edificações, e à nossa passagem ouvíamos lamentos e impropérios, mas sabíamos que o amor de Deus por suas criaturas era inesgotável fonte de vida. Doce melodia nos acompanhava a caminhada. Embevecido pelos sentimentos que chegavam ao meu campo vibratório; me vi envolvido em doce alegria. Diferente de outras oportunidades, sabia que tudo estava certo. Feliz comigo mesmo, entendi que mudara minha relação com a vida; sentia, mais do que sabia, que o sofrimento que ora via em tantos rostos em triste estado de demência era abençoada oportunidade de voltar à casa do Pai.

Sereno, com o coração batendo calmamente, levantei o rosto e fiz coro à doce melodia que vinha de minha mente. Adelaide olhou para meu rosto e, emocionada, estendeu a mão em minha direção. Percebi que a doce amiga partilhava comigo os mesmos sentimentos.

"Oh, Pai! Só posso Vos agradecer através do trabalho de amor!", pensei, e, olhando ao redor, percebi que nosso grupo, emocionado pelo próprio sentir, emitia doces raios de energia que vivificavam a natureza à nossa passagem.

Aproximamo-nos do prédio central, que estava fortemente guardado por entidades de aspecto deformado. Alguns assemelhavam-se a grandes e horripilantes ursos; outros haviam sido transformados em licantropos; outros tantos manifestavam no perispírito as deformações projetadas por seu desequilíbrio. Apiedada nossa pequena e amorosa caravana se aproximou. Com firmeza, adiantei-me solicitando a nossos amigos emissão de ondas energéticas, que criaram à nossa volta campo de energia que se projetava ao redor.

Os tristes espectros da vida se afastaram em atitude de respeito e surpresa.

Continuamos nossa caminhada. Sentia como se deslizasse no ar. Minha mente trabalhava com serenidade e segurança, e mais e mais me fortalecia no entendimento do mundo em que transitava. Chegamos à entrada da edificação em que estavam alojados os comandantes daqueles sítios e também nosso tutelado, Tibério, o comandante dos comandantes.

O edifício se assemelhava a imensa fortaleza, construído em densa e viscosa energia; ao transpormos a porta de entrada, sentimos como se fôssemos penetrados por finas e doloridas camadas de descargas elétricas, que absorvíamos e transformávamos com nossos pensamentos.

Adélcio se aproximou de mim e, tocando levemente meu ombro, afirmou:

– O amigo Vinícius está preparado para assumir a coordenação desse trabalho abençoado. Estarei aqui ao lado para apoiá-lo e assisti-lo. – E, ao dizê-lo, colocou-se em posição atrás de meu ombro. Sorrindo com alegria, flexionou a cabeça em sinal de reverência.

Elevei meu pensamento a Deus e agradeci sua confiança nesse filho pródigo de amor. Dirigindo-me aos companheiros de labor, convidei-os a adentrar o recinto.

À nossa passagem, irmãos formavam longo corredor que nos indicava o local onde nos esperava Tibério.

Adentramos grande salão, abarrotado de espíritos a serviço do senhor da Comunidade Educacional das Trevas. Percebemos que a tempestade que veio nos acompanhando chegava ao local. O barulho ensurdecedor parecia não afetar a nenhum daqueles irmãos.

– Parece que percebo estranheza por parte dos senhores? – perguntou Tibério, demonstrando sarcasmo na voz. – Consideravam-nos tão ignorantes a ponto de não sabermos controlar seus espetáculos pirotécnicos?

Adiantei-me em direção ao irmão e percebi em seus olhos a frieza daquele que não tem dúvidas sobre o que pensa e faz. Apiedei-me de sua ignorância a respeito do sentimento do amor quando nos invade o coração de tal maneira, que a felicidade é natural sentimento de plenitude.

– Boa tarde a todos! Nossa surpresa é podermos conversar com o senhor dessa comunidade com boa vontade e felicidade.

Ele me olhou sorrindo com frieza e, virando o rosto, ordenou àquele que nos pareceu seu imediato em comando:

– Diminua o barulho para que possamos ter uma conversa livre de interferências.

A um comando desse irmão, grossas paredes energéticas desceram da abóboda que cobria o ambiente, e o barulho resultante das forças da natureza que seguiam seu curso tornou-se inaudível. Tibério nos observou um a um e falou com indiferença, demonstrando até certo descaso:

– Pelo menos vocês não se mostram surpreendidos pelo que encontraram por aqui.

– A que o amigo se refere? – indaguei, olhando-o nos olhos à procura de algum sentimento melhor, por mais ínfimo que fosse.

– Deixemos de lado o faz de conta. O que você acredita que vai conseguir aqui, na Comunidade Educacional das Trevas?

– Viemos em busca da essência do amor, de que cada um de nós é possuidor; embora o amigo demonstre admirável frieza de sentimentos, não acredito nela, pois, sabedor de nossa origem, fato inquestionável para esse espírito ainda tão ignorante, sei também de sua origem. E nosso Pai, seu, meu e de todos nós, não permitiria que você fosse criado amaldiçoado na infelicidade da imperfeição pela eternidade – constatei introspectivo.

– Não refuto a lógica de seu raciocínio. Estudioso das várias fácies que a vida nos apresenta, teorizo todas as situações que porventura venha a experimentar, mas não subestime o que sou, senão não poderemos ter essa conversa que somente a vocês interessa – tornou Tibério.

– O amigo Tibério perguntou-me o que espero conseguir com essa visita à Comunidade Educacional das Trevas. Peço que nos permita demonstrar – falei, evidenciando humildade de propósito.

– Esteja à vontade! – respondeu-me Tibério, olhando-me diretamente nos olhos. Senti nesse momento sua descrença na maneira pela qual entendíamos a vida.

A um comando mental, nossa pequena caravana passou a circular entre os espíritos presentes à reunião. Com amor e paz em nossos corações, passamos a emitir doce energia que se somava ao auxílio que recebíamos do Alto. À nossa passagem, irmãos sofredores, cansados do que andavam vivendo, cediam à dor e resvalavam ao chão, cansados e atormentados, logo sendo socorridos pelos amorosos trabalhadores do Senhor da Vida.

Observava o rosto de nosso irmão Tibério e percebi que nenhum músculo se movimentava na face patibular. Os olhos frios espelhavam o deserto árido de emoções que seu espírito elegia por panorama mental. Entristecido, percebi não haver conflitos em sua mente. Então, a um convite dele, aproximei-me e passei a auscultar seus pensamentos.

Admirado, percebi o silêncio em que vivia. Não havia manifestação mental que demonstrasse uma dúvida sequer. Afastei-me daquele tormento constante e olhei com compaixão para aquele irmão que parecia nunca haver experimentado o amor.

Ele me olhou e indagou:

– Olhe à sua volta. Fez-me o favor de levar os fracos e inúteis aos meus propósitos. Sei que, a seu ver, realizou um bom trabalho, então serviu a seu e a meu propósito, mas agora peço que se retirem.

– Você sabe que há limites que deverão ser respeitados, com ou sem sua aquiescência? – perguntei-lhe.

– Já lhe disse que sou um estudioso da vida. Quando acontecer, saberei o que fazer. Por favor, mais uma vez peço que se retirem.

Dizendo isso, levantou-se da poltrona onde se achava acomodado e deu-nos as costas.

Já estava me encaminhando para a saída do grande salão quando ouvi sua voz:

– A Doutrina dos Espíritos é bastante lógica e inteligente. Venho me dedicando a estudá-la há certo tempo, mas ainda não é hora de minha transformação. Não me lembro de ter experimentado o sentimento de que seu mestre tanto falou.

Voltei-me e o encarei com olhos umedecidos.

– Nesse momento – falei –, o irmão conseguiu trazer-me grande felicidade ao coração. Obrigado por suas palavras.

Ele apenas me olhou de maneira enigmática e saiu do salão.

Saímos da Comunidade Educacional das Trevas e, maravilhados, percebemos o resultado benéfico do trabalho realizado pelas caravanas do Senhor. O ar nos pareceu mais leve, e no semblante dos espíritos menos agressivos vimos cansaço e até certo tédio. Empreendemos a caminhada de volta à casa transitória que nos abrigava, de ânimo renovado e felizes com os resultados obtidos em nosso trabalho de amor e caridade.

Capítulo 25

Tibério

800. Não é de temer que o Espiritismo não consiga vencer a indiferença dos homens e o seu apego às coisas materiais?

– Seria conhecer bem pouco os homens pensar que uma causa qualquer pudesse transformá-los como por encanto. As ideias se modificam pouco a pouco, com os indivíduos, e são necessárias gerações para que se apaguem completamente os traços dos velhos hábitos. A transformação, portanto, não pode se operar a não ser com o tempo, gradualmente, pouco a pouco. Em cada geração uma parte do véu se dissipa. O espiritismo vem rasgá-lo de uma vez; mas, mesmo que só tivesse o efeito de corrigir um homem de um só dos seus defeitos, isso seria um passo que o faria dar e por isso um grande bem, porque esse primeiro passo lhe tornaria os outros mais fáceis. (*O Livro dos Espíritos* – Livro III – Capítulo VIII – Lei do progresso – Item VI – Influência do espiritismo no progresso)

Subi à torre de observação da casa transitória levando comigo instrumento de consulta e pesquisa, semelhante ao *notepad* terreno, e sob meu comando mental iniciei leitura sobre encarnação terrena de Tibério, ainda na época do auge da cultura romana, a era dos imperadores.

O nome completo, naquela encarnação, foi Tiberius Claudius Nero Caesar, nascido a 16 de novembro no ano de 42 a.C. e desencarnado a 16 de março do ano de 37 d.C. Fora imperador romano do ano 14 d.C. até a sua morte. Pertencia à dinastia júlio-claudiana, e sucedera ao padrasto César Augusto no trono imperial. Era descendente da aristocrática família romana Claudii. A mãe foi a segunda esposa do imperador Augusto, casamento de motivação política, como acontecia em geral entre os membros da aristocracia. Os relacionamentos familares não estavam alicerçados no amor e no respeito, que naturalmente são consequência das ligações amorosas.

Sua mente sempre procurou a conquista da mais desejada materialidade. Ainda jovem, foi responsável pela morte prematura dos herdeiros do trono do imperador Augusto. Este, apesar de não confiar no enteado, viu-se obrigado a adotá-lo, para ter um sucessor ao trono imperialista. Na adolescência, mostrou competência para a arte da guerra, portanto, Augusto passou a confiar-lhe tarefas cada vez mais importantes, até galgar o posto de general supremo das legiões fincadas na Germânia Inferior. Seu brilhantismo na arte de guerrear valeu-lhe a fama de admirável estrategista. Por fim, desentendeu-se com Augusto por motivos familiares e aliou-se a Germânico, sobrinho de César, a quem passou o comando do império. Retirou-se, então, para a Ilha de Rhodes, em busca de educação em retórica.

Regressou, anos depois, para suceder a César no trono. Corria o ano de 14 d.C.; descobre seus soldados amotinados por preferirem Germânico como sucessor de Augusto, porém o preferido da guarda respeita Tibério na sucessão imperial e termina com a rebelião. Tibério percebe a ameaça que a vida de Germânico será para ele e urde terrível plano de assassinato, em 19 d.C., embora sua perfeita estratégia não permitisse que fosse apontado como responsável pela traição. Pouco tempo depois de subir ao trono, Tibério demonstrou sua instabilidade moral recusando-se a partilhar a herança de Augusto com a mãe, Livia Drusa, até mesmo privando-a dos privilégios a ela concedidos.

Nessa época, entrou em estado de paranoia, acreditando-se alvo de constantes conspirações. Retirou-se para a Ilha de Capri, governando o império a distância. Seu legado moral foi quase nulo, uma vez que os interesses primeiros eram os privilégos que o poder lhe proporcionava. Na direção do trono deixou o ambicioso e amoral Sejanus, líder da Guarda Pretoriana, que iniciou uma onda de terror social, que abrangia assassinatos e a proscrição de senadores e membros importantes do império, inclusive mandando exilar e depois assassinar a esposa e os dois filhos mais velhos de Germânico. Sua vida pessoal foi bastante questionável no aspecto moral, e foi o responsável por inúmeros escandâlos, sempre mal resolvidos.

O filósofo Suetônio apontou-o como pedófilo, denunciando a prática de recrutar menores que eram designados como lacaios e obrigados a participar de cerimoniais de perversão. Um dos costumes era banhar-se nas grandes piscinas romanas acompanhado de muitas crianças, fantasiando que eram peixes e satisfazendo, assim, as descabidas formas de prazer. Suetônio conta ainda que Calígula, sobrinho-neto de Tibério, era uma das crianças mais requisitadas por ele, e, após sua passagem para o mundo dos espíritos, sucedeu-o ao trono, depois de mandar matar o neto de Tibério, Tibério Gemelo. Tibério foi considerado um excelente general e administrador, porém suas ações particulares o identificavam como alguém desprovido de moralidade e bondade. Foi descrito como uma pessoa triste e amorfa. Interessou-me a passagem em que solicitou a Públio Lentulus para que descrevesse Jesus, e recebeu a seguinte inscrição, que foi encontrada pelos monges lazaristas em 1928 numa carta de Públio Lentulus Cornélio, antecessor de Pôncio Pilatos, a Tibério César:

Sabendo que desejas conhecer quanto vou narrar, existindo nos nossos tempos um homem, o qual vive atualmente de grandes virtudes, chamado Jesus, que pelo povo é inculcado o profeta da verdade, e os seus discípulos dizem que é o filho de Deus, criador do céu e da Terra e de todas as coisas que nela se acham e que nela tenham estado; em verdade, ó César, a cada dia se ouvem coisas maravilhosas desse Jesus: ressuscita os mortos, cura os enfermos; em uma só palavra: é um homem de justa estatura e é muito belo no aspecto, e há tanta majestade no rosto, que aqueles que o veem são forçados a amá-lo ou temê-lo. Tem os cabelos da cor da amêndoa bem madura; são distendidos até as orelhas, e das orelhas até as espáduas são da cor da terra, porém mais reluzentes.

Tem no meio de sua fronte uma linha que separa os cabelos, na forma em uso nos nazarenos. Seu rosto é cheio; o aspecto é muito sereno, nenhuma ruga ou mancha se veem na sua face, de uma cor moderada; o nariz e a boca são irrepreensíveis.

A barba é espessa, mas semelhante aos cabelos: não muito longa, mas separada ao meio; seu olhar é muito afetuoso e grave; tem os olhos expressivos e claros. O que surpreende é que resplandecem no seu rosto como os raios do sol, porém ninguém pode olhar fixo o seu semblante, porque, quando resplandece, apavora, e quando ameniza, faz chorar; faz-se amar e é alegre com gravidade.

Diz-se que nunca ninguém o viu rir, mas, antes, chorar. Tem os braços e as mãos muito belos; na palestra, contenta muito, mas o faz raramente e, quando dele se aproxima, verifica-se que é muito modesto na presença e na pessoa. É o mais belo homem que se possa imaginar, muito semelhante a sua Mãe, a qual é de uma rara beleza, não se tendo, jamais, visto por estas partes uma mulher tão bela; porém, se a Majestade Tua, ó César, deseja vê-lo, como no aviso passado escreveste, dá-me ordens, que não faltarei de mandá-lo o mais depressa possível.

De letras, faz-se admirar de toda a cidade de Jerusalém; ele sabe todas as ciências e não consta haver estudado nada. Caminha descalço e sem coisa alguma na cabeça. Muitos se riem, vendo-o assim, porém, em sua presença, falando com ele, tremem e admiram.

Dizem que um tal homem nunca fora ouvido por estas partes. Em verdade, segundo me dizem os hebreus, não se ouviram, jamais, tais conselhos, de grande doutrina, como ensina este Jesus; muitos judeus o têm como divino e muitos me querelam, afirmando que é contra a lei de Tua Majestade; eu sou grandemente molestado por estes malignos hebreus.

Diz-se que este Jesus nunca fez mal a quem quer que seja, mas, ao contrário, àqueles que o conhecem e que com ele têm praticado, afirmam ter dele recebido grandes benefícios e saúde, porém à tua obediência estou prontíssimo; aquilo que Tua Majestade ordenar será cumprido.

Vale, da Majestade Tua, fidelíssimo e obrigadíssimo...

Públio Lentulus, presidente da Judeia.

L'indizoione setima, luna seconda."

Adélcio e Maurício vieram se juntar a mim, e comentei com eles o que estava lendo sobre a vida de Tibério.

– Públio Lentulus, quando entregou essa inscrição a Tibério, comentou sobre a expressão que se espelhou em seu rosto à medida que lia a descrição feita do mestre – informou Adélcio. – Era de incredulidade ou mesmo de surpresa por perceber entre as linhas amorosas a personalidade de um espírito superior em moralidade, e, quando me aproximo desse irmão infeliz em sua ignorância do amor, mentalizo esse momento, pois acredito, esperançosamente, que foi nesse instante que o caminho de nosso irmão tomou a direção da casa do Pai. Embora demonstre indiferença e desprezo pelo Bem Maior, sinto que já sofre terrível solidão, e o que o mantém na retaguarda da vida é não ter o controle sobre o que viverá no futuro.

– Há quanto tempo esse espírito tem vivenciando esse desequilíbrio? Dedicando-se ao mal e com todo o conhecimento que possui, consegue envolver falanges inteiras de espíritos em desequilíbrio. Por que só agora essa movimentação do plano superior em busca de uma nova solução? – indagou Maurício.

– Sempre houve oportunidades para Tibério se redimir e modificar seu caminho. O socorro já veio de várias maneiras e em diversas ocasiões, porém ele sempre retorna às antigas práticas maléficas, mas gostaria de ouvir a opinião de Vinícius a respeito – pediu Adélcio dirigindo-se a mim.

– Pelo que tenho aprendido com tantos irmãos pacientes com esse espírito retardatário, nada é imposto no mundo de Deus, e Tibério, apesar de estar a serviço do mal aparente, e nos parecer irredutível em sua conduta, me pareceu já estar questionando a maneira como tem vivido – respondi, permitindo que a emoção se manifestasse em minha voz. – Acredito que é questão de tempo e paciência. O que demonstra é apenas a superfície de um vulcão adormecido, e, quando a represa construída na ignorância do sentir romper, ah!, jorrará luz em pouco tempo, e, lúcido, se curvará ao arrependimento saudável. Sua redenção será notícia no mundo dos infelizes e trará um número incontável de novos trabalhadores para a seara do Senhor. Por ser um espírito com desenvolvimento intelectual admirável, somente modificará seu caminho, como diz o irmão, quando entender o ciclo benéfico da própria vida.

Adélcio e Maurício se aproximaram de mim e me abraçaram com carinho

– Ah!, queridos amigos – falei emocionado –, gostaria de ter palavras para descrever o que ando descobrindo dentro de mim.

Adélcio, sorrindo, comentou com amabilidade:

– Ah!, amigo Vinícius, como é bondoso nosso Pai, que nos permite essas belas descobertas, que se tornam gratas surpresas ao percebermos o quanto podemos ser felizes!

– E como é simples a felicidade! – completou Maurício.

– Você tem notícias de Américo? Ele ainda está acompanhando Heitor em sua recuperação? – perguntei a Maurício.

– Está, sim. Heitor está melhor de saúde; recupera-se aos poucos. Ainda está recolhido à UTI hospitalar, mas parece-me que amanhã poderá ser transferido para um quarto. Adélia está mais calma, pois vê o esposo se recuperando, e hoje à noite deverá ir à casa espírita Caminheiros de Jesus em busca de auxílio – esclareceu Maurício.

– O companheiro de Heitor que reencarna como seu filho, como reage à gestação? – indagou Adélcio.

– Foi induzido ao estado de perturbação mais avançado; com isso, mentalmente, diminuiu sua rejeição à nova encarnação, e a mãezinha Adélia, muito amorosa e paciente, mantém diálogo amoroso com o filhinho rebelde. Isso o acalma e conforta – respondeu Maurício.

– Adélcio, ainda não consigo entender perfeitamente esse caso. Pude perceber que Tibério não se prende a sentimentos pessoais de vingança ou raiva. Por que, então, essa perseguição insistente à família de Silas e de Heitor? – inquiri curioso.

– Estaremos reunidos esta noite para sermos informados de assuntos relativos a esse caso que ainda ignoramos. Peço ao amigo um pouco mais de paciência. A respeito do que for relevante, seremos informados. Agora os convido à prece vespertina na Casa Transitória Manuel da Nóbrega, que no momento nos acolhe.

Capítulo 26

Adelaide

801. Por que os Espíritos não ensinaram desde todos os tempos o que ensinam hoje?

– Não ensinais às crianças o que ensinais aos adultos e não dais ao recém-nascido um alimento que ele não possa digerir. Cada coisa tem o seu tempo. Eles ensinaram muitas coisas que os homens não compreenderam ou desfiguraram, mas que atualmente podem compreender. Pelo seu ensinamento, mesmo incompleto, prepararam o terreno para receber a semente que vai agora frutificar. (*O Livro dos Espíritos* – Livro III – Capítulo VIII – Lei do progresso – Item VI – Influência do espiritismo no progresso)

Adélia, acompanhada por sua amiga, adentrou a casa espírita Caminheiros de Jesus. Como das outras vezes em que ali esteve, sentiu-se muito bem e comentou:

– Parece que estou retornando ao lar. A sensação que tenho é de segurança e conforto a cada vez que aqui venho.

– Você se afiniza espiritualmente com o ambiente fluídico desta casa de socorro. Aproveite a oportunidade que se apresenta em sua vida e se dedique ao trabalho de amor – respondeu Ana, amiga de Adélia e frequentadora desse núcleo de caridade.

Nesse instante, trabalhador da casa convidou Adélia a acompanhá-lo à sala de atendimento fraterno. Sandra a esperava à porta e cumprimentou-a com carinho.

– Boa noite, Adélia, como vocês dois estão?

– Melhores; já não me sinto tão mal como no início da gravidez – disse Adélia.

– Que ótimo; agradeçamos a Deus esse benefício de amor. E Heitor, está melhor? – indagou Sandra.

– Um pouco; ele deveria ir para o quarto nesta tarde, mas o médico notou sua pressão arterial alterada e decidiu mantê-lo na UTI – esclareceu a moça.

– Mas está fora de perigo? – perguntou a trabalhadora da casa espírita.

– Seu estado não é mais tão grave, porém deverá ter sérias consequências pelo ato tresloucado. Não consigo entender como ele pôde fazer isso – comentou Adélia, chorosa.

– O que vemos nesta encarnação é pouco diante de tantas vivências que já experienciamos como seres eternos. Diante do benéfico esquecimento do passado, muitas vezes não conseguimos explicar determinados acontecimentos. O que sabemos do passado distante, de nossos relacionamentos conturbados e desequilibrados? O que sabemos de nossos desmandos e das consequências que deverão ser trabalhadas como redenção às nossas próprias dores? Qual será a gravidade da relação entre pai e filho nesta vida? O quanto poderá ter alterado os sentimentos de Heitor, a ponto de desequilibrá-lo e levá-lo a vivenciar uma situação de pânico que lhe roubou a lucidez? – observou Sandra.

– Sinto intensa compaixão por ele, mas como pôde esquecer de mim? – indagou Adélia.

– Você está magoada, e não conseguirá enxergar além dos próprios limites emocionais, mas perdoe para que consiga paz, a fim de vivenciar essa experiência – tornou Sandra.

– Hoje fiz uma ultrassonografia, mas desde ontem sinto intensa angústia ao pensar em meu filho. Então recebi o resultado e fui ao médico obstetra. Ele, muito constrangido, disse-me que parece haver malformação fetal, e pediu novos exames. E se meu filho tiver deficiências físicas ou mentais? Será que conseguirei suportar e superar essa prova? E Heitor, que se mostrou tão frágil emocionalmente, como reagirá a mais esse problema? Ah, Sandra! Minha cabeça está um caos, não sei por onde começar – desabafou a jovem mãe demonstrando grande emoção.

– Acalme-se, minha amiga, acalme-se! Não vai adiantar nada sofrer com antecedência. Você fará novos exames para confirmar ou não a possibilidade de esse espírito necessitar de um corpo material com limitações. Se o fato se confirmar, a situação já existe e, com toda certeza, você está preparada para auxiliar esse irmão a superar esse momento de reeducação – contornou Sandra.

– Como posso estar preparada se me sinto tão fragilizada? – perguntou Adélia.

– Esse é um momento de muitas novidades em sua vida, e novidades que são consideradas veículos de dor. Nós as rejeitamos de início; lembra-se do que conversamos em outra ocasião, sobre planejamento encarnatório? – indagou a trabalhadora da casa espírita.

– Lembro, e entendo aonde seu raciocínio quer chegar, mas será que essa preparação será suficiente para que me sinta fortalecida e realmente consiga vivenciar esses momentos com equilíbrio? Será que serei a mãe que esse irmão tanto necessita nessa sua recuperação? – inquiriu Sandra, chorosa uma vez mais.

– Você já o ama aí dentro do seu ventre? – perguntou Sandra.

– Oh, muito, muito mesmo! – tornou a moça, acariciando o ventre.

– O que você seria capaz de fazer para proteger seu filho? – indagou Sandra.

– Se para salvá-lo do sofrimento minha vida fosse o preço, eu a ofertaria sem questionar. Apesar de saber que não seria solução; sei que ele vai viver o que for necessário para sua recuperação, e estarei aqui para ampará-lo – tornou Adélia em prantos.

– Viu como sabe o que fazer? – incentivou Sandra.

– Mas preciso muito de Heitor, e ele está assim! – disse Adélia, magoada.

– Você precisa perdoar Heitor por não estar a seu lado nesse momento; as limitações dele em relação aos próprios sentimentos é dor que não conseguiu superar. Ele é emocionalmente frágil, e não se esqueça de que não conseguimos realizar as proezas para as quais não estejamos preparados – ponderou Sandra.

– Mas ele também não fez seu planejamento encarnatório? Então por que reage assim diante das provas? – quis saber a jovem mãe.

– Percebemos em Heitor certa resistência ao sofrimento, uma tendência a negar as lutas interiores em busca de superar as próprias limitações emocionais. Esse conflito possibilita a espíritos mais ignorantes um fértil campo a processos obsessivos. Heitor vive esse momento e se entregou ao assédio de antigos companheiros, tão sofredores quanto ele próprio, e acabou por ceder a ideias doentias. O que o torna um doente necessitado de auxílio. Sei que você passa por momentos difíceis, a dor está presente, e a vida lhe parece um fardo pesado demais para ser carregado. Porém, não ceda à tristeza e ao desânimo; alimente a fé e a esperança no futuro. Eis a maior caridade que poderá fazer a seu filho. Não se esqueça disso – aconselhou Sandra.

– Você me disse as mesmas coisas que Silas disse. Silas trabalha na mesma escola que Heitor, e hoje pela manhã foi ao hospital para visitar meu marido, acreditando que ele já estivesse em um quarto. Encontramo-nos na portaria e ficamos conversando durante um certo tempo. Ele foi muito bondoso e paciente comigo – comentou Adélia.

– Silas é frequentador desta casa de oração e tem-se mostrado um bondoso e fiel trabalhador do Senhor – respondeu Sandra.

– Então ele também é espírita? – questionou Adélia.

– Um caminhante na seara do Senhor, como todos nós – replicou a trabalhadora da casa.

Durante o atendimento fraterno, uma equipe de trabalhadores dirigiu-se ao hospital a pedido de Américo que, preocupado, identificou densa nuvem energética junto de Heitor. Apesar dos esforços das equipes médicas terrenas e das equipes espirituais, Heitor cedeu a mais esse processo de assédio, e seu corpo, já fragilizado, entrou em convulsão, provocando extensa isquemia cerebral hemorrágica.

Américo, entristecido, veio nos encontrar ainda na casa espírita Caminheiros de Jesus.

– Ah, Vinícius, que tristeza sinto em meu coração!

Abracei nosso querido amigo.

– Não ceda à dor e ao desânimo – aconselhei. – Sabemos da eternidade de nossa vida. Heitor ainda está fazendo o melhor que pode.

– Sei disso, meu amigo, mas mesmo assim percebo aí uma encarnação que poderia fazer diferença para o futuro, e ele foge à luta dignificadora.

– Vamos, vamos orar por todos os envolvidos nesse acontecimento, principalmente por aqueles que alimentam o mal com seus sentimentos menos nobres.

Adélia ainda se encontrava dentro da sala de atendimento fraterno quando o celular tocou.

– Desculpe, Sandra, mas deixei meu celular ligado por causa do estado de saúde de Heitor. Você se importa se eu atender? – perguntou Adélia.

– De maneira alguma; fique à vontade.

Adélia atendeu à ligação e, à medida que ouvia seu interlocutor, empalidecia sensivelmente. Lágrimas lhe escorriam pelo rosto quando terminou a ligação. Sandra, demonstrando preocupação, segurou suas mãos e perguntou:

– O que houve? Posso ajudá-la?

– Era do hospital. O médico que está acompanhando Heitor ligou dizendo que o estado de meu marido piorou muito. Ele teve convulsões e uma isquemia cerebral hemorrágica. Preciso ir para lá – anunciou Adélia em prantos.

– Dê-me alguns minutos e irei com você.

Após encerrados os trabalhos da noite, dirigimo-nos ao hospital onde Heitor estava internado. Lá encontramos Adelaide e Inácio. Após os cordiais cumprimentos, dirigimo-nos ao belíssimo jardim que se localizava na parte central do edifício hospitalar.

– Deveríamos nos reunir na Casa Transitória Manuel de Nóbrega, mas os últimos acontecimentos nos trouxeram a essa casa de saúde, portanto vamos improvisar uma sala de reunião nesse recanto de paz – disse-nos Inácio.

– Já temos acesso às informações que nos são necessárias à realização desse socorro? – perguntei ao amigo.

– Temos sim, Vinícius. Vou pedir a Adelaide que nos coloque a par dessas informações – tornou ele com seriedade.

– Como já sabemos – iniciou Adelaide –, Tibério, após o desencarne, aliou-se a espíritos moralmente ignorantes, e decidiram que a melhor maneira de formar um grande exército de resistência à evolução do planeta seria investir na intelectualização de trabalhadores, isto é, treiná-los nas várias artes do conhecimento, dessa maneira capacitando-os para que sua ação efetiva se manifestasse de maneira consciente sobre o que estivessem fazendo. – Adelaide fez pequena pausa e, diante de nosso olhar perscrutador, prosseguiu: – Descobriram que a Espiritualidade Superior havia planejado a vinda de espíritos missionários ao planeta, na condição de encarnados, e que teriam como tarefa auxiliar na transição do planeta, da condição de prova e expiação à de regeneração, e em uma das mais importantes áreas: a educação.

– Como tiveram acesso a essas informações? – indagou Maurício, demonstrando franca admiração.

– Esses planejamentos não são arquivos secretos, que ficam trancafiados a sete chaves – respondeu com um sorriso a amiga Adelaide. – São planejamentos encarnatórios de espíritos também imperfeitos, com muitos débitos morais a serem resgatados, e, quando encarnados e fragilizados por provas dolorosas, acabam por permitir a aproximação de espíritos pertencentes às falanges do mal, abrem a própria mente como uma larga porta, e estes astutos servidores das trevas se servem dessas informações que, depois, são utilizadas nos planos de atrapalhar o futuro de luz da humanidade.

– Então somos informantes desse mundo infeliz? – questionou Maurício.

– Ainda somos; mas, se de fato nos esforçarmos em nossa educação integral, com certeza nos furtaremos a esse triste papel na vida – respondi pensativo.

– A educação do ser pressupõe a interação harmônica com o mundo pessoal e o mundo que o rodeia e o abriga. Apenas dessa maneira estaremos em franco processo evolutivo – ponderou Inácio.

– É o somatório da educação intelectual e moral. Adelaide, por favor, continue – pedi.

– No caso de Heitor e Adélia, quando se aproximou a data de reencarne do antigo companheiro, Heitor se sentiu inseguro e temeroso; dessa maneira, seu padrão vibratório foi contaminado por energias mais densas e sua mente, invadida por um servidor da Comunidade Educacional das Trevas, que colheu importante informação de planos futuros. Este imediatamente se reportou a seu comandante, que, com presteza, fez com que Tibério fosse colocado a par da importante notícia – esclareceu minha amiga.

– E que notícia seria essa? – perguntei com curiosidade.

– O reencarne de bondoso irmão missionário que, com sua dedicação e amor, deverá revolucionar o destino da educação mundial por meio de novas metodologias de ensino – explicou Adelaide.

– Um outro filho? – indaguei.

– Exatamente, meu amigo. Mas, diante dos últimos acontecimentos, deveremos repensar e reformular esse plano de ação – disse Adelaide.

– Heitor não conseguirá superar esse momento e voltar a comandar o corpo físico? – perguntei à minha amiga.

– A matéria já está muito comprometida. Diante das últimas ocorrências, a convulsão e a inundação hemorrágica de grande parte da massa encefálica, torna-se urgente que tomemos algumas decisões junto com trabalhadores dos departamentos específicos no planejamento encarnatório – falou Adelaide.

– E a gravidez de Adélia seguirá seu curso normal? – indagou Maurício.

– Seguirá, sim. O irmão reencarnante necessita demasiado dessa oportunidade, e Adélia, durante desdobramento pelo sono, insistiu para que tudo continuasse como deve ser – esclareceu minha amiga.

– E agora, o que deveremos fazer para auxiliar em todo esse processo de reajuste? – perguntei.

– Logo seremos chamados por querido amigo, que nos auxiliará nesse momento. Convido-os à prece petitória ao Pai de amor e perdão em benefício de nossos irmãos assistidos – convidou Adelaide.

Capítulo 27

Um momento decisivo para o planeta

802. Desde que o espiritismo deve marcar um progresso da humanidade, por que os Espíritos não apressam esse progresso através de manifestações tão gerais e patentes que pudessem levar a convicção aos mais incrédulos?

– Desejaríeis milagres, mas Deus os semeia a mancheias nos vossos passos e tendes ainda os homens que os negam. O Cristo, ele próprio, convenceu os seus contemporâneos com os prodígios que realizou? Não vedes ainda hoje os homens negarem os fatos mais patentes que se passam aos seus olhos? Não tendes os que não acreditariam, mesmo quando vissem? Não, não é por meio de prodígios que Deus conduzirá os homens. Na sua bondade ele quer deixar-lhes o mérito de se convencerem através da razão. (*O Livro dos Espíritos* – Livro III – Capítulo VIII – Lei do progresso – Item VI – Influência do espiritismo no progresso)

No início da manhã de um novo e glorioso dia ensolarado, Inácio veio nos convidar para que nos juntássemos à amabilíssima equipe de trabalhadores do Senhor, que iria nos auxiliar a definir o alcance de nossa intercessão em favor de nossos irmãos em difícil momento a ser vivenciado nessa encarnação abençoada.

– Bom dia a todos! – cumprimentou-nos amável senhora, aparentando jovialidade e alegria. – A pedido de nosso companheiro Américo, levamos o caso de Heitor e Adélia para consulta a espíritos benfeitores, os quais nos instruíram que, no momento, devemos apoiar Adélia por meio de boas intuições e fortalecimento energético, inclusive solicitando às equipes de trabalhadores encarnados da casa espírita Caminheiros de Jesus para que a auxiliem a superar os momentos difíceis que se aproximam. Quanto a Heitor, uma equipe de seareiros preparados para auxiliar em seu traumático desencarne já se encontra no hospital. Devemos esperar o desenlace para as próximas horas – explicou Sônia, esse o nome da irmã que veio em nosso auxílio.

– E quanto às equipes coordenadas por Tibério? O que devemos fazer? – perguntei, demonstrando certa preocupação.

– A Comunidade Educacional das Trevas receberá a visita de socorristas que têm como instrução limitar a ação dos grupos que se preparavam para se deslocar de seus sítios e agir, provocando mais desequilíbrios em todos os envolvidos nessa dolorosa trama. E estamos convidando você, Vinícius, e você, Maurício – explicou Sônia, apontando-nos –, para que os acompanhem nessa empreitada.

– Se a irmã considera que seremos úteis ao trabalho, estamos à disposição – tornei, agradecido pela oportunidade de aprendizado.

– Inácio, vou pedir a você que se dirija à residência de Silas, pois também estão sendo visados nesse ataque. Pareceu-nos que os gêmeos estavam meio belicosos nesta manhã – esclareceu Sônia.

Logo após breve reunião, dividimo-nos em pequenos grupos e nos dirigimos a nosso destino.

Maurício e eu nos encontramos com as equipes de socorristas na Casa Transitória Manuel da Nóbrega, e imediatamente fomos instruídos sobre a maneira como deveríamos nos conduzir. Logo avistei Daniel, que conduzia um grupo de jovens trabalhadores. Feliz por reencontrar caro amigo que nos auxiliou no início desse socorro, fui a seu encontro.

– Bom dia, Daniel, estou feliz por reencontrá-lo – cumprimentei.

– Bom dia, Vinícius. Bom dia, Maurício. Estava ainda sediado no posto intermediário de socorro junto à Comunidade Educacional das Trevas. Voltei nesta madrugada a pedido do senhor Adélcio, para auxiliar na instrução às equipes que vão trabalhar naquela região no dia de hoje – respondeu Daniel.

– E o amigo poderia nos dar notícia da situação atual em que se encontra a comunidade? – indagou Maurício.

– Os trabalhadores das trevas mostram-se bastante agitados e agressivos. Os comandantes, desconfiados e beligerantes, estão intransigentes com as equipes socorristas, não tolerando a nossa presença e reagindo com violência. Tibério, como é característica sua, mostra-se indiferente à comoção do momento. Demonstra total controle sobre suas emoções e atitudes, como se estivesse ali apenas como espectador, somente observando – comentou o amigo.

– Esse controle que Tibério demonstra de suas emoções não seria sinal de sua incapacidade de entender o bem? – perguntei a Daniel.

– Vivemos em constante conflito entre o bem e o mal. Tibério vem há muito tempo vivenciando apenas um dos polos, e sua mente pouco registra as boas sensações, chegando a ponto de não mais se importar com o sofrimento, que para ele é um estado natural do espírito – explicou Daniel.

– A encarnação como Tibério foi a última? – perguntou Maurício.

– Não, houve algumas oportunidades breves, na realidade encarnações compulsórias, nas quais Tibério sabia o que estava ocorrendo e apenas deixava acontecer; porém, quando se decidia por encerrar a experiência, o fazia antes mesmo de vir ao mundo em outro corpo abençoado – tornou Daniel.

– Ele provocava o próprio aborto? – perguntei.

– Isso mesmo; mas essas breves incursões lhe serviam como magníficos choques anímicos envolvidos em doces sensações amorosas, pois as mãezinhas benfeitoras que o recebiam no ventre eram espíritos missionários que se predispuseram a amá-lo sem nem ao menos conhecê-lo. Tais experiências foram como sementes de amor plantadas em terreno árido, mas regadas com a constância do amor e da compaixão, e que em breve frutificarão em um novo caminho para essa mente sofredora – disse Daniel, a voz embargada de emoção.

– E não havia como mantê-lo dentro do ventre, dessa maneira auxiliando-o a vivenciar uma encarnação regeneradora? – indagou Maurício.

– Tibério é portador de muito conhecimento. Apesar de ser moralmente ignorante, é um observador atento da vida, então foi decidido que iria viver essas experiências perto da lucidez, assim assimilaria sensações e informações, que no futuro serviriam de caminho à sua transformação – falou Daniel.

– Creio haver entendido. E hoje, como será para Tibério? – inquiri.

– Ele observa a movimentação, e acreditamos que a indiferença que demonstra é apenas aparente. Seus olhos brilham diante da vida. Temos esperança de que, nos próximos dias, ele modificará seu comportamento – explicou Daniel.

– Adiantemo-nos em direção à praça. A reunião já deverá se iniciar – avisei aos meus amigos.

Adélcio subiu a pequeno palanque montado no centro de magnífica praça. Com a habitual simpatia, dirigiu-se aos ouvintes:

– Queridos irmãos, agradeçamos a Deus por esta oportunidade de trabalho redentor. Hoje iremos à Comunidade Educacional das Trevas com o coração transbordando de amor e compaixão por nossos irmãos ainda em sofrimento. Nosso objetivo principal deverá ser partilhar o amor e a boa vontade, dos quais estaremos revestidos, emanando doce energia que os inebriará e os fará sequiosos dessa bem-aventurança. Os coordenadores dos diversos grupos já foram instruídos e partilharão com seus companheiros de equipes as informações necessárias para que tenhamos sucesso nessa empreitada de amor. Deus abençoe a todos. Vamos em paz!

As equipes se reuniram para receber instruções dos coordenadores. Daniel nos orientou sobre a nossa participação.

– Iremos acompanhando nosso amigo Adélcio. Recebemos instruções para agir dentro do edifício principal da comunidade; mas, durante o percurso, vamos à frente, abrindo caminho entre as hordas que tentarão impedir nossa entrada naqueles sítios. Receberemos o apoio de duas equipes que trabalham adestrando cães, os quais farão frente aos animais usados por essa comunidade. Nosso objetivo será mantê-los ali, para que as equipes externas consigam realizar seu trabalho sem a interferência desses irmãos. Hoje é um dia muito especial para nosso orbe; nestas vinte e quatro horas que se seguirão, em todo o planeta virá à luz uma nova encarnação de vários espíritos comprometidos com a evolução moral do planeta, e outros tantos serão concebidos pelo amor entre espíritos amorosos e devotados ao Pai Maior – avisou-nos Daniel.

– Então não se trata apenas do caso em que estamos trabalhando? – indaguei ao amigo.

– Não. A vinda desses irmãos ao planeta inicia bendito planejamento da espiritualidade superior para que a Terra comece a vivenciar uma nova era, e todos esses irmãos que se predispuseram a participar por meio de uma encarnação missionária também dependerão do esforço de todos nós. Vamos acompanhar as equipes de adestradores, que já se encontram em nossa dianteira. Elevemos nosso pensamento ao Pai em busca de fortalecimento e serenidade nessa caminhada – convidou Daniel.

Deixamos para trás a casa transitória e nos colocamos a caminho. Conforme avançávamos em direção à Comunidade Educacional das Trevas, a paisagem agreste já familiar a nossos olhos, foi tomando conta do ambiente, e, aos poucos, a total escassez de vegetação dava lugar ao chão ressequido e à densa energia que a tudo envolvia. Em determinado momento, os grandes mastins que seguiam à nossa frente estancaram e assumiram posição de alerta. Os adestradores se adiantaram e conduziram os cães para as laterais da tosca estrada. Adélcio, Daniel e eu nos adiantamos e percebemos um grande número de espíritos de aparência belicosa que vinham em nossa direção portando estranhas armas de combate.

Paramos à frente do estranho e rústico cortejo. Então Adélcio nos instruiu a mentalizar fonte de energia protetora que rapidamente envolveu todo o grupo. Com serenidade, avançamos pela estrada, e, à nossa passagem, os pretensos opositores se afastavam e alguns resvalavam ao chão demonstrando grande cansaço. Mentalmente consultei Adélcio sobre a possibilidade de socorrê-los, mas o amigo nos instruiu a continuarmos, porque o momento do socorro estava próximo.

Vencendo o obstáculo, deparamos com uma depressão na rocha, e Adélcio nos instruiu a parar por alguns minutos. Em seguida, aproximou-se de mim.

– Vim até este ponto com vocês para instruí-lo sobre a maneira pela qual deverá conduzir o grupo – disse-me ele –; devo retornar à superfície para realizar outras tarefas a mim conferidas. A partir de agora, o amigo Vinícius deverá ser o responsável pela realização dessa tarefa. Deverá adentrar o edifício administrativo e manter os trabalhadores restritos àquela área, tarefa para a qual Daniel está bem preparado. Você deverá ficar na companhia de Tibério e lhe mostrar a finalidade de toda essa mobilização.

– Mas...

– Não se preocupe. Nesse momento passarei a você todas as informações necessárias para que possa entender e realizar sua parte no trabalho de maneira eficiente. – E, ao dizê-lo, Adélcio pediu que o olhasse nos olhos e, amável, passou a dividir mentalmente comigo as informações que julgava necessárias.

As imagens passavam céleres por meu pensamento, e aos poucos tudo passou a fazer sentido. Percebi a mobilização dos espíritos em favor da comunidade planetária, os planejamentos encarnatórios de caridosos irmãos missionários, o acolhimento daqueles ainda presos em suas dores e erroneamente lutando para que a evolução da inteligência moralizadora não se concluísse. As falanges de espíritos maldosos arquitetando maneiras de prolongar a dor por meio das vivências odientas, das vinganças descabidas e do ódio avassalador, e, acima de tudo, o Amor incomensurável de um Pai piedoso que somente perdoa e permite sempre oportunidades de refazer o caminho. Com a visão ampliada, percebi que tudo ocorria visando apenas a um único objetivo: a evolução dos espíritos habitantes desse bendito orbe. Portanto, não havia necessidade de dúvidas nem de inseguranças; apenas a confiança lúcida e amorosa de todos nós, envolvidos nesse fantástico processo de crescimento moral.

Emocionado, abri os olhos. Adélcio continuava diante de mim; seu rosto banhado em lágrimas serenas mostrava que partilhava comigo esse momento de emoção.

Capítulo 28

O lar de Silas: retorno às velhas energias ou evolução?

803. Todos os homens são iguais perante Deus?

– Sim, todos tendem para o mesmo fim e Deus fez as suas leis para todos. Dizeis frequentemente: "O Sol brilha para todos", e com isso dizeis uma verdade maior e mais geral do que pensais.

Todos os homens são submetidos às mesmas leis naturais, todos nascem com as mesmas fragilidades, estão sujeitos às mesmas dores e o corpo do rico se destrói como o do pobre. Deus não concedeu, portanto, superioridade natural a nenhum homem, nem pelo nascimento, nem pela morte: todos são iguais diante dele. (*O Livro dos Espíritos* – Livro III – Capítulo IX – Lei de igualdade – Item I – Igualdade natural)

Enquanto nos dirigíamos à Comunidade Educacional das Trevas, Inácio visitava a residência de Silas, e logo à entrada percebeu um grupo de espíritos que demonstravam certa irritação. Discutiam falando alto e insultando uns aos outros. Inácio se aproximou.

– Posso auxiliá-los de alguma maneira? – perguntou.

– O que o faz pensar que precisamos de sua ajuda? O assunto é nosso, e não gostamos de interferência – respondeu um senhor demonstrando grave processo de deformação perispiritual.

– Desculpe ter interferido, mas fui designado para auxiliar os moradores desta casa. Como vocês se encontram à porta deles, acreditei que também aqui morassem – tornou Inácio.

– Não moramos aqui, mas, assim como vocês, também fomos designados para trabalhar com esse pessoal. Mas... acredito que não veio fazer o mesmo que nós – replicou a entidade de maneira sarcástica.

– Viemos, em nome de Deus, trazer paz, tranquilidade e serenidade a todos os que aceitarem trilhar o caminho do amor. Aliás, o irmão e seus companheiros, apesar de não serem moradores da casa, também poderão aceitar a oportunidade – sugeriu Inácio.

– Você me oferece ajuda? E com essa cara de inocência, como se já não soubesse o que estamos fazendo por aqui? – falou o irmão soltando sonora gargalhada, no que foi seguido pelos companheiros.

– Do que ri o irmão? Não se acha merecedor desse Bem Maior? – indagou Inácio.

– Merecedor? Quem aqui liga para esse merecimento? A única coisa que de fato me importa é atingir meus objetivos, e para isso faço qualquer coisa – respondeu o irmão ainda em tom sarcástico.

– E qual seria esse objetivo? Será que não poderíamos auxiliá-lo? – questionou Inácio.

– Vingança; somente a vingança dá sentido à minha vida. Você se acha com capacidade para me auxiliar nessa tarefa? – perguntou a entidade, encarando fixamente Inácio.

– Se me contar sua história e convencer-me de que estará praticando a justiça divina, eu o ajudarei! – tornou Inácio com seriedade.

– Que trama é essa que urde contra mim? – quis saber o irmão, com um olhar que denotava desconfiança.

– Não há trama alguma. O que poderá ser tão ruim assim se apenas pedi ao amigo que me conte sua história? O que poderei fazer com essas informações que tanto o amedrontam?

– Não temo nada, acredite nisso – tornou o outro com prepotência.

– Então...

– Está bem. Aliei-me ao exército de Tibério em troca de favores – começou o infeliz irmão. – Fui vítima de terrível ardil por parte de meu irmão Alonso. Ambos éramos herdeiros de uma grande fortuna e de posições sociais poderosas em nossa sociedade, e eu, como filho mais velho, herdaria o título nobre e as grandes propriedades, e os bens ficariam sob minha administração. Seria poderoso dentro do reino; mas o traiçoeiro vil não aceitou ficar sob minhas ordens e tramou o meu assassinato. Qual não foi minha surpresa ao perceber que ainda estava vivo e amaldiçoado deste lado da vida, presenciando o sucesso de meu traidor. Se não bastasse, o horripilante espectro se fez protetor de minha família, e lá estava ele, ileso e impune, tendo ainda a ousadia de casar-se com minha esposa e adotar meus filhos como seus. Devo lavar minha honra com sangue. Se não posso mais desafiá-lo para um duelo de armas até que um de nós morra, eu o perseguirei até seus últimos dias e não o perdoarei jamais. Vou levá-lo à insanidade e ele cometerá o pior de todos os crimes: acabará com a própria vida. Estarei aqui para esperá-lo! E então? Você se oferece para me ajudar a concluir minha vingança? – perguntou o irmão, o rosto retorcido pela dor que o consumia, o corpo trêmulo vencido por intensa emoção.

– Compadeço-me de sua dor, mas, enquanto você rasteja no solo fétido do ódio, que o consome e o escraviza, seu irmão, aquele que antes ignorava o valor do perdão e da fidelidade amorosa, arrependeu-se do mal feito e orou ao Pai pela oportunidade de se redimir no decorrer dos tempos idos; enquanto isso, o irmão infelicitado por suas escolhas trilhou o caminho do desequilíbrio, causando mal a si mesmo. Apesar do assédio constante sobre o antigo companheiro, este caminhou em busca de redenção e se fortalece a cada dia vivido com amor. Quanto a você, caro irmão, não conseguiu ao menos calar a mente e observar essa transformação. O antigo delinquente transformou-se em seu benfeitor, e, graças às suas preces e intercessão, seu estado não é mais grave – esclareceu Inácio.

– Você veio a mando do vil traidor! – vociferou o infeliz.

Nesse momento, belíssima entidade de luz se fez presente a lado deles, e se dirigiu ao querido irmão:

– Querido filho de meu coração – falou a bela entidade de luz –, estou aqui a pedido de seu irmão e também por próprio querer, nascido do amor que dediquei a você desde o momento em que o recebi em meu ventre. Aproxime-se de quem o ama verdadeiramente, apesar de nossas imperfeições, que o levaram a sofrer terrível mágoa e o iniciaram nesse triste caminho que vem trilhando desde então.

– Como se atreve a me lembrar que estive em seu ventre? Você aproveitou os benefícios dessa traição, tornou-se a mimada e voluntariosa mãe do traidor, sempre bajulada por todos. Não vi lágrimas escorrer de seus olhos pela morte do filho traído! – gritava o infeliz irmão em desespero.

– Perdoe-me a falta grave da coragem para enfrentar o que eu mesma temia. A dor foi companheira inseparável de meu coração, somada ao medo de ser retaliada. Minha vida, apesar de abastada materialmente, foi infeliz. A saudade de sua presença, a falta de ouvir sua voz e seus passos, quando adentrava minha casa alegremente, foram o castigo da minha omissão. Venho através de todo o tempo passado em busca da redenção de todos nós, principalmente de você, filho querido. Permita que o abrace e o embale como a criança que um dia protegi – pediu a mãe com emoção.

– Não me olhe assim. Não posso acreditar em seu amor! Você não o provou quando precisei dele – respondeu o irmão, demonstrando emoção contida na fala titubeante.

Estendendo os braços, que irradiavam doce luminosidade, a mãe amorosa se aproximou do filho relutante e ajoelhou-se a seus pés. Com doçura acariciou as chagas que o maltratavam. Ao doce toque de amor, as feridas antigas foram cicatrizando e o irmão, com os olhos arregalados de pavor, afastou-se em pânico.

– Bruxa do inferno, você não me comprará com suas mágicas trevosas. Traidora! – vociferou o infeliz.

A mãe, com os olhos brilhantes de esperança, levantou-se do chão e caminhou na direção do filho amado.

– Venha para meus braços, para que eu possa auxiliá-lo, meu filho – pediu ela.

O triste irmão desabou ao chão. Enfraquecido, estendeu as mãos esqueléticas e, num murmúrio, suplicou:

– Não me traia mais uma vez!

E adormeceu amparado pela mãezinha radiante. A entidade de luz olhou para os trabalhadores do Senhor que auxiliavam no momento e apenas acenou em sinal de agradecimento. Eles, abençoados pelo Pai, sentiram o toque dessa gratidão.

Conforme o tempo passa em aprendizado e experiências incríveis que vivencio desse lado da vida, também consigo entender o mundo com mais amplidão. Hoje sei que a energia irradiada por nossas mentes eternas afeta todo o universo conhecido. Predisposto a sentir e viver essa maravilha que nos une, também me sinto parte do todo, e partilho o bem que tem origem em meus sentimentos mais nobres. Com esses mesmos sentimentos, posiciono-me no combate ao mal pela criação mental saudável. Dessa maneira, somamos esforços e partilhamos o que criamos.

Olho ao meu redor e sinto-me elevar. Posso enxergar ao longe, e a sensação é de plenitude. Oh, Deus, obrigado por permitir a esse seu filho tão ignorante partilhar dos mais puros sentimentos que já posso entender, e obrigado, novamente, por poder entender que essa incrível sensação é apenas o início de um mundo melhor dentro de mim!

Inácio adentrou a residência de Silas e percebeu densa energia que envolvia o ambiente. Célere, ciente da urgência do momento, mobilizou sua equipe em prol da recuperação daquele lar, para que os integrantes voltassem à harmonia que ali reinava nos últimos dias.

Manuela, intuída pelo mentor, logo chegava à casa do pai.

– Tudo bem, meu pai?

– Mais ou menos, Manuela. Hoje o dia está meio conturbado. Seus irmãos levantaram da cama predispostos a brigar, e logo Paulo deverá estar por aqui. É importante que estejamos todos em equilíbrio para recebê-lo. Isso é muito valioso no tratamento que faz – explicou Silas, preocupado.

– O senhor lembrou-se de orar, meu pai? – perguntou Manuela.

– Tentei várias vezes, mas, assim que começo, um deles começa a discutir de novo e eu preciso apartá-los. Isso é muito esquisito, porque os gêmeos nunca brigaram a ponto de iniciarem violência física – comentou Silas.

– Sabemos que, quando há interferência negativa, e se nos envolvermos, até o simples ato de recitar uma oração torna-se difícil. Lancemos mão de *O Evangelho segundo o Espiritismo*, e façamos dessa situação um exercício de aprendizado – sugeriu Manuela.

– Obrigado, minha filha, por sempre estar a nosso lado – agradeceu Silas.

Manuela, tomando o livro nas mãos, fez breve prece rogativa por todos ali presentes, e abriu no Capítulo XII – Amai os vossos inimigos – Item V – Os inimigos desencarnados. Assim que iniciou a leitura do magnífico texto, os gêmeos, Pedro e Paola, aproximaram-se e sentaram-se à mesa perto dos familiares. Manuela sorriu para os dois e continuou a leitura, enquanto Silas, visivelmente emocionado, estendeu as mãos em direção aos filhos e os tocou com carinho.

Inácio, satisfeito com a boa recepção dessa amável família, encarregou Ana de permanecer no local e veio juntar-se a nós, com a intenção de nos auxiliar em nossa empreitada.

As equipes de trabalhadores encarregadas de realizar a rede de contenção energética já estavam posicionadas. Ao comando mental de Adélcio, que se encontrava junto a inestimáveis amigos espirituais habitantes de planos mais elevados, todos passamos a emanar energia que servia ao propósito único de manter os habitantes daquela comunidade infeliz restritos a seus domínios.

A energia emanada por nós – somada e direcionada com firme propósito de permitir aos envolvidos na trama gerada por sentimentos menos nobres abençoada oportunidade de redirecionar suas vidas em benefício de si mesmos – criou denso campo energético de contenção ao redor dos domínios físicos da Comunidade Educacional das Trevas. Alguns espíritos, descrentes de nossas providências, tentavam transpor a rede de contenção e, ao tocá-la, recebiam descargas de energia, que serviam como benditos choques anímicos que, no primeiro momento, deixavam os incautos irmãos atordoados e enfraquecidos; alguns gritavam impropérios maldizendo a bondade do Pai; outros, com os olhos arregalados, pareciam enxergar através de densa névoa, e passavam a chorar e lamentar os próprios desequilíbrios; porém, alguns irmãos, ainda demonstrando a ausência da compreensão mínima do amor, fitavam-nos de longe, ora com raiva, ora com sarcasmo, e podíamos perceber em seus olhos a frieza de quem ainda não consegue amar a si mesmo.

Nossa pequena caravana voltou a caminhar em direção à praça central da triste Comunidade Educacional, enquanto um número incontável de trabalhadores do bem se espalhava por aqueles sítios levando a luz do esclarecimento cristão.

O ar me pareceu mais leve; o ambiente, mais iluminado e menos triste. As criaturas sofredoras que encontrava pelo caminho pareciam cansadas, deslocavam-se com lentidão, e pudemos perceber que seus sentimentos eram confusos. Observavam-nos com certa curiosidade, e à nossa passagem silenciosa pude perceber uma tênue sensação de respeito e esperança.

Olhei para Daniel e para os outros irmãos de nosso amável grupo de trabalho e fui brindado com a luz da felicidade. Sorrindo, olhei à frente e, extasiado, percebi que emanávamos doce luminosidade que desbravava a escuridão das almas ali perdidas.

Firmes em nosso passo, chegamos à estranha praça central, e vi enorme estátua, imponente e escura, que se erguia na porção central. Daniel pediu que observasse a horripilante escultura. Esculpida em material semelhante à madeira escura e putrefata, exalava forte odor e exibia vários rostos caricaturados de líderes perversos que habitaram o planeta. A sensação era de que os olhos insculpidos tinham vida inteligente e seguiam o movimento dos transeuntes.

Olhei para Daniel com expressão interrogativa, e ele me explicou:

– Essa obra de horrores foi montada com os espíritos revoltosos dessa comunidade. Basta uma só desobediência, para que sejam convocados os mais hábeis hipnotizadores da comunidade e, em praça pública, os desobedientes sofrem transformações perispirituais, para que se assemelhem aos mais famosos líderes perversos da humanidade.

– Seria o mesmo processo usado nas formas licantrópicas? – indaguei ao amigo.

– Exatamente, Vinícius – tornou Daniel. – E sabemos que o processo de transformação somente acontece porque "as vítimas" permitem que isso aconteça, seja por meio do sentimento de remorso/culpa ou por medo de reagir a seu torturador.

– Seja qual for o sentimento, está diretamente ligado à ignorância das leis morais – ponderei reflexivo.

– Isso mesmo, meu caro amigo. O espírito educado é consciente de seus direitos e deveres, por isso mesmo difícil de ser ludibriado – comentou Inácio, que acabava de se juntar a nosso grupo.

– Tudo bem na residência de Silas? – perguntei.

– Graças ao bom Pai, essa família já experimenta a felicidade de sentir o amor – respondeu o irmão.

– Devemos nos dirigir ao prédio principal – falei. – Daniel e Inácio deverão coordenar as equipes que trabalharão nessa área. Quanto a mim, peço a companhia de meu amigo Maurício. Visitaremos Tibério e permaneceremos a seu lado durante essas benditas vinte e quatro horas.

Calmamente, dirigimo-nos à entrada do prédio principal, edifício que abrigava o comandante Tibério e sua equipe mais próxima.

Capítulo 29

Uma canção de ninar especial

833. Há no homem qualquer coisa que escape a todo o constrangimento, e pela qual ele goze de uma liberdade absoluta?

– É pelo pensamento que o homem goza de uma liberdade sem limites, porque o pensamento não conhece entraves. Pode-se impedir a sua manifestação, mas não aniquilá-lo.

834. O homem é responsável pelo seu pensamento?

– É responsável perante Deus. Só Deus, podendo conhecê-lo, condena-o ou absolve-o, segundo a sua justiça. (*O Livro dos Espíritos* – Livro III – Capítulo IX – Lei de liberdade – Item III – Liberdade de pensamento)

Américo permanecia junto a Heitor, que agonizava no leito hospitalar. O ambiente higienizado, tanto no plano material como no plano espiritual, estava sereno e impregnado de fluidos revitalizantes. Uma equipe de irmãos preparados para acompanhar o desligamento do espírito na hora do desencarne já se encontrava no ambiente.

Adélia, acompanhada de Sandra, estava acomodada na sala de espera contígua à Unidade de Terapia Intensiva. Apesar de aparentar calma, sua mente fervilhava com pensamentos ora de esperança, ora de desespero pelo ato de desequilíbrio praticado por Heitor.

Heitor permanecia em estado de perturbação, semidesligado do corpo denso, porém seu sofrimento era visível ao plano espiritual. Encolhido embaixo da cama hospitalar, recusava-se a escutar quem se aproximasse, e, com a mente em desalinho, via apenas os fantasmas de um passado distante, mas naquele momento tão vívido em sofrimento.

Américo, acompanhado de amável trabalhador de nosso plano, aproximou-se de seu tutelado e, com delicadeza, chamou por seu nome:

– Heitor, querido filho do coração, escute minha voz e se lembre dos momentos de amigável conversa que pudemos desfrutar enquanto parentes por afinidade. Heitor, permita que minha voz, impregnada de carinhosa energia, possa vencer esse escuro véu de aflição que lhe rouba o raciocínio.

Heitor levantou ligeiramente o rosto e murmurou aflito:

– Que voz é esta que chega aos meus ouvidos? Que fantasma de meu passado veio me assombrar, cobrando meus malfeitos? Deixem-me em paz! Não consigo mais viver assim. Preciso calar esse barulho infernal em minha cabeça.

Américo, auxiliado por seu companheiro, passou a aplicar passe em seu chacra coronário e ao mesmo tempo manipulava a energia oferecida com fraterno carinho. Moldou-se à sua volta brilhante cúpula de proteção. Heitor sentiu-se melhor e estendeu suas mãos em direção à voz amiga.

– Por favor, me ajudem! Estou perdido em um mundo escuro; não consigo enxergar luz que me direcione o caminho. Sinto-me cego nesta escuridão.

– Acalme-se, estamos aqui a seu lado. Apenas ouça a minha voz e apoie-se em minhas mãos. Nós o amamos demais, meu filho, e o queremos feliz em sua caminhada.

– Sou um pecador, e agora, renegado pelo ato suicida, não mereço nem mais um túmulo cristão.

– Não se afobe com os desatinos passados. Deus, nosso Pai amantíssimo, nos socorre a cada queda e não nos julga a dor do desequilíbrio. Vivemos vida eterna, e sempre repleta de oportunidades benditas para que refaçamos o caminho. Portanto, não precisa se culpar pela falha cometida, mas sim caminhar em busca da redenção pelo autoamor.

– Anjo que me socorre, me ampare em seus braços, não tenho mais forças para caminhar sozinho. Sei que errei, mas me perdoe e não me julgue a fraqueza.

– Adormeça, filho amado de meu coração. Já é hora de voltar para casa.

Heitor adormeceu nos braços amorosos de Américo, e a equipe que o auxiliava passou a executar os últimos processos de desligamento.

Adélia silenciou no mesmo momento e comentou, olhando para Sandra:

– Heitor se foi nos braços dos anjos do Senhor! Estou em paz, não sei bem por quê, mas não sinto mais desespero.

Sandra, com os olhos marejados de lágrimas, agradeceu mentalmente a Adelaide, que, solícita e amorosa, amparava

Adélia em seus braços e envolvia o ventre da mãezinha em energias protetoras. O espírito que ali se acomodava serenou e adormeceu, embalado por delicada canção de ninar, que era mentalizada por Adélia.

Dorme, meu bem
Que a noite é de paz
E tu em meus braços estás
Deixa, meu bem
A calma envolver
Teus olhos, teu corpo, teu ser
A noite vai e outro dia virá
Mas junto a ti aqui me encontrará
Dorme, meu bem
Repousa em mim
Teu sonho, teu mundo sem fim.
(*Canção de ninar um bem*, de Reginaldo Bessa)

Vale salientar que o ato do suicida é um dos maiores enganos que se pode cometer. O corpo material sofre as consequências de mentes desequilibradas, que erroneamente acreditam estar se furtando a viver problemas deprimentes de tal envergadura, que acabam por se julgar incapazes de superá-los. Essa violência praticada por nós contra nós mesmos trará, de imediato, dores atrozes que nos cobram imediata decisão de recuperação por meio de terríveis expiações. Com esse ato desvairado, lesamos nosso perispírito, lesão essa que nos trará graves limitações em outras oportunidades.

O espírito dementado ou “vítima” de graves processos obsessivos goza de atenuantes para esse ato tresloucado, mas sofrerá as consequências devidas e passíveis de recuperação por meio do gratificante processo de reeducação do espírito.

Em *O Livro dos Espíritos* – Livro IV – Capítulo I – Penas e gozos terrenos – Item VI – Desgosto pela vida. Suícidio, na questão 946, Allan Kardec pergunta: "Que pensar do suicida que tem por fim escapar às misérias e às decepções deste mundo?", e recebe a seguinte resposta:

> *Pobres espíritos que não tiveram a coragem de suportar as misérias da existência! Deus ajuda aos que sofrem e não aos que não têm forças nem coragem. As tribulações da vida são provas e expiações. Felizes os que as suportam sem se queixar, porque serão recompensados! Infelizes, ao contrário, os que esperam uma saída nisso que, na sua impiedade, chamam de sorte ou acaso! A sorte ou acaso, para me servir da sua linguagem, podem de fato favorecê-los por um instante, mas somente para lhes fazer sentir mais tarde, e de maneira mais cruel, o vazio de suas palavras.*

E, na questão seguinte, de número 946-a, Allan Kardec pergunta: "Os que levaram o desgraçado a esse ato de desespero sofrerão as consequências disso?", e recebe a seguinte resposta: "Oh! Infelizes deles! Porque responderão como por um assassínio".

Heitor, ainda preso a um passado que o atormentava, ao sentir a aproximação de antigo companheiro de delitos, tornou-se inseguro e, amedrontado, afastou-se dos propósitos iniciais. Vencido pelo medo, entrou em triste processo auto-obsessivo, que, infelizmente, serviu a seus perseguidores, vorazes nos planos diabólicos de vingança. Assim que puderam, iniciaram ferrenha obsessão, que o incapacitou diante dos momentos expiatórios.

Apesar da intercessão de amigos de planos mais elevados, sucumbiu em triste panorama mental, que levou ao autocídio auxiliado por assédio constante de tristes figuras das trevas.

Socorrido e auxiliado em seu desligamento, vislumbrou ao longe a necessidade de solicitar ajuda nesse momento doloroso, o que o livrou de terríveis sofrimentos como escravo da própria dor.

Após os preparativos para o velório, Adélia, assistida por familiares, voltou à sua residência. Cansada, dirigiu-se ao quarto e deitou-se na cama, adormecendo de imediato.

Adelaide a aguardava após o desligamento parcial pelo sono, e serenamente a recebeu em seus braços amorosos:

– Querida amiga, esse momento doloroso deve ser vivenciado com equilíbrio. Traz em seu ventre um filho que será muito amado e que precisará de seu carinho para que possa, em futuro próximo, ter a oportunidade de viver uma encarnação em um corpo saudável dirigido por uma mente lúcida. Heitor, em sua dor, não conseguiu superar suas limitações e partiu também como um necessitado do amparo de todos nós. Nós, que a amamos e respeitamos, e sabemos de sua capacidade de doação amorosa, estaremos a seu lado para socorrê-la quando necessário. Saiba que confiamos que decidirá o futuro de maneira consciente e equilibrada, assim colhendo saudáveis frutos para sua vida e para a daqueles que partilharão essa fantástica experiência reencarnatória a seu lado.

– Obrigada por estar aqui à minha espera e me acompanhando nesses momentos dolorosos – agradeceu Adélia. – Sei que terei muitos problemas a superar, mas também acredito na bondade de Deus, que nunca nos deixa desamparados.

Também sei que me preparei para vivenciar essas provas, que hoje me parecem difíceis de vencer. Confio que o tempo me permitirá colocar tudo em ordem, da maneira que se fizer necessária para a evolução saudável da própria vida. Por favor, minha amiga amada, não me abandone nunca; sinto sua bondade a meu lado e isso me fortalece.

– Não se preocupe, Adélia. Agora descanse; você precisa desse refazimento. Descanse, que estaremos aqui a seu lado.

Dizendo isso, Adelaide passou a aplicar passe impregnado de energia restauradora em Adélia. Esta suspirou, serena, e adormeceu em paz.

Capítulo 30

O auxílio que chega ao auxiliador

835. A liberdade de consciência é uma consequência da liberdade de pensar?

– A consciência é um pensamento íntimo, que pertence ao homem, como todos os outros pensamentos. (*O Livro dos Espíritos* – Livro III – Capítulo IX – Lei de liberdade – Item IV – Liberdade de consciência)

Daniel organizou sua equipe de trabalhadores para que se posicionassem em torno do prédio que abrigava a administração da Comunidade Educacional das Trevas, e passaram a instalar equipamentos que seriam usados na contenção dessa comunidade.

Postes semelhantes às torres de energia terrena foram dispostos em forma circular, em torno de toda a comunidade; e aparelhos menores em tamanho foram instalados em torno do prédio principal. Cada uma dessas torres abrigava, no ponto mais alto, pequena plataforma na qual havia um trabalhador que ficaria encarregado de mantê-la em perfeito estado de funcionamento.

Após a instalação das torres, foram acionadas correntes energéticas que se iniciavam no ponto mais alto e se estendiam até o chão, formando, dessa maneira, uma densa e brilhante parede de energia, que emitia suave claridade em todo aquele sítio.

Daniel nos sinalizou que poderíamos adentrar os domínios de Tibério; tudo estava preparado.

Maurício e eu nos encaminhamos para o centro do imponente edifício. Apesar da suntuosidade do ambiente, o ar estava impregnado de energia densa e de má qualidade. O cheiro era fétido e ouvíamos imprecações e lamentos à nossa passagem.

Mantivemo-nos em prece e com a esperança de estarmos caminhando para socorrer irmãos necessitados de paz.

Sabíamos da importância daquele momento para a história da humanidade. Nas próximas 24 horas, Deus nos presentearia com a encarnação de espíritos elevados, que teriam como missão auxiliar na evolução planetária. Seriam futuros mestres do amor e do perdão, condutores do Bem Maior, tão necessários a todos nós.

E fizeram-se necessárias medidas de precaução, pois sabíamos que a espiritualidade inferior se movimentava para impedir a chegada desses irmãos ao planeta. Após a concepção, cada qual receberia em seu lar o auxílio necessário para que tivessem a oportunidade de levar a termo os projetos encarnatórios.

Aproximamo-nos da sala onde estava confortavelmente sentado em uma poltrona nosso irmão Tibério.

– Vocês conseguiram chegar até aqui! – afirmou, olhando-nos com indiferença.

– Obrigado por nos receber, querido amigo – agradeci, encarando seus olhos tristes.

– Parece que não tenho alternativa – afirmou ele com um sorriso sarcástico, para em seguida completar: – Ou será que tenho e estou apenas me divertindo com suas peripécias?

– O amigo sabe por que estamos aqui – afirmei, olhando-o diretamente nos olhos.

– Sei, sim. Mas que diferença farão algumas horas? Logo poderemos agir livremente, e retomaremos nossos planos – disse com um sorriso frio.

– Não duvido de sua capacidade de ação, mas é chegado o momento em que a humanidade entrará em uma nova era de evolução moral, e aqueles que se fizerem obstinados na retaguarda moral deverão ser repatriados e obrigados a viver em mundos menos evoluídos, o que, para espíritos semelhantes ao irmão Tibério, será sofrimento e humilhação desnecessários – falei com firmeza.

– Continue; se for eloquente o suficiente poderá me interessar – respondeu Tibério com um meio sorriso nos lábios.

– Não tenho muito a dizer ao irmão que já não saiba. Não subestimarei sua inteligência e muito menos a sua cultura; apenas posso afirmar que não tem como comparar dois mundos tão diferentes e, ao mesmo tempo, tão semelhantes, uma vez que estão intrinsecamente ligados dentro de nós, se não experimentar vivenciar esses novos sentimentos – disse com emoção na voz.

– E como se faz para experimentar sentimentos que não nos tocam? Não me lembro de ter amado ou mesmo sentido afeição por nada – tornou o irmão com insensatez.

– Discordo do irmão; somos filhos do mesmo Pai amado, criados da mesma forma e com as mesmas possibilidades de evolução. Não diga a mim, um fiel servidor de Deus, que não tem um coração dentro do peito, pronto a ser desperto e libertado das trevas em que insiste em viver – esclareci, com os olhos marejados de lágrimas e sentindo intensa e feliz emoção por estar ali, diante de tão sofrido irmão, e sabendo que poderia auxiliá-lo a enxergar a luz dentro de si.

– Já me retiraram das mais escuras trevas; já fui contido entre paredes de intensa e dolorosa luz; já estagiei em seu mundo, mas nada vi ou senti que me provasse o amor que tanto apregoam pela vida afora. Não sabe que não posso enxergar o que não consigo acreditar que existe? – tornou Tibério, erguendo levemente a voz.

– Não sabes também que, se não se fizer livre pelo pensamento, nunca terá liberdade? Apregoa aos quatro ventos que é o senhor desses sítios, mas onde está a sua felicidade, se nem ao menos possui a esperança de que amanhã será um dia melhor? Vive aqui, recostado em sedas, cercado de servidores anônimos. Mas onde você está? Qual é a sua verdadeira identidade? – indaguei a ele com carinho.

– Identidade? Há centenas de anos sou Tibério! Quem mais do que eu pode ter a certeza da própria identidade? – ponderou o infeliz irmão.

– O que é um nome em meio à eternidade? Apenas arrasta correntes que nunca se partem. Como pode afirmar ter identidade se não vive as oportunidades de aprender a transformar e aprimorar o que tem de melhor? Você não faz o bem, nem mesmo o mal, por acreditar nele; apenas o faz porque não procura conhecer o outro lado da vida. Continua a se arrastar nas trevas porque não sabe fazer diferente! Onde estacionou sua inteligência e seu livre-arbítrio? – perguntei, transbordando de amor em cada palavra.

– O que está dizendo, seu hipócrita? Já foi um de nós; viveu aqui, nessa mesma comunidade, e era o mestre dos mestres. Desencarnou como o filósofo do mal e veio viver entre os comparsas. Muitas de nossas leis nasceram de sua mente. Hoje está aí, apregoando a lei do Cristo, como se nunca tivesse delinquido – replicou ele pausadamente, encarando-me.

Ajoelhei-me aos pés de Tibério e, com verdadeira humildade, pedi-lhe:

– Não me recordo dessa época, mas, se o irmão me auxiliar a recordar, agradeceria, para depois poder argumentar sobre os motivos de minha transformação.

No mesmo instante, senti doce brisa me envolvendo e escutei a voz sarcástica de Tibério:

– Farei sua regressão. Com certeza, nada teme porque seus comparsas o envolvem nas vibrações deles.

Ergui os olhos aos céus e mais senti do que vi os olhos de meu amado amigo Ineque, e escutei sua voz melodiosa dizendo-me:

– Fortaleça-se na boa disposição do trabalhador do Senhor. Lembre-se, meu querido amigo Vinícius, há pouco tempo você me auxiliou em situação semelhante![1]

Fechei os olhos e, com fé em nosso Pai amoroso, permiti a Tibério conduzir minha mente para uma época de tormentos e desequilíbrios.

---

[1] Ineque se refere à passagem descrita no livro *Obsessão e Perdão*, de autoria espiritual de Vinícius.

O ambiente era uma biblioteca antiga. Vi-me sentado diante de grossos volumes que discorriam sobre a mente. Eram livros proibidos ao público comum. A sala onde me encontrava era separada do resto do salão e ali, junto a mim, encontravam-se vários jovens aprendizes aos quais me dirigia de maneira eloquente.

O assunto do dia era a manipulação de mentes por meio da retórica proferida com maestria. Ensinava àquelas jovens mentes a arte da manipulação e percebia nos rostos pueris a admiração que os faria me seguir em qualquer direção.

Extasiado pelo poder que via emergir dentro de mim, passei a ambicionar mais e mais do que estava a meu alcance.

Em total desequilíbrio moral, percebi que podia movimentar porções energéticas através do pensamento e assim influenciar os que se fizessem interessantes a meus mirabolantes planos.

Usava a razão, abolindo de meu mundo os sentimentos. Não alimentava prazeres e negava qualquer sensação, fosse ela agradável ou não. Com a mente distorcida por minha inegável ambição de poder, raciocinava de maneira ambígua, subvertendo a real importância da vida.

Via-me entre grandes pensadores e absorvia conhecimentos sobre a ciência. Tornei-me mestre entre os mestres; porém, o conceito de filosofia segundo os grandes pensadores, como Platão em *Eutidemo,* que a definiu como o uso do saber deve ser em proveito do homem, o que implica, primeiro, posse de um conhecimento que seja o mais amplo e mais válido possível, e, segundo, o uso desse conhecimento em benefício do homem, acabou por perder o sentido em minha vida, pois apenas ambicionava conhecer para dominar.

O conceito do bem perdeu o significado e, aturdido pela razão ilógica, vi-me dominado pelo mal, que permiti nascer e crescer em minha mente.

Tornei-me mestre orador. Cada palavra que proferia, impregnada da mais torpe energia, era veículo para hipnotizar a plateia desavisada. Enredei os mais poderosos em terríveis tramas e intrigas na corte. Tornei-me figura temida nos meios acadêmicos. Por fim, atingindo o ápice da maldade, urdi terrível plano de assassinato, e meu próprio filho foi a vítima.

Fui banido da sociedade como uma chaga doentia e purulenta. Abandonado e sozinho, contraí a terrível lepra; apodreci em vida.

Desencarnei amaldiçoado por muitos e amparado pelos anjos do Senhor. Feliz momento quando minha consciência acordou para a vida.

No início, em desespero, invadido pelos tristes sentimentos da culpa e do remorso, permiti ser escravizado e "punido", acreditando que dessa maneira estaria expurgando minhas dores.

Oh!, felicidade! Entendi que somente agindo arrependido e recuperando as dores causadas voltaria a vislumbrar a liberdade de ser feliz.

Enxerguei, enfim, as mãos estendidas em minha direção e, com firmeza de propósitos, empenhei-me na recuperação de mim mesmo. Entendi, naquele momento, com o auxílio de meu irmão Tibério, o porquê de minha ansiedade, na última encarnação, após conhecer a Doutrina dos Espíritos, em querer usar o verbo divino e ser o orador da esperança.

A mesma ferramenta antes utilizada de maneira desvairada, utilizei-a para a divulgação de nossa amável Doutrina dos Espíritos.

Como é bondoso nosso Pai de perdão, que permitiu a esse filho ainda tão imperfeito a recuperação pelo trabalho redentor do amor. Levantei o rosto banhado de lágrimas e encarei o irmão Tibério. Consegui apenas balbuciar, tomado de intensa emoção:

– Obrigado, meu irmão! Obrigado!

Ele me olhou perplexo e se afastou dali, envolto nas trevas de sua mente. Senti que estava mais perto de Deus como jamais estivera em todo aquele tempo, apesar de ter se afastado de nós momentaneamente.

Maurício se aproximou de mim e, emocionado, estendeu-me as mãos. Apoiei-me nesse valoroso jovem, e nos abraçamos com muito carinho.

– Ah! – disse-me ele –, os caminhos do Pai são insondáveis. Quando pensamos estar socorrendo, somos socorridos e libertados de velhas e rançosas amarras.

Nesse instante, Ineque apareceu sorridente a nosso lado e comentou, amoroso como sempre.

– Agora, sim, podemos ir resgatar Tibério.

Olhei para esse amigo incomum e sorri confiante nos desígnios do Pai.

Capítulo 31

Nova Era

843. O homem tem livre-arbítrio em seus atos?

– Pois que tem a liberdade de pensar, tem a de agir. Sem o livre-arbítrio o homem seria uma máquina.

844. O homem goza do livre-arbítrio desde o nascimento?

– Ele tem a liberdade de agir, desde que tenha a vontade de o fazer. Nas primeiras fases da vida a liberdade é quase nula; ela se desenvolve e muda de objeto com as faculdades. Estando os pensamentos da criança em relação com as necessidades da sua idade, ela aplica o seu livre-arbítrio às coisas que lhe são necessárias. (*O Livro dos Espíritos* – Livro III – Capítulo IX – Lei de liberdade – Item V – Livre-arbítrio)

Enquanto estavámos socorrendo e sendo socorridos na Comunidade Educacional das Trevas, acontecia o velório de

Heitor. A família, inconformada com o desfecho dos acontecimentos, chorava desesperada.

Adélia, sentada a um canto da pequena sala do velório, estava pálida e trêmula, mas amparada por amigos. Acariciava levemente o ventre que abrigava seu filhinho e mentalmente o encorajava a empreender a fantástica aventura na matéria densa. Seu rosto sereno espelhava seus sentimentos. Sentia certa fraqueza física; as pernas pareciam pesar toneladas e sentia um início de vertigem. Naquele momento, Silas e os filhos adentraram o recinto e se dirigiram a ela.

– Adélia, sentimos muito o acontecido. Estamos à disposição; qualquer coisa que precise estaremos às ordens – disse Silas, solícito.

– Obrigada, Silas. Não recuso de maneira alguma sua oferta – tornou Adélia com emoção.

Manuela se adiantou e abraçou carinhosamente a jovem viúva. Olhou-a nos olhos e sorriu docemente.

– Você é muito especial; tenho certeza de que ainda terá uma vida plena de realizações e felicidade, ajudando Heitor em sua nova caminhada.

Adélia retribuiu o abraço calorosamente e respondeu:

– Suas palavras de esperança foram como bálsamo em meu coração. Silas deve ter muito orgulho de você, de todos vocês.

Heitor já não se encontrava por ali. Recolhido ao plano espiritual, adormecido, foi poupado dos derradeiros momentos vinculados à matéria. Seu sono, ainda perturbado por tremores contínuos, refletia o desequilíbrio emocional de seu espírito; porém, encontrava-se socorrido e amparado, graças a seu momento de lucidez e humildade quando solicitou auxílio.

Nosso pequeno grupo permanecia na trevosa comunidade, esta ainda isolada energeticamente, impossibilitando, assim, a movimentação de seus membros. Tudo parecia calmo. Alguns daqueles tristes espíritos, perdidos da própria identidade, mostravam-se cansados e deprimidos. Então indaguei a Ineque:

– Caro amigo, estou muito feliz por tê-lo conosco nesses momentos cruciais. Não seria esse o momento adequado ao socorro?

– Calma, Vinícius! Uma coisa de cada vez. Assim que desfizermos a barreira de contenção e esses amados irmãos sentirem-se novamente livres para ir e vir, esse sim será o momento adequado – respondeu meu amigo.

– Mas não deveríamos aproveitar essa calmaria? – inquiriu Maurício.

– A comunidade está sob a ação energética de contenção; é como se estivessem anestesiados, mas também sentindo o bem-estar de serem cuidados pelo Pai. Quando livres dessa limitação, poderão fazer a escolha de nos acompanhar ou permanecer nessas paragens – esclareceu Ineque com serenidade.

– Acredito ter entendido. Se os recolhermos dessa maneira não será por livre escolha, ao passo que, mais tarde, também poderão comparar as sensações sentidas quando cuidados por esse Bem Maior – ponderei reflexivo.

– Isso mesmo. Não adianta forçarmos uma escolha que não conseguem entender. Somente quando não há mais limites ao mal nossos bons mentores nos oferecem as encarnações compulsórias, para que não percamos nossa identidade divina – tornou Ineque.

– E quanto a Tibério? Você falou que agora poderíamos ir a seu encontro – comentei, confesso, com certa curiosidade.

– Tibério, ainda relutante em acreditar que existe um sentimento de plena felicidade, resistia ao auxílio oferecido com triste indiferença. Percebemos que para ele o bem e o mal eram estados de humor que poderíamos eleger por viver, sendo que uma ou outra escolha não alteraria em nada o futuro. Sabemos que nossa responsabilidade está diretamente vinculada ao nosso entendimento da vida, à maneira como fazemos as escolhas, e principalmente a nossos sentimentos. Enquanto ignorantes do bem, temos atenuantes ao mal que elegemos por padrão mental. Até o momento, Tibério demonstrava ignorar os comprometimentos morais que vivenciava a cada dia, a cada escolha que fazia. Mas presenciou o momento que o amigo relembrou, um passado tortuoso, esperando ver acordar do mais íntimo de seu ser o velho Vinícius, ainda desequilibrado e inconsequente; porém, ao ver a atitude humilde de agradecimento que você demonstrou, foi surpreendido pela existência de um novo estado de ser, o que lhe causou estranheza e o surpreendeu por demais. Acredito que essa seja a primeira manifestação de conflito demonstrada por nosso querido irmão – explicou Ineque.

– Vocês acreditam que ele aceitará ser socorrido? – perguntou Maurício.

– Esperemos para ver o quanto seus sentimentos foram despertados pelo que pôde observar. Não nos esqueçamos, porém, de que toda escolha que fazemos terá suas consequências a serem vivenciadas, e o mal que praticamos um dia deverá ser reparado. Buda, o príncipe Gautama, considerava a vida encarnada como uma espécie de sofrimento que somente seria extirpado quando encontrássemos uma maneira de nos llibertar dele, e sabemos que somente por meio da educação intelectual, ética e moral do espírito este se livrará das amarras da materialidade, ou seja, se tornará um ser pleno – observei com sincero sentimento de esperança.

Ineque nos convidou a acompanhá-lo em direção à estreita porta pela qual Tibério havia se retirado.

Adentramos extenso e lúgubre corredor esculpido na rocha. O ambiente estava impregnado de densa energia e, conforme nos deslocavámos, podíamos perceber estranhas criaturas que se escondiam pelos cantos. Ao final do corredor, encontramos outra porta, igualmente estreita e escura. Ineque a abriu e deparamos com estranho aposento. As paredes estavam forradas por cópias de obras de arte famosas no mundo da matéria. Iam desde a arte sacra da Renascença à arte abstrata da era contemporânea. O que mais me chamou a atenção foi uma parede à direita, que exibia obras de Salvador Dalí em todos os períodos, mas dando destaque às obras que exibiam um mundo distorcido nas trevas.

Uma equipe de trabalhadores que nos acompanhavam se posicionou, formando um círculo de energia vibrante e salutar, que passou a iluminar cada canto daquele quarto. Tibério apenas nos observava, imóvel no centro do aposento.

Ao final de curto tempo, aproximou-se de mim e pediu, sem demonstrar quaisquer sentimentos:

– Poderia descrever suas sensações durante o período de regressão?

– Não senti tristeza nem revolta, nem mesmo atração pelos prazeres sentidos nesse passado remoto. Fui tomado de intenso sentimento de gratidão ao Pai, pois, naqueles momentos, pude visualizar um pouco do amor que Deus tem pelos filhos imperfeitos. Percebi, extasiado, o valor real das oportunidades que vivenciei após momentos de tão intenso desequilíbrio. Isso veio a aumentar o sentimento latente que venho experimentando nos últimos dias, o da esperança tão definida pelo espírito José em *O Evangelho segundo o Espiritismo* – expliquei com serenidade.

Tibério afastou-se alguns passos e, introspectivo, recitou o texto evangélico ao qual me referia:

> A fé, para ser proveitosa, deve ser ativa; não pode adormecer. Mãe de todas as virtudes que conduzem a Deus, deve velar atentamente pelo desenvolvimento das suas próprias filhas.
>
> A esperança e a caridade são uma consequência da fé. Essas três virtudes formam uma trindade inseparável. Não é a fé que nos sustenta a esperança de vermos cumpridas as promessas do Senhor; porque, se não tivermos fé, que esperaremos? Não é a fé que nos dá o amor? Pois, se não tiverdes fé, que reconhecimento teríeis, e, por conseguinte, que amor?
>
> A fé, divina inspiração de Deus, desperta todos os sentimentos que conduzem o homem ao bem, é a base da regeneração. É, pois, necessário que essa base seja forte e durável, pois, se a menor dúvida puder abalá-la, que será do edifício que construístes sobre ela? Erguei, portanto, esse edíficio sobre alicerces inabaláveis. Que a vossa fé seja mais forte que os sofismas e as zombarias dos incrédulos, pois a fé que não desafia o ridículo dos homens não é a verdadeira fé.
>
> A fé sincera é dominadora e contagiosa. Comunica-se aos que não a possuíam, e nem mesmo desejariam possuí-la;

encontra palavras persuasivas, que penetram na alma, enquanto a fé aparente só tem palavras sonoras, que produzem o frio e a indiferença. Pregai pelo exemplo de vossa fé, para transmiti-la aos homens; pregai pelo exemplo das vossas obras, para que vejam o mérito da fé; pregai pela vossa inabalável esperança, para que vejam a confiança que fortifica e estimula a enfrentar todas as vicissitudes da vida.

Tende, portanto, a verdadeira fé, na plenitude da sua beleza e da sua bondade, na sua pureza e na sua racionalidade. Não aceites a fé sem comprovação, essa filha cega da cegueira. Amai a Deus, mas sabei por que o amais. Crede nas suas promessas, mas sabei por que o fazeis. Segui os nossos conselhos, mas consciente dos fins que vos propomos e dos meios que vos indicamos para atingi-los. Crede e esperai, sem fraquejar: os milagres são produzidos pela fé. (*O Evangellho segundo o Espiritismo* – Capítulo XIX – A fé transporta montanhas – Item 11 – Instruções dos espíritos – A fé, mãe da esperança e da caridade)

Tibério olhou diretamente em meus olhos e, feliz, percebi que estava atormentado por benditas dúvidas a respeito do que de fato sentia.

– Você se alegra por eu estar sofrendo? – indagou Tibério, demonstrando admiração.

– Oh!, querido amigo, o sofrimento para você nesse momento é o sinal de que está acordando para a verdadeira vida. Não mais está perdido nas trevas da ignorância do sentir; agora poderá voltar a amar – tornei demonstrando felicidade.

– Como poderei voltar a amar se nem ao menos tenho lembranças de um dia ter sentido algo semelhante? Você está desvairado em suas malditas esperanças – vociferou Tibério.

Olhei para o afortunado filho pródigo e, emocionado, estendi minhas mãos em sua direção. Tibério, assustado, recuou.

– Ninguém toca em mim há muitos séculos!

– O amor se manifesta em nossas vidas de diversas maneiras, e uma delas é através do toque amigo, impregnado do mais puro sentimento. Essa energia amorosa nos conforta, nos fortalece e nos torna esperançosos nos futuros dias que iremos viver no mundo de Deus. Um toque amoroso nos acorda para os melhores sentimentos do viver – disse com muito carinho.

Dando mais um passo atrás, Tibério olhou-me com desconfiança e replicou em tom amargo:

– Não estou pronto para compartilhar essas sensações, pois para mim são apenas manifestações materiais. Quem sabe um dia?

Dizendo isso, distanciou-se de nós de cabeça baixa. A certo ponto, voltou-se para mim e seu olhar estava diferente. Não mais identifiquei a indiferença; não saberia reconhecer o que ia em seu coração, mas o meu transbordava de esperança.

Retornamos ao edifício que abrigava a casa espírita Caminheiros de Jesus, e Ineque nos convidou para uma reunião.

– Querido amigo de plano superior veio nos informar que, devido ao desencarne de Heitor, foi necessário que tomassem algumas decisões importantes com a aquiescência de Adélia e de Silas. Esses dois irmãos são antigos conhecidos, com muitas afinidades de propósito e evolução moral. Foi proposto aos dois se unirem em futuro próximo, proporcionando, assim, a inestimável espírito a possibilidade de reencarne.

Ineque fez ligeira pausa e continuou:

– Essa oportunidade para esse irmão será bênção para a humanidade. Trata-se de espírito há muito tempo comprometido com a educação. Possui ampla visão dos problemas que assolam a humanidade, e em seu planejamento encarnatório está incluso, como objetivo principal, trabalhar junto ao governo federal como ministro da Educação. Sua passagem pela Terra, nessa encarnação, tem aspecto missionário e trará para a humanidade grande avanço na área humanística.

– Heitor havia se comprometido com essa responsabilidade? – perguntei ao amável amigo Ineque.

– Isso mesmo. Porém, com a proximidade do reencarne do antigo companheiro de desvarios, perdeu o controle de seus sentimentos, e sabemos do restante da história

– Manuela também deverá receber no seio de sua família admirável espírito de seu convívio na última encarnação – disse Maurício, olhando para mim com um feliz sorriso nos lábios.

– *Miss* Martha? – questionei com os olhos arregalados.

– Isso mesmo, meu amigo. Ela se encontra em nossa casa neste exato momento, na sala de atendimento fraterno, juntamente com sua futura mãezinha – falou Maurício.

Olhei ansioso para Ineque e este, sorrindo, com amabilidade respondeu a meu pensamento:

– Pode sim, Vinícius. Pode participar dessa interessante conversação.

Rápido me dirigi à sala de atendimento fraterno. Assim que adentrei o aposento, fui recebido com o mesmo carinho de sempre por minha adorável mestra do amor.

– Venha, meu amigo, sente-se a meu lado e vibremos em amor por essa adorável criatura.

Sandra recebia Manuela à porta de entrada da simplória sala de atendimento fraterno.

– Boa noite, Manuela, seja bem-vinda!

– Boa noite, Sandra. Não quero ocupar muito seu tempo. Estou aqui para agradecer aos trabalhadores dessa amorosa casa de socorro por tudo o que estamos recebendo em termos de educação e esclarecimento para nossos espíritos. Minha família está bem; vivemos hoje com harmonia e respeito uns pelos outros. Paulo se recupera dos desequilíbrios pelo uso de substâncias tóxicas e já fala em trabalho e estudo – comentou Manuela, emocionada.

– Sabemos que as terapias propostas foram seguidas por toda sua família, e cada um fez a sua parte nesse processo abençoado de transformação, sem o que nada teria acontecido. Continuem nesse caminho de reeducação e não haverá limites à felicidade vindoura – tornou a bondosa Sandra.

– Sandra, há um ano me preparo para engravidar e, no último mês, sinto a presença de amável espírito, que muito bem me faz. Será o futuro filho ou filha de meu coração? – indagou Manuela.

– O que diz seu coração? – perguntou Sandra.

Manuela fechou os olhos e seu rosto foi se transformando aos poucos. Suave expressão de enternecido carinho aflorou do mais profundo sentimento de amor. Ela estendeu os braços como se ali acolhesse delicada criatura. O rosto banhado por lágrimas de amor abriu-se em doce sorriso de felicidade.

– Será uma menina muito parecida com minha mãe. Ela tem belíssimo planejamento encarnatório junto a outro amado irmão que fará parte de nossa família em futuro próximo.

Oh!, Deus, obrigada por sua confiança nessa sua filha ainda tão imperfeita, mas cheia de amor e boa vontade.

Manuela abraçou Sandra e, emocionadas, as duas amigas choraram de alegria. Então Sandra declarou:

– Estão chegando ao planeta os benfeitores da Nova Era.

Capítulo 32

A fortaleza rui... ou se fortifica?

893. Qual a mais meritória de todas as virtudes?

– Todas as virtudes têm seu mérito, porque todas são indício de progresso no caminho do bem. Há virtude sempre que há resistência voluntária ao arrastamento das más tendências; mas a sublimidade da virtude consiste no sacrifício do interesse pessoal pelo bem do próximo, sem segunda intenção. A mais meritória é aquela que se baseia na caridade mais desinteressada. (*O Livro dos Espíritos* – Livro III – Capítulo XII – Perfeição moral – Item I – As virtudes e os vícios)

Alguns anos se passaram, outros foram socorridos, vivenciei novas histórias que muito me emocionaram, mas ainda pensava em Tibério. Sabia que ele não mais trabalhava para as equipes das trevas, mas também não aceitava o mundo do amor. Orava por ele e, vez ou outra, procurava-o nos escuros caminhos da dor. Ele recusava auxílio e eu partia, a cada dia com mais esperança, pois conseguia perceber o conflito já existente em seu olhar.

Naquela radiante manhã de primavera, Maurício veio encontrar-me na Praça da Paz. Logo percebi que me trazia excelentes notícias.

– Bom dia, Vinícius! Como está o amigo?

– Muito bem, mas me parece que, após as notícias que me traz, ficarei ainda melhor – respondi sorrindo.

– Verdade mesmo. Ineque nos convoca a uma excursão a antigo local em que trabalhamos, a Comunidade Educacional das Trevas – revelou Maurício com um sorriso.

– O que me diz o amigo? Será chegada a hora da transformação? – perguntei mostrando muita alegria.

– Veremos... veremos – tornou meu amigo.

Avistamos Ineque se aproximando de onde nos encontrávamos. Alegre, ele nos abraçou e nos convidou a sentar embaixo de frondosa árvore que ficava em extenso jardim da casa espírita Caminheiros de Jesus.

– Vocês sabem que, após as vinte e quatro horas de contenção energética ao redor da Comunidade Educacional das Trevas, boa parte daqueles que trabalhavam ali foi recolhida pelas equipes socorristas – disse Ineque –, porém alguns irmãos, principalmente os que faziam parte das equipes coordenadoras e de comando, recusaram-se a abandonar aqueles sítios de dor. Tibério se ausentou por algum tempo, ensimesmado em pensamentos conflitantes, mas ainda relutante em tomar um novo rumo. Há alguns dias ele retornou e parece ter reassumido a direção da comunidade. Solicitou nossa presença. Ainda não sabemos o que irá querer nosso irmão, mas tenho esperanças nos desígnios do Pai, que nada permite ao acaso.

– Quando partimos? – indaguei.

– Ao entardecer. Inácio solicitou nos acompanhar, então esperaremos que ele termine trabalho iniciado ao alvorecer – respondeu Ineque.

– E quanto a Adélia e Silas, vocês têm notícias deles? – questionou Maurício.

– Estão casados há um ano e nosso querido amigo já passa pelo processo de familiarização, pois o momento da concepção se aproxima – contei com alegria. – Martha já se encontra encarnada há dois anos e mostra sinais de grande inteligência. Aprende com facilidade e demonstra toda a sua meiga amorosidade. Quanto ao pequeno encarnado compulsoriamente, tem mostrado graves fragilidades orgânicas, aproximando-se do final desta encarnação, que muito o beneficiou pelo carinho e respeito com que é cuidado por todos. Seu perispírito mostra recuperação admirável, e está mais equilibrado emocionalmente. Quando liberto do corpo material, procura a companhia de bons espíritos, que muito o têm auxiliado nesse processo de reeducação moral. Não mais aceita passivamente o assédio dos perseguidores; mostra o despertamento da inteligência quando clama por socorro. Ah!, as bênçãos de Deus são inúmeras; basta nos dispormos a enxergá-las.

– E quanto à proposta de Martha para que o amigo a auxilie nesta encarnação? – questionou Maurício.

– Nosso compromisso remonta à idade adulta de minha amiga incomparável. Preciso preparar-me com afinco para essa tarefa. Pretendo retribuir o amoroso convívio que tivemos em minha última encarnação – respondi sentindo imensa alegria.

Passamos aquele dia em agradável convívio entre aqueles que têm afinidade nos bons sentimentos. Ao entardecer nos reunimos para orar ao Pai, pedindo por nossa empreitada de amor.

Trilhamos o mesmo caminho de alguns anos atrás e, feliz, percebi o quanto tudo estava diferente: o ar menos denso; não percebíamos mais o odor fétido, caracteristíco do hábitat de espíritos em desequilíbrio; e o deslocamento energético não mais nos exigia hercúleo esforço, que antes nos dificultava a caminhada.

Os irmãos, ainda presos às suas dores, demonstravam cansaço e insatisfação nos semblantes sofridos.

Chegamos ao núcleo da Comunidade Educacional das Trevas. Tudo estava igual: os mesmos edíficios, a mesma movimentação de estudantes; mas também me pareceu diferente de minhas pretéritas lembranças. Olhei para Ineque com ar de interrogação.

– Desde a última visita que fizemos a essa comunidade – explicou-me –, espíritos amigos têm se dedicado à transformação energética do local e também à reeducação dos seus habitantes. As instalações físicas são as mesmas, porém os objetivos se modificaram aos poucos, de acordo com a capacidade que cada um dos membros dessa sociedade pudesse entender. Ainda estamos longe do ideal dentro da linha educacional, mas já houve grandes modificações.

– E os pátios destinados ao treinamento físico de lutadores? – perguntou Maurício.

– Todos os instrumentos de tortura ou que pudessem lembrar os antigos vícios ligados aos maus atos foram desmaterializados. Os pátios, aos poucos, estão sendo transformados em áreas de descanso e lazer. O pátio central, hoje, abriga as sementes de um extraordinário jardim, semelhante ao da Praça da Paz, que tanto nos encanta – esclareceu Ineque.

– E Tibério, como reage a tantas mudanças? – perguntei com certa preocupação.

– É o que veremos em breves instantes. Nosso irmão se aproxima – disse Ineque apontando em direção à entrada do edíficio central.

Observei a figura esquelética que se aproximava de nosso grupo. Em nada lembrava o imponente comandante orgulhoso e indiferente à dor. Seu rosto demonstrava amargura e cansaço.

– Como está você, meu amigo? – perguntei me aproximando de Tibério.

– Não sei, realmente não sei. Vocês me falavam sobre o bem-estar de sermos conscientes da diferença entre o bem e o mal, mas não me sinto beneficiado por esse bem. Estou esquálido e sem forças, uma caricatura do homem que sempre fui. Preferia mil vezes continuar ignorante e indiferente a viver nesse inferno de agonia. É isso o que seu Deus faz a seus filhos? – perguntou Tibério num sussurro enternecedor.

– Ah! Como o amigo está bem, mas ainda não percebe, sente em seu coração a insatisfação por estar afastado de sua natureza divina. Está descobrindo a grandeza de amar e saber afastar-se do mal, que nos deprime e nos mantém afastado da verdadeira felicidade. O início, o retorno aos caminhos naturais de nossa essência, é dolorido, pois nos cobra reparação e ainda não conseguimos visualizar esse mundo novo e entendê-lo, mas, conforme perseveramos e nos fortalecemos no amor divino, nos elevamos nesse mundo bendito de oportunidades – respondi, emocionado.

– Mas como farei essa caminhada de que tanto fala, se não consigo nem ao menos enxergar o caminho? – perguntou Tibério em agonia.

– Dê-me sua mão, querido amigo; dê-me sua mão. Estarei com você nesses primeiros passos – exclamei com alegria na voz.

Nesse instante, intenso e formoso jorro de luz desceu do mais puro amor do Pai e atingiu a todos. Tibério olhou maravilhado e seu corpo cansado desfaleceu de imediato.

Ineque e Maurício se aproximaram e me auxiliaram a erguer nos braços o amigo adormecido.

Capítulo 33

A tormenta que passou

"A piedade é a virtude que mais vos aproxima dos anjos. É a irmã da caridade que vos conduz para Deus. Ah, deixai vosso coração enternecer-se diante das misérias e dos sofrimentos de vossos semelhantes. Vossas lágrimas são um bálsamo que derramais nas feridas. E, quando tocados por uma doce simpatia, conseguis restituir-lhes a esperança e a resignação, que ventura experimentais! É verdade que essa ventura tem um certo amargor, porque surge ao lado da desgraça; mas, se não apresenta o forte sabor dos gozos mundanos, também não traz as pungentes decepções do vazio deixado por estes; pelo contrário, tem uma penetrante suavidade, que encanta a alma. (O Evangelho segundo o Espiritismo – Capítulo XIII – Que a mão esquerda não saiba o que faz a direita – Item 17 – A piedade – Michel – Bordeaux, 1862)"

Após o recolhimento de nosso amigo Tibério, dois anos se passaram. A vida, a exemplo de sua sábia continuidade, foi conduzindo a todos os envolvidos nessa trama de expiação e provação ao equilíbrio dos espíritos em busca de evolução.

Maurício veio nos solicitar auxílio para socorrer o irmão abençoado por encarnação compulsória, pois era chegada a hora do retorno à pátria espiritual.

Dirigimo-nos à casa de Silas. Adélia, apesar de o momento ser de triste despedida, mostrava serenidade e paz, conquistados por meio de suas atitudes amorosas e bondosas. A mãezinha segurava, amorosa, as mãos de nosso irmão enquanto tinha os ombros envolvidos em doce abraço do esposo.

Manuela e seus irmãos encontravam-se dispersos pelo aposento, com os olhos marejados por lágrimas de carinho, e se mantinham em prece. Aproximei-me de Paulo e passei a auscultar seus pensamentos.

"Deus, Pai de amor e bondade, agradecemos o presente que nos ofertou nessa vida, permitindo a nosso irmão amado permanecer ao lado de todos nós por esse tempo de felicidade. Hoje, o estamos devolvendo ao verdadeiro mundo, o mundo dos espíritos, e aqui ficamos saudosos de sua presença, mas sabendo que estará bem e sendo cuidado por seus anjos de amor. Estaremos aqui orando e pedindo por seu pronto restabelecimento. Obrigado, Senhor da Vida."

Emocionado, percebi o quanto o jovem havia transformado sua vida – da ignorância da dor e do desvario, hoje, aqui estava, orando e pedindo por um irmão que partia, e que havia adotado em seu coração transbordante de nobres sentimentos.

Aproximei-me, então, de Adélia e Silas, e percebi, maravilhado, a vida que crescia exuberante em seu ventre. Estendi minhas mãos sobre a cabeça da mãezinha feliz e vibrei com carinho por aquele irmão missionário em atendimento à humanidade; admirado, senti o retorno de meu carinho.

Ineque se aproximou e disse, mostrando doce emoção no semblante:

– O irmão que ora se vincula a esse abençoado veículo carnal ainda se encontra lúcido e auxilia consciente na formação do novo corpo.

– Abençoada seja a sua disposição em auxiliar a todos nós – falei com lágrimas nos olhos.

Felizes, auxiliamos o irmãozinho no desligamento final do corpo material que tanto o ajudou. Amigos socorristas amorosos o acomodaram em uma maca, adormecido, e o conduziram a uma casa de recuperação.

Graças ao auxílio e à disposição altruística de todos os que o ampararam nesta encarnação de bênçãos, voltava a casa em condições melhores e com possibilidades de entender com lucidez os caminhos de luz bendita que o Pai nos oferta a cada amanhecer.

Saímos caminhando ao acaso pela cidade. Observava a estuante vida que não cessa jamais e, contente, convidei os amigos a visitar as antigas instalações da Comunidade Educacional das Trevas, que recebia atualmente o nome de Comunidade Educacional da Luz.

Percorremos as novas instalações. Admirado, percebi o quanto tudo havia se transformado. Apesar de estarmos no mesmo lugar, com as mesmas acomodações, os objetivos caridosos davam um novo e singelo colorido a tudo. Ouviam-se risos e conversações amigáveis por todo lugar. Uma suave melodia nos encantava os sentidos e o perfume de flores impregnava o ambiente.

Olhei à volta e comentei com meus amigos:

– Ah!, as bênçãos de Deus! Como somos felizes por viver neste mundo de transformações.

– Se o amigo está encantado com o que vê, então espero deixá-lo mais feliz ainda. Acompanhe-me, por favor! – pediu Ineque.

Atravessamos o antigo e triste pátio de treinamento físico, agora transformado em belíssimo jardim, rodeado por mesas e bancos coloridos que serviam aos jovens estudantes para diversas atividades de lazer. Adentramos o edifício que era utilizado para o estudo da Doutrina dos Espíritos, antes e também agora, com novos e salutares direcionamentos no entendimento dos conceitos básicos da vida eterna. Ineque nos convidou a adentrar sala de aula, na qual um grupo de estudantes escutava amável mestra em suas considerações sobre o Capítulo I do Livro III de *O Livro dos Espíritos*, As leis morais. Observei a assistência atenta e, admirado, reconheci, entre os alunos, Tibério.

Ele levantou os olhos e sorriu levemente em minha direção. Com amabilidade, acenou discretamente com a cabeça, e escutei sua voz em minha mente: “Obrigado, amigo Vinícius. Obrigado por não desistir de sua nova maneira de sentir o mundo e seus acontecimentos. Obrigado por ter me agradecido quando pensei estar torturando o amigo com um passado de dor e de desequilíbrio. Foi nesse momento que consegui sentir sutilmente o mundo que tantos tentaram me mostrar”.

Voltou sua atenção à matéria que estava sendo discutida pela turma de estudos e eu fiquei ali, paralisado pela emoção, com grossas lágrimas de felicidade escorrendo por meu rosto.

Ineque abraçou-me os ombros e Maurício o imitou. Dois amigos inestimáveis que compartilhavam, naquele momento, a emoção da qual estava tomado.

Saindo do perímetro que abrigava a Comunidade Espiritual da Luz, voltamo-nos em sua direção e vimos, extasiados, a luz suave e ao mesmo tempo intensa que era irradiada do mais Alto e a envolvia em bálsamo de amor.

Ah!, esse espírito ainda tão frágil em suas emoções, mas já amparado pela certeza do futuro brilhante da humanidade... Olhei para aquele espetáculo de beleza indescritível e sorri. A esperança é luz bendita nesse mundo abençoado, e eu estava repleto desse sentimento virtuoso. Então, abraçados, encaminhamo-nos para nosso amado lar espiritual.

Por mais terrível que seja a tormenta, o futuro é sempre brilhante ensejo à recuperação.

Vinícius (Pedro de Camargo)

Ribeirão Preto, 11 de setembro de 2008.

Livros da médium Eliane Macarini

Resgate na Cidade das Sombras

Virginia é casada com Samuel e tem três filhos: Sara, Sophia e Júnior. O cenário tem tudo para ser o de um família feliz, não fossem o temperamento e as oscilações de humor de Virginia, uma mulher egoísta que desconhece sentimentos como harmonia, bondade e amor, e que provoca conflitos e mais conflitos dentro sua própria casa.

Obsessão e Perdão

Não há mal que dure para sempre. E tudo fica mais fácil quando esquecemos as ofensas e exercitamos o pe

Aldeia da Escuridão

Ele era o chefe da Aldeia da Escuridão. Mas o verdadeiro amor vence qualquer desejo de vingança do mais coração.

Comunidade Educacional das Trevas

Nunca se viu antes uma degradação tão grande do setor da Educação no Brasil. A situação deprimente é re da atuação de espíritos inferiores escravizados e treinados na Comunidade Educacional das Trevas, região especializada em criar perturbações na área escolar, visando sobretudo desvirtuar jovens ainda sem a devida força interior para rechaçar o mal.

Amazonas da Noite

Uma família é alvo de um grande processo obsessivo das Amazonas da Noite, uma falange de espíritos comandada pela líder Pentesileia. Elas habitam uma cidadela nas zonas inferiores e têm como inspiração as amazonas guerreiras de tempos remotos na Grécia.

Vidas em Jogo

Nesta obra, a catastrófica queda de jovens no mundo dos vícios e torpezas até a ascensão, que liberta e dign a própria existência. Uma lição de vida, que toca fundo no coração.

Berço de Luz

Rachel vive vários conflitos agravados pelo descontrole do pai, César, um homem que se embriaga com frequência e a maltrata. Inês, a mãe, é totalmente submissa ao marido autoritário. Esta obra nos mostra qu vida é um constante renascer, um processo contínuo de melhoria e evolução. Muitas vezes pelo sofrimento Mas a dor é uma amiga passageira, aceitemos as dificuldades e logo um novo dia irá brilhar, mais bonito, m radiante e mais feliz!

Só o Amor Pode Vencer

Dois jovens, Rebecca e Heitor, encontram-se novamente nesta encarnação para realizarem sonhos antigos vidas passadas, dos tempos em que ele era um cavalariço e ela uma menina rica, com grande mediunidade. história desses amigos nos mostra que é possível vencer qualquer obstáculo na vida, desde que tenhamos o firme propósito de superar limitações e problemas, na certeza de que, só com caridade, união, fé e fraterni as conquistas aparecerão.